高等职业教育法律类专业新形态系列教材

民间纠纷调解

主 编◎刘 畅

撰稿人◎刘 畅 韩 艳 赵田松

马丽芳

中国政法大学出版社

2023·北京

声　明　　1. 版权所有，侵权必究。

　　　　　2. 如有缺页、倒装问题，由出版社负责退换。

图书在版编目（CIP）数据

民间纠纷调解/刘畅主编. —北京：中国政法大学出版社，2023.6（2025.8重印）
ISBN 978-7-5764-1001-3

Ⅰ.①民…　Ⅱ.①刘…　Ⅲ.①民事纠纷－调解（诉讼法）－研究－中国　Ⅳ.①D925.114.4

中国版本图书馆CIP数据核字(2023)第128650号

出 版 者	中国政法大学出版社
地　　址	北京市海淀区西土城路25号
邮　　箱	fadapress@163.com
网　　址	http://www.cuplpress.com（网络实名：中国政法大学出版社）
电　　话	010-58908435(第一编辑部) 58908334(邮购部)
承　　印	北京鑫海金澳胶印有限公司
开　　本	787mm×1092mm　1/16
印　　张	12.75
字　　数	286千字
版　　次	2023年6月第1版
印　　次	2025年8月第2次印刷
印　　数	4001～8000册
定　　价	49.00元

前　言

我国的调解制度被国际社会誉为"东方一枝花",是建立在以和为贵的儒家伦理思想与民族心理特征基础上,适合我国文化传统与现代社会发展的一种纠纷解决制度。调解以其省时省力、成本低廉、灵活简便等不可比拟的优点,成为最为重要的替代性纠纷解决机制之一。

党的二十大报告指出,在社会基层坚持和发展新时代"枫桥经验",完善正确处理新形势下人民内部矛盾机制,及时把矛盾纠纷化解在基层、化解在萌芽状态。基层法律工作者的重要任务之一就是要化解社会矛盾,促进社会和谐。《民间纠纷调解》这一课程正是为适应法律实务类等专业人才培养目标的多元化、纠纷解决机制的多样化的社会现实而设置的主干课程。通过理论与实践教学,旨在使学生树立调解思维,掌握多元化纠纷解决的基础知识与原理,具备纠纷调处的技能,尤其是综合运用法律、政策、风俗习惯、村规民约等社会规范来预防与调处纠纷的能力;同时,培养学生具备谦逊的素养、坚定的法律信仰和公正无私的法律职业伦理等。

作为课程教学重要的物质载体,本教材坚持以习近平新时代中国特色社会主义思想为指导,采用"以学为主"的教学模式,突出职业性与实践性,着重培养学生的职业能力。教材分为调解基础理论与调解实务两大部分,实务部分比重较大,主要以工作任务为导向设计不同的学习情景,配合多样化的教学方法与手段,突出实训任务驱动法的应用,并具有以下几个特点:

第一,理论基础与实践操作的高度本土化。本教材结合了国内外最新的 ADR 发展动态,并强调作为"东方一枝花"的我国调解制度的本土性与先进性。主要体现在:其一,强化以中国为代表的、受到儒家传统影响的原生型调解制度的介绍,体现我国调解制度与我国民族文化、现代合作型法治的高度契合以及制度优势。其二,通过讲述调解的"中国故事"——"枫桥经验"与"马锡五审判方式"等,实现对传统调解制度与调解经验的创造性转化、理论性升华。其三,吸收最新的调解学、社会学、心理学、管理学等学科知识并将其与我国国情和调解实践相结合,避免调解理论的"水土不服"。

第二，思政与课程内容的高度融合。本教材围绕不同性质的调解工作，以不同类型的民间纠纷调解实务为主要工作载体，开展理论与实践教学，并设计融入思政教育元素，确保每一项工作任务至少突出培养一种职业素养。

第三，线上教学与线下教学的高度匹配。本教材作为浙江省在线开放课程的新形态教材，可通过扫描二维码共享网络课程资源，以适应线上线下混合教学的模式，有利于学生和社会学员自学。学员可充分利用现有的学习资源，将教材与本院已建立的文字案例库、影象案例库、网络教学资源等相结合，以适应灵活多样的教学方法。

本教材作者分工情况如下：

刘畅（浙江警官职业学院讲师）：第一、二、五、六、七、八学习单元；

韩艳（浙江警官职业学院教授）：第三、四学习单元；

赵田松（杭州益嘉仁社会工作服务中心理事长）：第九、十学习单元；

马丽芳（四川司法警官职业学院副教授）：第十一、十二学习单元。

特别感谢王红梅教授为本教材的编纂组建团队、提供思路框架和部分素材资料。另外，本教材在编写过程中，参考了许多有关纠纷调解的论著，吸收了许多专家、同仁的观点，在此，特向在本教材中引用和参考的已注明与未注明的教材、专著、报刊的作者表示诚挚的谢意。

本教材虽几经修改，但由于编者能力所限，不足之处在所难免，敬请专家读者批评指正。

编 者

2023 年 6 月

线上课程

目 录

第一编 调解基础理论 ··· 1
 学习单元一 调解制度概述 ································· 3
 学习单元二 人民调解 ··· 16
 学习单元三 行政调解 ··· 37
 学习单元四 法院调解 ··· 47
 学习单元五 调解员的职场安全 ····························· 55

第二编 调解实务 ·· 63
 学习单元六 调解的基本技巧 ································· 65
 学习单元七 调解的基本程序 ································· 105
 学习单元八 调解协议 ··· 119
 学习单元九 婚姻家庭纠纷调解 ····························· 130
 学习单元十 相邻关系纠纷调解 ····························· 156
 学习单元十一 人身损害赔偿纠纷调解 ····················· 170
 学习单元十二 消费纠纷调解 ································· 183

第一编 | 调解基础理论

学习单元一　调解制度概述

【知识目标】

了解民间纠纷与我国纠纷解决机制之概况，掌握调解的概念、特征与功能，理解调解对于建设和谐社会的重要价值。

【技能目标】

能判断一个纠纷是否属于民间纠纷，属于何种纠纷；能判断一个纠纷是否属于法律纠纷，并能选择适当的纠纷解决机制。

【素质目标】

公正无私的法律职业伦理；正确的法治观等。

一、民间纠纷与纠纷解决机制

（一）纠纷与民间纠纷

1. 纠纷与民间纠纷的概念。调解最主要的功能就是预防和调处矛盾纠纷，没有纠纷就谈不上调解。了解调解应从了解纠纷入手。

从字面上看，纠纷即"争执的事情"，纠纷是指人与人（包括自然人、法人与其他社会组织）彼此之间因人身、财产或其他社会关系发生的争执。

民间纠纷的概念有广义与狭义之分。狭义的民间纠纷是指发生在自然人与自然人之间，自然人与法人或其他社会组织之间涉及民事权利义务争议的各种纠纷。但现代意义上的广义的民间纠纷不仅包括民事纠纷，还包括由轻微刑事违法行为和违反社会公德而引起的纠纷；不仅包括自然人与自然人之间，自然人与法人或其他社会组织之间的纠纷，也包括法人或其他社会组织相互间的纠纷。也有人认为，纠纷仅指具有法律意义的争执，是因为法律问题而发生的争执。我们认为，纠纷是一个涵盖了法律纠纷的广义的概念。就性质而言，无论是普通的民事纠纷，还是由轻微刑事违法行为和违反社会公德而引起的纠纷，都是人民内部的非对抗性矛盾。但这些矛盾纠纷在社会转型时期的广大城乡大量存在，频频发生，有些民间纠纷虽不是法律问题，影响却很大，处理不当也会演变成法律事件，激化社会矛盾，影响社会和谐。调处民间纠纷是基层法律事务的重要组成部分，是基层法律工作者的主要职责之一。根据《中华人民共和国人民调解法》（以下简称《人民调解法》）第7条的规定，人民调解委员会是依法设立的调解民间纠纷的群众性组织。但该法并未对民间纠纷的内涵与外延作出明确的界定。

关于广义的民间纠纷是否包括法人或其他社会组织相互间的纠纷，理论界存在着分歧，实践中存在着不同的做法。例如，《杭州市人民调解条例》第21条规定，人民调解委员会调解的民间纠纷，包括发生在公民与公民之间、公民与法人之间、公民与其他社会组织之间涉及民事权利义务争议的各种纠纷。该条例第七章附则第51条规定，法人之间、其他社会组织之间以及它们相互之间涉及民事权利义务争议的各种纠纷可参照本条例执行。由于民间纠纷是人民调解的对象，而人民调解提供的是一种公共服务，应当对民间纠纷有一种相对清晰的界定。我们认为，一般情况下，商主体彼此之间的商事纠纷不宜纳入民间纠纷，这是出于维护公共资源的需要；但是如果上述纠纷牵涉弱势群体的利益，甚至影响到社会稳定，显然这也属于广义上的民间纠纷，这样界定使得相关当事人选择人民调解作为纠纷解决方式顺理成章，且快捷便民。

2. 民间纠纷的特点。

（1）民间纠纷具有人民性。民间纠纷究其性质是人民内部的非对抗性矛盾。正确处理新时期的人民内部矛盾，关系到改革发展稳定的大局，关系到富强民主文明和谐美丽的社会主义现代化强国的实现和物质文明、政治文明、精神文明、社会文明、生态文明建设的顺利进行。同时，人民内部纠纷的当事人在共同利益上是一致的，因此，对于尚在萌芽状态的纠纷，可以通过预防工作，使纠纷当事人互相谅解、互相宽容、消除思想上的隔膜，从而遏制纠纷的发生、发展。

（2）民间纠纷具有广泛性和复杂性。中国特色社会主义进入新时代，我国社会主要矛盾已经转化为人民日益增长的美好生活需要和不平衡不充分的发展之间的矛盾。[1] 在新的历史条件下，随着我国全面推进改革开放，构建高水平社会主义市场经济体制，实行高水平对外开放，国际形势波谲云诡，贸易战、疫情等新情况、新问题层出不穷，民间纠纷呈现出越来越复杂的态势。民间纠纷广泛存在于经济、政治、思想文化和社会生活等各个领域；上述各种领域内的矛盾又相互交织，彼此影响，从而使得民间纠纷错综复杂，呈现出不同于以往的新特点。社会生产生活的复杂性决定了矛盾纠纷的复杂性。民间纠纷的主体显然具有广泛性和复杂性，既包括自然人，也包括法人和其他社会组织，既包括中国人，也包括外国人；民间纠纷的客体也具有广泛性和复杂性，既包括物，也包括行为和人身利益等。

（3）民间纠纷具有长期性和潜伏性。民间纠纷从发生到解决往往需要持续很长的时间，除少数纠纷之外，都不太可能在短期内获得解决。特别是当事人心悦诚服地接受调解

---

[1] 参见《中国共产党第二十次全国代表大会上的报告》。

结果，彻底做好当事人的思想工作，更是很难在短期内达到的效果。

（4）民间纠纷具有季节性。某些民间纠纷，由于其独特的特性使得其发生、发展受季节的影响。例如，重大节日期间婚姻恋爱纠纷多；清明时节串宗祭祖的纠纷多；农忙季节争水、争路、争机具及农机具损害赔偿纠纷多；农闲时节建房、农作物储存、宅基地纠纷多；年终赡养、债权债务纠纷尤其是拖欠农民工工资的纠纷多；等等。把握民间纠纷发生时间的规律，有助于做好民间纠纷的预防工作。

（5）民间纠纷具有多变性。民间纠纷并非一成不变，它会随着主观因素和客观形势的变化而发展变化。如若调解组织不及时介入纠纷的阻却与调处工作，矛盾便会升级，并往危害后果更大的方向发展。比如有些民间纠纷一开始只是一般争吵，逐渐成为邻里斗殴，甚至是宗族之间的大规模械斗。民间纠纷的多变性要求人民调解员在纠纷苗头刚出现时，就要及时展开调解工作，防止纠纷的蔓延和恶化，引导纠纷的缓和与解决。

（6）民间纠纷具有规律性和可预防性。社会矛盾的生成、发展、激化有着一定的征兆，且有一定的规律可循，民间纠纷发生的时间、地点和发展变化都是有规律的。比如，在春夏农忙时，争水、争地、争农机具的纠纷较多；在节假日里，邻里纠纷、婚姻家庭纠纷比较多。某些民间纠纷只可能发生在农村，如争水、争农机具的纠纷；宗族之间的纠纷多发生于宗族聚居之地；在农村夏季发生的争水纠纷，随着天气的凉爽和雨量的增加，这种纠纷就会缓解，而如果天气越来越热且旱情更严重，争水的纠纷就会加剧；"民转刑"案件虽多为加害人临时起意激情犯罪，但加害人与被害人之间往往早有积怨存在。掌握了民间纠纷的规律性，民间纠纷的苗头出现后，我们能够采取有效措施，防止矛盾进一步发展和激化，这应该是比较理想的状态。因此，对民间纠纷的调解要做到早预防、早调解、防激化、多回访。针对民间纠纷具有季节性和规律性的实际特点，进行超前部署，开展有针对性的重点排查走访工作，发现纠纷苗头及时采取针对性措施，能够有效避免矛盾纠纷的发生。

3. 民间纠纷的种类。按照最高人民法院《民事案件案由规定》，民事纠纷分为人格权纠纷，婚姻家庭、继承纠纷，物权纠纷，合同、准合同纠纷，知识产权与竞争纠纷，劳动争议，人事争议，海事海商纠纷，与公司、证券、保险、票据等有关的民事纠纷，侵权责任纠纷等数种。然而，民间纠纷的外延与民事纠纷的外延显然有所不同，而且处理民间纠纷的主体是基层城乡社区大量存在的人民调解员，大部分人民调解员所掌握的法律知识无法与法官相比，很难将所有的民间纠纷所涉及的民事法律关系精准提炼出来，要求人民调解员必须像法官那样去掌握作为稀缺资源的法律知识既不甚公平，也无此必要。在人民调解实践中民间纠纷被归纳为婚姻家庭纠纷、邻里纠纷、房屋宅基地纠纷、合同纠纷、损害赔偿纠纷、劳动纠纷、村务管理纠纷、山林土地纠纷、征地拆迁纠纷、环境污染纠纷、道路交通事故纠纷、物业纠纷、医疗纠纷与其他纠纷等，并以此作为人民调解组织和各级司法行政机关统计民间纠纷数据的重要依据，但上述纠纷分类标准不够明确，有些纠纷名称既非法律概念又很难界定，有人诟病亦属正常。

在学理上，根据不同的标准可对民间纠纷做出不同的分类。

（1）按照纠纷涉及的领域来分，可分为民事领域纠纷、行政领域纠纷和轻微刑事案件引发的纠纷。

第一，民事领域纠纷。社会的快速发展，使得公众自我保护意识日益增强。过度非理性自我保护行为开始出现，导致因民事问题引发的纠纷激增。其中以土地纠纷、邻里纠纷、借贷纠纷和婚姻纠纷等为主。土地纠纷主要是城镇土地征收和农村土地流转等原因触发的社会矛盾与纠纷，邻里纠纷则因公众自我维权保护意识的强化而增多，而借贷纠纷和婚姻纠纷也是民事领域常见的社会矛盾纠纷之一。总体来看，民事纠纷是民间纠纷的主要类型。

第二，行政领域纠纷。随着各级政府法治建设水平的日益提升，依法行政已经成为常态。但行政管理、执法等行政行为引发的社会纠纷并没有减少，反而有所增加。造成行政领域纠纷增多的原因有两方面：一是公众维权意识越发强烈；二是法律法规细化程度提升，使行政管理等行为触及更多民间既得利益。

第三，轻微刑事案件引发的纠纷。公民在生产生活中的偶发事件引发的轻微刑事案件较为常见。总体来看，轻微刑事案件与民间纠纷之间相互交集，轻微刑事案件得不到有效化解，有可能激发社会矛盾，进而产生更为严重的矛盾纠纷。

（2）以纠纷所指的对象来划分，民间纠纷可分为婚姻家庭纠纷、生产经营性纠纷、财产性纠纷和侵权性纠纷。

第一，婚姻家庭纠纷。这类纠纷是指因婚姻家庭方面的人身关系及由此产生的财产关系所引起的各种纠纷。主要包括因恋爱、解除婚约、夫妻不和、离婚、妇女带产改嫁、借婚姻关系索取财产等引起的纠纷，以及父子、婆媳、妯娌、兄弟姐妹、夫妻之间因分家析产、赡养、抚（扶）养，家务、家庭暴力等引起的纠纷。

第二，生产经营性纠纷。主要是指在社会生产活动中以生产为目的所引发的纠纷，如种植、养殖、买卖等生产经营性纠纷，还包括因地界、水利、山林果树、草场、滩涂、农机具和牲畜等生产资料使用方面引起的纠纷。

第三，财产性纠纷。主要是指由于财产的确认、归属、损害等问题所发生的纠纷，但不包括因婚姻家庭关系所引起的财产性纠纷和以生产为目的的财产性纠纷。这类纠纷主要包括所有权纠纷、使用权纠纷、债权债务纠纷。所有权纠纷是指对物质财富的占有、使用、处分权的争议。使用权纠纷是指对物的使用权的争议，如租赁、宅基地纠纷等。债权债务纠纷是指债权人与债务人因债的履行所发生的纠纷。随着社会经济的发展，生产经营性纠纷和财产性纠纷不仅在数量上显著增长，还在种类上扩大到了如农村土地承包过程中产生的各种纠纷，农业产业化服务中的合同、划分宅基地、财务管理等方面的纠纷，农村集体企业、乡镇企业在转制、租赁、兼并、破产、收购、转让过程中与职工之间的纠纷，或因拖欠工资、医疗费用等发生的纠纷，在城市（镇）化过程中因征地、拆迁、安置、施工、噪音、道路交通等引发的纠纷，等等。

第四，侵权性纠纷。侵权性纠纷是指纠纷主体一方或数方不法侵害他人的人身权或财产权引起的纠纷，但必须是未构成犯罪的轻微违法行为所引起的。例如，情节轻微的损害他人财物、轻微伤害、损害名誉等行为以及由此给受侵害一方造成直接或间接财产损失所引起的纠纷。

此外，以纠纷涉及主体的数量为标准，可将纠纷分为双边纠纷和多边纠纷；以纠纷涉及主体的性质为标准，可将纠纷分为个人与个人之间的纠纷，个人与单位之间的纠纷，单位与单位之间的纠纷；以纠纷涉及一方的人数为标准，可将纠纷分为一般性纠纷和群体性纠纷；以纠纷涉及的法律部门为标准，可将纠纷分为传统性纠纷与现代性纠纷；等等。

4. 民间纠纷激化。

（1）民间纠纷激化的概念。人民内部的矛盾，一方面应采用批评、教育和说服的方式来处理；另一方面这种矛盾也可能会激化和转化为敌我矛盾，从而使民事性的纠纷激化成为刑事性案件。所谓民间纠纷的激化，是指由民间纠纷酿成的特定的刑事案件及自杀案件。近年来，民间有关家庭、婚姻、虐待老人、邻里纠纷等方面的民事案件数量呈上升趋势，许多纠纷调解难度大，事态难平息，矛盾易激化，如处理不当极易引发恶性事件。

（2）民间纠纷激化的特征。"民转刑"案件非常复杂，但主要表现为下列特征：

第一，犯罪主体呈"四多"趋势。男性居多，文化素质低的人员多，无业人员多，成年人多。

第二，案件类型具有集中性。多为人身型犯罪，其中以故意伤害、故意杀人、非法拘禁为主，故意伤害案件尤为突出。

第三，作案手段具有单一性。从被告人主观故意考虑，一般都是临时起意，虽事先有积怨存在，但转化成刑事案件则大多由突发语言冲突等意外因素的加入所引起，作案手段表现为激情动手，有预谋地实施暴力犯罪的情形不多。

第四，纠纷形式具有多样性。从纠纷双方主体关系看，主要发生于居民之间、村民之间、外来人员之间。从原民事纠纷的类型看，主要有合同纠纷、恋爱婚姻家庭纠纷、行业竞争纠纷和相邻权纠纷等。

（3）民间纠纷激化的规律。一般认为，民间纠纷开始恶性转化并发展成为凶杀、伤害等恶性案件或自杀事件，需要经过三个阶段，即纠纷的发生阶段、矛盾的潜伏或发展阶段、爆发阶段。这就是关于民间纠纷激化问题的三段论。

（4）预防民间纠纷激化的基本原则。

第一，预防为主原则。防止民间纠纷激化，必须以预防为主，这是由社会主义制度的根本性质决定的，也是由民间纠纷激化的原因、特点及其规律所决定的。只有坚持预防为主的原则，把工作做在前面，才能最大限度地避免由民间纠纷激化酿成的"民转刑"案件。

第二，统一规划、综合治理原则。这是指从整个社会的角度出发，根据与民间纠纷及其激化有关的各因素之间的辩证关系，来对民间纠纷及其激化问题进行根本治理。

第三，主动干预原则。主动干预是指行政机关、司法机关、人民团体、群众组织以及负有责任的个人，对已经发生或将要激化的民间纠纷主动予以制止的行为。它包括两方面的内容：一是对发生或群众已上告的纠纷进行积极的调解或处理；二是对已经或将要激化的纠纷主动予以制止，使事态不再扩大。

第四，注重社会效益原则。社会效益原则，就是讲求工作效率和社会利益。这是坚持局部效益和长远效益的统一，既讲效率又讲效益，否则，仍然会出现民间纠纷激化屡见不鲜的不正常状况。

第五，依靠群众、群防群治原则。群众路线是预防民间纠纷激化的根本路线。对民间纠纷激化的预防采取群防群治就是一种群众性的司法活动。

5. 民间纠纷的变化。随着改革开放的不断深入和市场经济条件下利益格局的不断调整，社会发展进入了矛盾多发期，民间纠纷的方方面面都发生了重大变化。

（1）传统的民间纠纷大量存在并呈现出与其他纠纷相互交错、互为因果的状态。而新时期人民内部矛盾集中表现为物质利益冲突，经济利益矛盾成为新时期人民内部矛盾的根源性矛盾和主导性矛盾，由于物质利益冲突所引起的民间纠纷在所有的民间纠纷中占绝对比例。

（2）公民与法人及其他社会组织之间涉及利益关系的纠纷也大量出现，民间纠纷的主体由单一转向多元化，由公民与公民，转化为公民与经济组织、企业、基层干部、基层政府及其职能部门。

（3）民间纠纷的内容由婚姻、家庭、邻里、房屋宅基地等简单的涉及人身权益、财产权益等方面的纠纷，发展为合同纠纷、土地承包纠纷、下岗失业人员与企业的纠纷、企业拖欠职工工资或医药费纠纷、城市建设噪音扰民纠纷、拆迁征地纠纷等，尤其是群体性纠纷，如由动拆迁和企业改制等引发的矛盾明显增多，干群纠纷大量涌现。纠纷的表现形式由当事人之间，当事人的亲朋好友、家族之间，转向具有共同利益的群众与集体、经济组织、管理部门之间的矛盾纠纷。另外，随着我国现代化进程的加快，一些现代型纠纷如环境纠纷、产品质量纠纷、医疗事故损害赔偿纠纷、承包权纠纷、采矿权纠纷、社会福利纠纷、公益纠纷等与日俱增。

（4）民间纠纷的对抗性增强。当前，日益增多的人民内部矛盾，尽管在人民群众根本利益一致的基础上产生，一般说来并不具有对抗性，但是在社会主义初级阶段，多种经济成分并存和矛盾主体日益多元化和复杂化的情况下，人们因物质利益的矛盾而发生冲突，容易从人民内部矛盾向对抗性的方面转化。另外，上述新型纠纷与传统型纠纷相比，当事人一方往往是数目众多且处于弱势的受害人，从而使这些新型纠纷超越个人的利害关系，其争议的焦点往往具有公共性而得以社会化和政治化，其间存在着公的因素与私的因素之间的紧张关系，即新型纠纷的一方当事人往往表现为人数众多的群众，另一方则是政府有关部门，争议的内容往往与政治有关。如果这些矛盾得不到及时、合理的解决，就有可能向对抗性矛盾转化，就会严重影响正常的社会生活秩序，影响经济发展，造成大局不稳。

面对新形势下民间纠纷的新特点与新趋势，单一而零散的纠纷解决方式是无法应对各种纷繁复杂的新型纠纷并及时化解社会矛盾的。探讨多元调解的方法与策略，建构我国多元化纠纷解决机制，是建构必要的规则性，防止行为失范，巩固合理稳定的公共生活，巩固改革开放胜利成果的必由之路。

(二) 纠纷解决机制

1. 纠纷解决机制的概念。纠纷是社会主体间的一种利益对抗状态。人们因有限的资源、权力和声望发生的斗争是永恒的社会现象，也是社会变迁的主要源泉。人类的历史现实表明，纠纷是人类社会的常态。在某种程度上，人类社会的历史其实也是一部不断产生纠纷和解决纠纷的历史，社会文明的标杆就是在不断生纷和解纷的过程中螺旋上升的。

博登海默曾说过，"历史表明，凡是在人类建立了政治或社会组织单位的地方，他们都曾力图防止出现不可控制的混乱现象，也曾试图确立某种适于生存的秩序形式"。尽管存在着与主张行为受法律控制和社会生活受规范调整的观念相反的意见，但对历史的研究似乎可以表明，有序的生活方式要比杂乱的生活方式占优势。在正常情形下，传统、习惯、业经确立的惯例、文化模式、社会规范和法律规范，都有助于将集体生活的发展趋势控制在合理稳定的范围之内。人类社会的矛盾需要平衡，平衡是解决矛盾的重要手段和根本目的。人类社会普遍存在的矛盾表现为各不相同的形式，其中的某些重大矛盾表现为民间纠纷。发展为民间纠纷的矛盾，就需要社会干预，需要妥善解决。现代社会避免纠纷引起的过度无序乃至社会动荡，但又不至于削弱社会活力的主要方法，就是设置有效的纠纷解决机制。

纠纷解决机制，是指缓解和消除纠纷的方法和制度。当代世界各国都在建构以诉讼为主导或核心，多种辅助手段并存的多元化纠纷解决机制。所谓多元化纠纷解决机制，是指在一个社会中，多种多样的纠纷解决方式以其特定的功能和特点，相互协调地共同存在，所结成的一种互补的、满足社会主体多样需求的程序体系和动态的运作调整系统。纠纷解决机制发展的总趋势是由单一到多元，由孤立、分散到整合、完备。

2. 纠纷解决机制的种类。根据纠纷解决的制度和方法，可将纠纷解决机制分为自力救济、社会救济和公力救济。

自力救济又称"私力救济"，是指当事人自己解决纠纷，没有第三人的协助，主要包括避让与和解两种方式。避让是指纠纷发生之后，一方当事人主动放弃争执，从而使纠纷归于消灭的行为，其特点在于一方主动放弃争执。和解是指纠纷当事人就争执的问题进行协商并达成协议，从而消灭争执的行为。自力救济是最原始最简单的纠纷处理机制。

社会救济是指依靠社会力量来解决纠纷的方式，其主要特征是基于纠纷主体的共同意愿，请求除国家机关以外的第三人协助或主持解决纠纷，与自力救济的区别就在于有第三人的介入。由社会力量介入解决民间纠纷的渠道主要有两个，即诉讼外调解和仲裁。运用调解和仲裁的方式处理纠纷，标志着人类社会在纠纷解决机制方面的进步。

公力救济是指利用国家的公权力来解决纠纷，即由国家司法机关或行政机关介入纠纷的解决。如果由法院代表国家行使审判权来解决纠纷，其表现形式就是诉讼，这也是最重要的一种公力救济形式。现代社会也广泛存在着由国家行政介入民间纠纷的情形，其表现形式为行政调解。公力救济与社会救济不同，进行诉讼外调解的主要组织——人民调解委员会和仲裁委员会均不是国家机关，民间性是二者的根本属性。而无论法院行使审判权还是行政机关行使行政权，均以国家公权力作为后盾，是为公力救济。

纠纷解决机制经历了由自力救济到公力救济的发展过程，其中也伴随着社会救济的发展。随着市民社会的形成，代表多元利益主体的社会自治组织快速发展，渴望自由地表达各自的利益诉求，化解部分社会矛盾，社会救济的纠纷解决机制大有蓬勃兴旺之势。历史发展到今天，这三类纠纷解决机制已经发展得比较成熟且是相互交织并存着的，这些解决纠纷的机制共同构成了一个多元化的纠纷解决体系。

根据解决纠纷、化解矛盾途径的不同，可将纠纷解决机制分为法院诉讼与诉讼外办法两种，前者指的是法院运用国家强制力解决民间纠纷的方式，后者被称为"选择性争议解决方式"（Alternative Dispute Resolution，简称ADR），也称"替代诉讼的争议解决方式""非诉讼解决机制""代替性纠纷解决程序""法院外纠纷解决方式""诉讼外纠纷解决方式""审判外纠纷解决方式"等。抛开这些译法在名称上的差异，其泛指法院诉讼之外的各种争议解决方法，在审判较难发挥作用的领域，担负起对审判的补充和代替功能。不同的文化背景下，解决纠纷的方式和机制往往也是不同的。在西方社会，人们更多地利用双方当事人平等对抗基础上的"竞技性的诉讼"的方式解决纠纷，而在和合文化背景下的古代中国，人们更多地选择调解的方式解决纠纷，从而在传统中形成了颇具特色的通过调解解决纠纷的解纷机制和解纷文化。但在现代社会，世界各国也很重视诉讼外调解，美国、英国、挪威、瑞典、日本、菲律宾等国的诉讼外调解制度都很发达。基于司法资源的有限性与不断增长的司法负荷之间不可调和的矛盾，世界各国都在进行司法改革。由于灵活简便，费用低廉，充分尊重当事人的意思自治等不可比拟的优势，ADR被视为能从根本上减轻司法负担的解决纠纷的重要途径，正在世界范围内受到关注及推崇。甚至有人坦言：ADR"在当代已逐渐成为民商事争议解决的主流，诉讼往往成为'选择性的'或'替代'，而这些其他争议过程却是'正常情况'"。[1]

在我国现阶段，除却诉讼与仲裁，解决争议的重要手段就是调解。从事调解工作的机构主要有：人民法院、仲裁组织、行政机关和人民调解委员会等。调解使当事人之间的关系更密切了，成为解决争议的桥梁，而且对争议的解决起到缓冲分流的作用。

二、调解

（一）调解的概念与特征

通俗地讲，调解是指由一定的组织或个人，依据一定的标准，居于纠纷的双方当事人之间，劝导他们自愿达成和解的活动。调解作为处理纠纷和争端的方法之一，是随着人类

---

[1] 尹力："调解含义界说"，载《贵州师范大学学报（社会科学版）》2004年第4期。

社会的出现而产生的,对于人们在物质生产生活的过程中产生的矛盾和纠纷,需要采取包括调解在内的方法来解决。根据1990年4月19日司法部发布的《民间纠纷处理办法》第15条的规定,处理民间纠纷,应当先行调解。调解时,要查明事实,分清是非,促使当事人互谅互让,在双方当事人自愿的基础上,达成协议。

调解具有如下区别于其他争议解决方式的基本特征:

1. 调解的主持者是纠纷双方当事人以外的第三方,这里的第三方,在原始社会是民族,部落组织或其内部有威望者;在阶级社会是政府组织、司法组织或者公民个人。与协商谈判相比较,调解最大的特点就在于中立第三方的协助。第三方的协助对当事人之间纠纷的解决具有重要作用。在调解实践中,为保证第三人的中立性,通常第三人应当遵守一定的行为规则,同时,当事人也拥有对第三人的选择权。

2. 调解的程序和使用的规范具有广泛选择性。作为一种程序便捷的纠纷解决方式,调解无须遵循严格的程序,当事人可以根据纠纷的特点、彼此的关系以及各自的需要选择使用适当的程序。调解时须遵循一定的准则,这里的准则,在原始社会是当时的风俗习惯,在阶级社会是国家的法律和社会公德。调解必须符合法律和政策,但调解所适用的规范相对灵活,除依据现行法律法规外,调解还可以以各种有关的社会规范作为解决纠纷的依据和标准,如地方惯例、行业标准、乡规民约、公共道德准则、通行的公平原则等。

3. 调解的进行以纠纷当事人的自愿为前提,当事人具有高度的自主性。调解的启动、调解规则的适用、调解员的选定、调解程序的进行以及调解结果的履行等都取决于当事人的共同意愿。纠纷双方当事人是否调解纠纷要看其自愿,调解后是否能和解也要由双方当事人自愿。调解主持者不得对纠纷双方当事人实行强制调解或强制其达成协议。实践中所谓的强制性调解,也不应理解为侵害了调解的合意本质,因为调解协议的达成及其履行仍取决于当事人的自愿。当事人达成的调解协议具有契约性,至于调解协议是否具有司法性,取决于具体调解机构的性质和各国的立法与实践。

4. 调解主要不是依赖国家强制力,而是采用说服教育的方法解决纠纷,这与审判、行政决定等其他仰赖国家强制力解决纠纷的方式大相径庭。除却诉讼调解与仲裁调解,其他的调解所达成的协议基本上不具有强制执行力,但并非绝对没有法律效力,如经过人民调解达成的协议具有民事合同性质。一旦一方或双方当事人反悔而进入诉讼程序,法官审理的诉讼标的不再是原来双方之间的民事纠纷,而变为以协议方式体现出来的新"民事合同"。

5. 调解是一种成本低廉的纠纷解决方式。这不仅体现为调解的程序收费低廉,与旷日持久的诉讼程序相比耗时较短,也体现为调解是在非对抗性的氛围中解决纠纷的,与诉讼程序中纠纷当事人唇枪舌剑、针锋相对的对抗方式比较起来,这种平和对话的方式更有利于维护双方之间长久存在的经贸交往和人际关系。

(二)调解的种类

我国目前的调解已形成了一个多层次,多渠道的调解体系。以调解主体的性质为标准，可将调解大致分为以下几种类型：

1. 民间调解。民间调解是指在非司法性和非行政性的民间组织、团体或个人主持下进行的调解。目前，我国普遍存在的中间人"调息""说和"的纠纷解决形式源远流长，历史悠久，为广大人民群众所喜闻乐见，迄今仍有旺盛的生命力。民间调解中最重要的组成部分——人民调解在《中华人民共和国宪法》（以下简称《宪法》）、《中华人民共和国民事诉讼法》（以下简称《民事诉讼法》）、《人民调解委员会组织条例》等法律中都有规定。在我国，律师调解和仲裁调解本质上也属于民间调解的范畴。我们不赞同学界存在的将民间调解等同于人民调解的观点，这种界定把不具有人民调解特定内涵但在基层纠纷解决过程中随处可见的中间人说和、行会调解、律师调解等调解形式排除在民间调解之外，人为地将民间调解的外延狭隘化了。

2. 行政调解。行政调解是国家行政机关依照法律规定，调解解决某种特定纠纷的活动。比如，2002年9月1日国务院颁布的《医疗事故处理条例》把行政调解作为解决医疗纠纷的必经程序。行政调解在《中华人民共和国民法典》（以下简称《民法典》）、《中华人民共和国民法典行政诉讼法》（以下简称《行政诉讼法》）、《中华人民共和国治安管理处罚法》（以下简称《治安管理处罚法》）等法律文件中有规定。行政调解可单独适用，也可以合并于行政裁决或行政仲裁中适用，在行政司法中具有不可忽视的作用。

3. 法院调解。法院调解是人民法院处理民事案件、经济纠纷案件和轻微刑事案件的一种诉讼活动。法院调解在《民事诉讼法》和《刑事诉讼法》等法律法规中有规定。

4. 大调解格局。随着民间调解、法院调解与行政调解在纠纷处理中的不断融合、相互衔接，一种"大调解"的格局正在形成。所谓的大调解，是指在党委政府的统一领导下，由政法综合部门牵头协调，司法行政部门业务指导，调处中心具体运作，职能部门共同参与，整合各种调解资源，对社会矛盾纠纷的协调处理，其目的是将民间调解、行政调解、司法调解等其他各种调解资源整合在一起，把矛盾纠纷化解在基层。从"大调解"的含义就可以看出，它带有强烈的时代气息，并有别于传统调解的一些特点，或可称之为创新，这些创新是人民群众在实际工作中辛勤探索的结果，是集体智慧的结晶。

（1）纠纷解决资源的全面整合。当前社会矛盾纠纷大多牵涉面广、复杂程度高，且多是交叉到多个政府部门。传统的纠纷解决方式由于彼此缺乏信息交流，条块分割，各自为政，不能形成有机的统一整体，解决多样化和复杂化的社会纠纷往往心有余而力不足。大调解对外而言，就是要整合纠纷的各种解决力量，调动一切可用因素，采取综合手段把纠纷处理好、解决好。

（2）诉求表达渠道的有效畅通。矛盾纠纷解决的前提就是诉求表达渠道的有效畅通。当纠纷解决涉及多个部门职责时，部门与部门之间推诿、拖延现象时有发生，随着时间的拖延，当事人花费的成本越来越大，矛盾纠纷日趋复杂，当事人的调解、和解意愿逐渐降低，很容易导致矛盾激化，造成不可挽救的损失。而构筑"大调解"机制，其目的就是杜绝推诿、拖延、梗阻现象的发生，畅通群众的诉求表达渠道，给当事人提供更多及时有效的纠纷解决方式。

（3）调解方式方法的积极主动。"大调解"机制的运行基础并非依赖于新建一个机构去越俎代庖履行各相关部门的调解职能，而是通过各相关部门调解工作触角的延伸和调解工作网络的对接，主动排查社会矛盾，及时报告疑难纠纷，做到早发现、早沟通、早化解，以保证调解工作"以防为主、调防结合、多种手段、协同作战"战略预期的有效实现。

（4）纠纷调解领域的适当扩张。传统的人民调解的范围限于民事纠纷，行政调解的范围，除行政赔偿争议外，也仅限于民事纠纷。但在"大调解"机制中，从各地制定的相关制度来看，其受案范围不仅包括公民与公民之间、公民与法人或其他组织之间发生的民事争议，也涵盖了公民、法人或其他有关组织与行政机关之间发生的行政争议。

（三）调解的功能

1. 调解具有解决纠纷的功能。调解与诉讼一样具有解决纠纷的功能，且调解很少受到法定程序规则的严格限制，因而是一种灵活简便的解决纠纷方式。同时，调解的平和对话的气氛有利于促成当事人合意的形成。

2. 调解具有实现案件分流，合理分配司法资源的功能。各国相继进入"诉讼爆炸"的时代，法院普遍承受着沉重的诉讼压力，调解所具有的强大的纠纷解决功能有助于缓解各国法院普遍面临的诉讼压力。利用和发展调解的纠纷解决方式，也有助于将相当比例的司法资源投入非诉讼的纠纷机制中去，合理分配司法资源。

3. 调解具有降低纠纷解决成本的功能。调解解决纠纷的方式简洁便利，收费低廉，可以节约当事人的时间和金钱，使当事人以较低的代价获得较大的利益。所谓"迟来的正义不是正义"，司法效率对于实现法律正义至关重要。我国《民事诉讼法》规定的普通程序审结期限为6个月，如果因特殊情况在6个月内不能审结的经过本院院长同意后，可以延长6个月，还需延长的要报请上级法院批准。此外，其他各种因素对审判过程的影响，使很多案件久拖不决，再加上高昂的诉讼费，导致民众将诉讼的纠纷解决方式视为畏途。而调解的程序简洁便利，严格强调程序效益，如人民调解委员会调解纠纷，一般在1个月内调结。值得一提的是，在"无讼"传统影响下，我国的纠纷当事人通过正式的诉讼机制实现私权利的结果未必有利于自己，诉讼往往意味着紧张的利益对抗，和谐的人际关系的破坏，这无疑也是一种高昂的成本；而调解却能避免诉讼方式"一场官司十年仇""赢了官司输了关系"的遗憾，在协商与对话的气氛中促成当事人达成合意或者重归于好，这比"竞技性的诉讼"更有利于维持纠纷当事人之间的长久的情感关系或商业伙伴关系。

【相关法律法规】

《中华人民共和国人民调解法》

《中华人民共和国民事诉讼法》第9、93~99、133、142、172、194、195、201、202、208、234条

《中华人民共和国刑事诉讼法》第210、212、288、289、290条

《中华人民共和国治安管理处罚法》第9条

《中华人民共和国仲裁法》第51、52条
司法部《民间纠纷处理办法》第3、15条
《最高人民法院关于审理涉及人民调解协议的民事案件的若干规定》第1条
《最高人民法院关于人民法院民事调解工作若干问题的规定》第1、2条
《最高人民法院关于人民法院进一步深化多元化纠纷解决机制改革的意见》
《最高人民法院关于人民法院特邀调解的规定》
《最高人民法院、司法部关于开展律师调解试点工作的意见》

操作训练一　综合练习

【训练目的】

通过训练，能判断一种纠纷是否属于民间纠纷，并初步培养通过适当的纠纷解决机制解决民间纠纷的意识。

【训练材料】

某日，章某的邻居王某打死了章某家的鸭子，章某的父亲去向王某索赔，彼此发生吵骂，后经村委会干部调解平息。晚10点左右，王某之子王伟领十余人，持猎枪、刀、斧头等凶器冲到章家院内，章某的母亲上前阻拦，被王伟用刀在嘴唇上刺了一下，造成穿刺性伤害，左眼眶遭到枪托的猛击，造成轻伤。章某的母亲在精神上受到很大刺激，住院半个月。此事经人民调解委员会处理，仅按医疗费的70%赔偿。

【训练要求】

请你回答：此案是否属于民间纠纷？应当如何解决？

操作训练二　分步练习

【训练目的】

通过旋转木马法的运用，培养学生积极聆听的能力和表达能力，并促使其思考调解的价值与功能，以及合作型法治的特点与优势。

【训练材料】

苏力先生在《法治及其本土资源》一书中提到电影《秋菊打官司》，电影中秋菊的丈夫万庆来与村长王善堂因为盖房子发生争执，在争执中万庆来被村长踢中下体且造成肋骨骨折。秋菊怀着身孕去找村长说理，村长不以为意且不肯认错。秋菊为讨说法先后前往乡、县、市三级公安部门上访，但她对行政处罚结果依然不满意。市公安局长建议秋菊走法律程序，并给她推荐了一位律师，帮忙起诉村长。而法院则判决市公安局处理得当，维持原案裁决复议。秋菊不服，决心向市中级人民法院上诉。过年时，秋菊难产了，然而村里人都去相邻的王庄看戏了，万庆来只好去求村长去请人回来抬秋菊去医院。孩子顺利出生了，秋菊一家都感谢村长鼎力相助。然而在孩子满月之时，中级人民法院判决拘留村长15天，这让只想得到一句道歉的秋菊十分意外。秋菊与村长之间的纠纷以村长被行政拘

留而告终，但秋菊也并没因此而高兴，说自己"只是要个说法"。

【训练要求】

第一步：全班同学按照一定的方法排列成内、外两圈，里圈的同学与外圈的同学面对面。先由里圈的同学对下列问题发表看法，由外圈的同学聆听（注意不要随意打断对方的表达）：

（1）你认为本案中正式的法律干预是对秋菊的保护，还是可能带来更大的伤害？

（2）立法者的正义观与公众的正义观是否完全一致？

第二步：听到教师"交换"的指令后，里圈的同学停止表述，改由外圈的同学就上述问题作出表述，里圈的同学聆听。

第三步：外圈的同学向左移动两个身位，与外圈的其他同学重新建立一一对应关系。由里圈的同学向新的合作者陈述对上述问题的看法，外圈的同学聆听：调解等非诉讼纠纷解决机制与诉讼相比，你如何评价两者实现正义的价值？

第四步：听到教师"交换"的指令后，里圈的同学停止陈述，听外圈的同学陈述自己就上述问题的看法。

第五步：教师抽查学生的观点进行比较与点评，并对参与者遵守规则的情况给出反馈意见，总结倾听他人陈述的基本要点。

学习单元一习题

学习单元二　人民调解

【知识目标】

了解人民调解的概念、历史沿革和基本制度；理解人民调解的地位与作用；了解人民调解委员会的组织架构及人员构成；了解人民调解员的权利与义务。

【技能目标】

能在实操过程中贯彻人民调解的活动原则；能判断人民调解协议的法律效力。

【素质目标】

人民调解员的职业道德与工作纪律；纪律意识与责任意识。

一、人民调解概述

（一）人民调解的概念

1. 人民调解的含义。在日常生活中，我们时常在两个不同的层面上使用人民调解这一词语。"人民调解"在不同的场合具有不同的含义。有时，人民调解是指一种群众性的社会活动。作为群众性社会活动的人民调解，是19世纪20年代在中国出现的一种独特的调解方式，《人民调解法》第2条的规定，人民调解是指人民调解委员会通过说服、疏导等方法，促使当事人在平等协商基础上自愿达成调解协议，解决民间纠纷的活动。实务中将目前遍布全国乡镇基层的司法所从事的调解活动也纳入广义的人民调解的范畴。而有时，人民调解是指一种法律制度。作为法律制度的人民调解，是指从中国古代社会的诉讼外调解演化发展而来的，运用说理、疏导的方式来排解民间纠纷的群众性自治制度，也是我国重要的排解民间纠纷的法律制度形式。它有自己独特的组织形式，完整的工作原则、制度、程序，严格的工作纪律，方便灵活、形式多样的工作方法。因此许多国家把人民调解誉为"东方经验"。例如，"人民调解是我国法律制度体系的重要组成部分"，在上述句子里面"人民调解"指的就是一种法律制度。

2. 人民调解的性质。人民调解是人民群众自我教育、自我管理、自我服务的重要手段，这一属性及定位是人民调解工作赖以存在的基础，也是长期以来人民调解工作保持强大生命力、深受群众欢迎的根本原因。尽管人民调解组织形式、调解领域、工作方式有许多新的发展变化，但这一性质始终没有改变。人民调解的本质属性主要体现在其群众性、民间性和自治性这三个方面。虽然，从法律上讲，人民调解组织是群众性组织，其工作理念、工作方法应该是以社会化、自治化为特征的，但是当前出现了明显的司法化趋势，如立法中明确规定了人民调解工作的政府指导职责以及基层法院对调解民间纠纷的业务指导、将人民调解定位为司法辅助制度属于国家司法制度体系范畴、推行调解协议的司法确认等。人民调解的司法化倾向不能消解它社会自治的本质属性，在当前社会治理体系创新背景之下，要维护人民调解的自治性，要促进政府、社会、公民等多方主体共同参与纠纷解决机制，尤其要促进人民调解组织等不同社会力量参与社会治理。

3. 人民调解的特征。人民调解既具备调解的一般特征，也具有自身的特征：首先，人民调解的主持者是作为基层群众性自治组织的人民调解委员会等群众性自治组织。人民调解排除了国家行政机关和人民法院主持的调解，也不同于民间存在的个人出面进行的调解。其次，人民调解委员会等群众性自治组织进行调解时要依据一定的标准。这个标准是我国的法律和政策以及社会公共生活准则。再次，人民调解的客体是发生在双方当事人之间的民间纠纷，如婚姻、邻里、房屋宅基地、生产经营等。最后，人民调解的方法是教育、疏导。人民调解委员会等群众性自治组织往往以动之以情、晓之以理、明之以法的方法教育、疏导纠纷当事人，这种处理纠纷的方法既是由人民调解委员会等人民调解组织的性质决定的，也是由纠纷的性质决定的。

4. 人民调解与其他类型调解的关系。人民调解虽然是调解的一种类型，但它与其他类型的调解有明显区别。（可参见学习单元三）包括人民调解在内的民间调解、行政调解和法院调解共同构成我国的调解体系。它们之间虽各有特点，但最终为同一个目标而服务。它们之间存在着密切的联系，其中，人民调解是法院调解的基础，法院调解是人民调解的重要保障，有效地建立基层人民法院与各人民调解组织间的联通互动机制，使其在各自的执法活动中做到必要的衔接互补，对各自的职能有效开展起到促进作用。

为了保障及时化解纠纷，防止矛盾激化，《人民调解法》在充分总结了几种解决方式之间互相衔接、互相配合、发挥各自优势化解社会矛盾的经验，以及充分贯彻调解优先原则的基础上，对它们的相互衔接进行了程序性规定：

(1) 基层人民法院、公安机关对适合通过人民调解方式解决的纠纷，可以在受理前告知当事人向人民调解委员会申请调解。换言之，在法院立案之前或公安机关行政裁决之前，认为有些案件是可以不经过行政、诉讼程序来解决的，可以引导当事人通过人民调解来解决这些矛盾。

(2) 人民调解委员会对调解不成的纠纷，应当告知当事人可以依法通过仲裁或者行政、司法途径维护自己的权利。

(3) 经人民调解委员会调解达成调解协议后，双方当事人认为有必要的，可以自调解协议生效之日起30日内共同向人民法院申请司法确认，人民法院应当及时对调解协议进行审查，依法确认调解协议的效力。这项新制度是对人民调解协议法律效力的有力的司法保障和司法支持。

(4) 当事人之间就调解协议的履行或者调解协议书内容发生争议的，一方当事人可以向人民法院提起诉讼。

(二) 人民调解的历史沿革

1. 人民调解的起源与发展[1]。我国学界通常认为人民调解制度发轫于第二次国内革命战争时期。[2] 1954年政务院出台《人民调解委员会暂行组织通则》（以下简称《通则》），明确了调解制度的宗旨与原则，第一次在全国范围内统一调解规范，具有里程碑式的意义，标志着人民调解制度在中华人民共和国正式确立。《通则》明确将人民调解委员会定性为在政府和法院指导下的"群众性的调解组织"，调解范围为"一般民事纠纷与轻微刑事案件"。从其形成过程不难发现，"人民调解"中的"人民"一词，是中国共产党所塑造的法律新传统。"文化大革命"期间，人民调解制度遭受了很大的破坏。改革开放后人民调解借助国家民主与法治建设，在组织形式、人员构成上更加注重规范化和制度化。作为中国共产党走"群众路线"取得革命胜利的重要经验，人民调解于1982年被写入了国家根本大法——《宪法》，为村（居）民委员会设立人民调解委员会提供了最高法律依据。1989年，国务院在1954年《通则》的基础上修改制定了《人民调解委员会组织条例》（以下简称《条例》）。与《通则》相比，《条例》将人民调解委员会界定为"村民委员会和居民委员会下设的调解民间纠纷的群众性组织"，其职责范围限缩为"调解民间纠纷"，规定企事业单位可根据需要设立人民调解委员会。但现实中，一方面市场经济促使人们权利意识高涨，更多人选择诉讼途径解决纠纷，另一方面我国人民调解工作也出现违背调解自愿性、损害当事人利益的问题，人民调解制度面临严峻挑战。2002年，最高人民法院《关于审理涉及人民调解协议的民事案件的若干规定》和司法部《人民调解工作若干规定》，为新世纪人民调解制度复兴提供了契机，也为人民调解工作提供法律依据方面的支持。《人民调解工作若干规定》作为下位部门规章突破了上位行政法规的限定，将人民调解的组织形式扩展为"村居两委"、乡镇街道、企事业单位、区域性行业性组织四类主体设立的人民调解委员会。其中，"村居两委"和企事业单位的人民调解委员会根据需要，可以自然村、小区（楼院）、车间等为单位，设立调解小组，从而形成全覆盖的人民调解工作网络。同年，中央办公厅、国务院办公厅转发最高人民法院、司法部《关于进一步加强新时期人民调解工作的意见》的通知，提出要适应新形势下化解民间纠纷及维护社会稳定的需要，"巩固、健全、发展多种形式的人民调解组织"。此后，国家出台一系列规范性文件，如最高人民法院《关于人民法院民事调解工作若干问题的规定》（2004年），最高人民法院、司法部《关于进一步加强新形势下人民调解工作的意见》（2007

---

[1] 褚宸舸、李德旺："近十年人民调解'枫桥经验'研究的回顾与展望（2008—2017）"，载《民法》2018年第1期。

[2] 韩延龙："试论抗日根据地的调解制度"，载《法学研究》1980年第5期。

年),最高人民法院《关于建立健全诉讼与非诉讼相衔接的矛盾纠纷解决机制的若干意见》(2009年)等,这些文件试图通过丰富人民调解的组织形式、扩展工作范围、提升调解协议效力、建立司法确认程序等方式使其重新焕发生机。2010年颁行的《人民调解法》总结了人民调解的立法经验和制度实践,被誉为人民调解制度发展变迁的一座重要里程碑。这部法律坚持了人民调解的群众性、民间性、自治性的组织属性,进一步明确了人民调解协议具有法律约束力,并将实践中探索的"诉调对接"机制——人民调解协议司法确认制度写入法律。同时,为乡镇、街道以及社会团体或者其他组织根据需要设立人民调解委员会预留了制度空间。2011年,中央社会治安综合治理委员会出台了《关于深入推进矛盾纠纷大调解工作的指导意见》,强化了政府对人民调解的推动。此后,2015年十八届中央全面深化改革领导小组第十七次会议审议通过的《关于完善矛盾纠纷多元化解机制的意见》和2016年最高人民法院出台的《关于人民法院进一步深化多元化纠纷解决机制改革的意见》都强调了人民调解在多元化纠纷解决机制中的地位。2016年,司法部、中央综治办、最高人民法院、民政部制定了《关于推进行业性专业性人民调解工作的指导意见》,试图适应社会矛盾化解的迫切需要,将以医疗卫生、道路交通、劳动关系、物业管理等领域为重点的行业性、专业性人民调解建设向纵深推进。

2. 人民调解的现状。实践中,上文所述的新型调解组织在严格意义上早已超出了人民调解的组织形式和组织特征,但由于缺少法律上的组织依据,为获得合法性的构建基础,其又不得不借人民调解的外壳呈现,最典型的运作形式包括以下几类:

(1) 政府购买服务的"调解工作室"。2003年以来,上海出现以首席调解员命名的个人调解工作室。其中最有影响力的是"李零人民调解工作室"和"杨伯寿人民调解工作室"。从组织属性上讲,二者均不是群众性自治组织,也不是政府的下属机构,更不受政府的指导,而是非营利性的民间社团,具有较强的工作自主性,街道以"政府购买服务"的方式与"调解工作室平台"签约,交由其化解具有较强专业性的社会矛盾纠纷,其运作经费主要来源于"政府购买服务"。

(2) 商事调解。随着市场交往日益频繁,各类民间商事调解组织涌现,在投资、金融、证券期货、保险、电子商务、知识产权、国际贸易等领域提供商事调解服务。例如,中国国际贸易促进委员会调解中心、上海经贸商事调解中心等独立第三方商事调解机构,遵循国际通行的调解规则,以专业化、职业化的模式运行,聘请资深专家和法律人士担任调解员,经费来自调解收费和捐赠,为国际、国内商事纠纷提供快捷、高效、经济、灵活的服务。

(3) 行业性、专业性调解。行业性、专业性调解以行业组织为依托,是针对特定类型的纠纷设立的。随着中央"放管服"改革的推行,行业协会正在向自治性组织转化,这些行业性、专业性调解组织基本都有行业代表、专家等特定主体参与,由行政主管部门或法院负责建立并推动,形成诉调对接、民间机制与行政机制的互动衔接。例如,2016年,湖南省知识产权纠纷人民调解委员会由湖南省知识产权协会作为独立的第三方平台发起设立,并经司法行政部门备案,其调解员分别为来自知识产权行政机关、高校、中介机构、企业等不同性质部门的知识产权专家,专门解决知识产权领域纠纷,形成诉调对接、民间机制与行政机制的互动衔接。

(4) 法院附设调解。目前,我国很多基层法院都附设人民调解窗口或人民调解工作室、诉调对接中心,聘请特邀调解员或特邀调解组织,在立案前委派调解或者立案后委托调解。此类调解组织的产生、调解人员的选任、调解运作的模式均与传统人民调解不同,但仍被纳入人民调解的框架之中。

(5) 律师调解。在域外法治发达国家如美国、英国、日本等,律师已经成为调解市场发展的中坚力量。近年来,律师调解开始在我国受到重视。2006年,山东省青岛市成立首家律师主导型的社会调解组织,该律师调解中心由律师担任调解员,主持涉外商事纠纷的调解、促进诉前和诉中和解。2017年9月30日,《最高人民法院、司法部关于开展律师调解试点工作的意见》公布实施,通过在法院、公共法律服务中心(站)、律师协会、律师事务所设立的调解工作室或调解中心,由律师作为中立调解人促成当事人协商解决纠纷。律师调解正成为发展我国社会调解的新力量。

(三) 人民调解的地位与作用

1. 人民调解的地位。我们通常所说的人民调解的地位,是指人民调解在我国的法律地位。在我国的调解体系中,人民调解具有特殊而重要的地位。人民调解制度是我国独有的一项调处民间纠纷的法律制度,是我国诉讼外解决纠纷的主要方式,属于ADR解决纠纷机制的一种,是我国多元化民事纠纷解决体系中不可或缺的组成部分。1954年3月制定并颁布的《人民调解委员会暂行组织通则》(已失效),成为我国开展人民调解工作的统一的法律依据。1979年7月颁布、1983年9月修订的《中华人民共和国人民法院组织法》(已被修改)、《民事诉讼法》(已被修改)中也都有关于人民调解工作的规定。1982年12月颁布的《宪法》(已被修改)中明文规定在城市和农村设立人民调解委员会调解民间纠纷。这一规定肯定了人民调解制度的宪法地位。1989年颁发的《人民调解委员会组织条例》,更加具体明确地规定了人民调解制度的地位和作用。2002年最高人民法院通过的司法解释进一步明确了人民调解协议的性质和法律约束力,最高人民法院与司法部联合召开的全国人民调解会议则奠定了人民调解是基层解决民间纠纷主流手段的地位。2010年8月28日第十一届全国人民代表大会常务委员会第十六次会议通过了《人民调解法》,通过立法形式赋予人民调解坚实可靠的法律地位。

(1) 人民调解在社会主义民主法治建设中的地位。人民调解制度是适应人民民主的需要而产生和发展的。随着人民调解制度在全国的普遍建立,它在实现和发展社会主义民主及群众自我管理的事务中发挥了重要作用。人民调解制度是实现社会主义直接民主的一种重要形式,是人民群众运用自己的力量,在一定范围内直接、实际地对国家和社会事务进行管理。人民调解是我国解决民间纠纷的一项基本原则,在我国纠纷解决机制中占有独特而重要的地位。人民调解是司法机关解决民间纠纷的有力助手,人民调解制度是我国司法制度的辅助，是我国的重要法律制度之一。

（2）人民调解在社会综合治理中的地位。人民调解组织是社会治安综合治理的重要基层组织之一。搞好人民调解组织，有利于把社会治安综合治理的各项措施落实到基层，形成一个上下结合、齐抓共管、群防群治的局面。

人民调解队伍是社会治安综合治理的一支重要力量。首先，社会治安综合治理是一项需要全社会共同参与的系统工程，而人民调解人员是其中的一支重要力量。他们不仅有庞大的队伍，而且广大调解人员工作在基层，生活在群众中，联系着数以亿计的人民群众，他们可以充分利用和发挥其地熟、人熟、情况熟的特点和优势，将广大群众动员组织到社会治安综合治理的行列中来。其次，当前的犯罪不少是由于民间纠纷激化引起的。大力加强人民调解工作，及时预防纠纷、排查纠纷、妥善处理纠纷，就能很好地预防和大大减少这类犯罪的发生。我国的司法机关对民间纠纷和犯罪的预防虽然也能够起到巨大作用，是搞好社会治安的主要力量，但由于对问题发现不及时或不了解，有时很难做到对症下药，因此，人民调解是搞好社会治安综合治理的一项重要治本措施。

2. 人民调解的作用。

（1）人民调解具有促进社会主义物质文明建设的作用。民间纠纷的发生，对经济的发展有很大的负面效应。建设社会主义物质文明，需要有一个良好的生产、生活秩序和社会环境，需要及时解决生产、流通领域里产生的各类纠纷，需要最大限度地调动人民群众的生产建设积极性。通过人民调解组织的调解活动妥善解决各类纠纷，能给生产建设创造一个良好的环境，使劳动者最大限度地发挥主观能动性，达到与生产力等其他要素的最佳结合，保证生产经营的顺利进行，直接促进生产和经济的繁荣。

（2）人民调解具有促进社会主义精神文明建设的作用。不知法、不懂法和落后的思想意识是产生各种民间纠纷乃至犯罪的重要原因之一。根据《人民调解工作若干规定》第3条第2项的规定，通过调解工作宣传法律、法规、规章和政策，教育公民遵纪守法，尊重社会公德，预防民间纠纷的发生是人民调解委员会的任务之一。人民调解组织调解的各种纠纷，涉及道德、纪律、法律等方面的问题，人民调解组织调解纠纷的过程，就是向当事人及周围群众进行道德、纪律、法制宣传教育的过程。这对促成良好道德风尚的形成，有效地遏制犯罪进而促进社会主义精神文明建设起到重要作用。

（3）人民调解具有促进民主法治建设进程的作用。作为现代调解制度重要组成部分的人民调解制度是建立在社会主义市场经济和民主政治基础上的，反映了现代市场经济和民主政治的法权要求，有利于法治的实现。与很多人的设想不同，人民调解不是法治的对立面，不但不会阻滞法治进程，蚀损法治精神，恰恰相反，人民调解具有与法治共处的亲和性，它可以成为法治发展的促进性力量。人民调解是在坚持和强调自愿合法的基础上解决纠纷的，反映了现代市场经济条件下私法自治或私权自治的要求，体现了对当事人权利的尊重，尤其是对当事人意思自治权的尊重。法治是以确立法律至上原则，对权力进行限制和控制、对权利进行确认和保障为构成要素的，人民调解符合保障权利这一法治核心要素的要求。人民调解的当事人通过人民调解组织的依法调解来解决纠纷，这一制度的确立和实施，有利于培养公民对法律的情感和信仰，而公民对法律的情感和信仰正是实现法治的一个前提条件。

（4）人民调解具有化解社会矛盾维护社会稳定的作用。人民调解体现了强调和追求和谐的中国传统法律文化，这种和合文化对于调节人际关系，促进社会的稳定有序发展具有不可低估的积极作用。这种主张社会本位、追求秩序和谐的基本理念，反映了中国人对他人、社会、国家利益的切实关心和注重人情温暖的伦理观念，这对于引导社会成员行为理性化，防止和减少社会矛盾冲突，形成和谐稳定的社会秩序是有非常积极的意义的。人民调解的出发点是建立、形成良好的社会人际关系，使社会各阶层的利益主体在争取自身利益的同时，兼顾对方当事人的利益及社会公共利益，并做到在分清是非曲直的基础上，达到既维护当事人的合法权益，也维护社会稳定和形成良好人际关系的目的。大量的民间纠纷通过人民调解在基层被解决，使成千上万个家庭和个人，消除了隔阂，改善了关系，增强了团结，这对整个社会的安定团结具有重要作用。

（5）人民调解具有政法工作第一道防线的作用。首先，人民调解可以有效地预防矛盾的激化，有助于将矛盾及时、有效地控制在萌芽状态，能够预防犯罪，减少犯罪的发生，协助公安、检察机关发现犯罪、打击犯罪。其次，在社会矛盾纠纷解决机制中，人民调解是"第一道防线"，法院诉讼是最终和最权威的"最后一道防线"，换言之，应当让诉讼外解纷机制化解大部分民间纠纷，只有在其他途径无法解决的时候，才能借助于国家强制力来解决。"如果一个社会完全靠国家强制力来化解矛盾，维护稳定，那么这个社会是不健全的，这种稳定是脆弱的，执政的成本也是昂贵的。"[1] 将民间纠纷通过人民调解工作化解在第一线，有利于建立和运用社会稳定的长效机制，是件利国利民的好事。统计资料显示，截至2009年底，全国共建有人民调解组织82.3万个，基本实现了调解组织网络全覆盖。近五年来，全国人民调解组织直接调解、协助基层人民政府调解各类民间纠纷2900万件，调解成功2795万件，调结率为96%；防止因民间纠纷引起的自杀10万余件，防止因民间纠纷转化成刑事案件25万余件，已成为我国纠纷解决机制中的"第一道防线"。

（6）人民调解具有沟通党和人民政府与人民群众相互联系的渠道作用。首先，按照我国《中华人民共和国村民委员会组织法》的规定，村民委员会的任务之一，是向人民政府反映村民的意见、要求和提出建议，人民调解委员会是村（居）民委员会的一个组成部分，对村（居）民委员会的规定，也当然适用于人民调解委员会。这就在党和人民政府与人民群众的相互关系上起了桥梁作用。其次，人民调解组织是一个巨大的社会信息网络，也是一个庞大的信息传导体系。通过它，党和政府可以及时获得大量来自基层和群众的各种信息，这就为党和政府制定、修改政策法律，进行各种决策提供了依据。

二、人民调解的活动原则和基本制度

《人民调解工作若干规定》第4条规定，人民调解委员会调解民间纠纷，应当遵守下

---

[1] 胡译君："人民调解工作的改革与发展"，载《国家行政学院学报》2003年第6期。

列原则：①依据法律、法规、规章和政策进行调解，法律、法规、规章和政策没有明确规定的，依据社会主义道德进行调解；②在双方当事人自愿平等的基础上进行调解；③尊重当事人的诉讼权利，不得因未经调解或者调解不成而阻止当事人向人民法院起诉。《人民调解法》第3条则规定，人民调解委员会调解民间纠纷，应当遵循下列原则：①在当事人自愿、平等的基础上进行调解；②不违背法律、法规和国家政策；③尊重当事人的权利，不得因调解而阻止当事人依法通过仲裁、行政、司法等途径维护自己的权利。据此，可将人民调解的活动原则概括为依法调解原则、自愿平等原则、尊重当事人权利的原则和人民调解不收费原则。

《人民调解法》第4条规定，人民调解委员会调解民间纠纷，不收取任何费用。《人民调解工作若干规定》第8条规定，人民调解委员会调解民间纠纷不收费。由此可见，不收取费用是人民调解的一项基本制度。

(一) 依法调解原则

依法调解，是指人民调解组织必须依照国家的法律、法规、规章和政策进行调解，调解活动不得违背法律、法规和国家政策。法律、法规、规章和政策没有明确规定的，可以根据社会主义道德规范、村规民约、行业规范等进行调解，这是人民调解的依据。与纯粹的持当事人主义、特别尊重当事人处分权的调解不同，目前从整体上看人民调解还不可避免地带有官方或半官方色彩，调解员在调解过程中自觉或不自觉地表现出职权主义的倾向，因此，不排除当事人在调解人员的劝说下，迫于种种压力而勉强作出让步的可能性存在。例如，城镇街道人民调解委员会的委员往往兼负该街道或该街道辖下社区的综合治理、消防安全等职责；又如，司法所的司法助理员系政府行政机关公务人员等，都有可能对部分当事人形成一定的制约与心理压力，在这样的背景下，我们更应强调依法调解的原则。

依法调解的原则，包括如下几方面：

1. 调解的范围合法。依据《人民调解工作若干规定》第20条和第22条的规定，人民调解委员会调解的民间纠纷，包括发生在公民与公民之间、公民与法人和其他社会组织之间涉及民事权利义务争议的各种纠纷；法律、法规规定只能由专门机关管辖处理的，或者法律、法规禁止采用民间调解方式解决的，以及人民法院、公安机关或者其他行政机关已经受理或者解决的纠纷，人民调解委员会不得受理调解。某些基层的调解人员为了避免民事纠纷激化为刑事案件，将个别已然构成犯罪的刑事案件也当成民事纠纷来调解，对这些刑事案件隐瞒不报，甚至阻止压制被害人向司法机关控告，这就严重违反了依法调解原则。

司法部《关于贯彻实施〈中华人民共和国人民调解法〉的意见》第9条进一步规定，努力拓展人民调解工作领域。主动适应新时期社会矛盾纠纷发展变化的新趋势，在做好婚姻家庭、相邻关系、损害赔偿等常见性、多发性矛盾纠纷调解工作的同时，积极在征地拆迁、教育医疗、道路交通、劳动争议、物业管理、环境保护等领域开展人民调解工作，扩大人民调解覆盖面。

2. 调解的程序合法。如今我们的社会生活的意识中已经有了法和权利的观念，完全不问法律上谁是谁非而一味无原则地要求妥协的调解方式已不可能再获得民众的支持，因为申请调解的当事人虽然没有选择利用诉讼制度，却也是为了实现自己的权利才提出要求调解。在人民调解中，由于传统意识的影响，人民调解有较浓重的"重义轻利"色彩和"折中调和"等现象。显然这与法治社会注重人们权利和义务，注重人民利益的观念是相悖的。人民调解的依据是法律，这与传统的民间调解强调"循礼重于循法"是不同的。依法进行调解，就要切实转变固有的传统观念，提高权利、义务、利益观念。应在分清是非、明确责任的基础之上，促成当事人达成协议。调解的结果必须使责任方明白所负的责任，享有权利的一方要明白自己应有的权利。因此，调解不是"和稀泥"、一味地无原则地要求一方忍让，从而息事宁人，而是应在明确权利义务的前提下进行，或谴责或维护，做到分明。在公正与效益的价值体系当中，既要注重有效率地解决纠纷，更要尊重当事人的合法权利，不能以牺牲一方当事人的正当权利来换取调解的成功率。我们不赞同在调解中将当事人的合意强调到极致，而忽略了公正价值的实现的做法。因为，人民调解不仅要达到解决纠纷的目的，同时也担负着预防纠纷的任务。如果当事人通过人民调解所实现的权利与其若采取审判的解纷方式所能实现的权利相去甚远的话，则纠纷的解决只是暂时的，一旦当事人的权利意识觉醒，纠纷会以新的形式爆发出来。尊重当事人的法定权利，也是现代市场经济的内在要求。

3. 调解的协议合法。人民调解的当事人是通过协议来达成合意的，其判断的依据除了法律，还有传统的情理观念、社会常识、风俗习惯等，而且调解员的调解往往是建立在对民间纠纷的矛盾渊源及当事人具体情况的深刻了解的基础上的，因此，比起法官仅仅根据法律和针对纠纷本身所作出的一刀切的裁决，调解更容易带来符合实际情况的衡平式的解决。然而，调解协议是当事人合意的集中体现，只有双方达成的调解协议合法，才能使当事人的合意获得正当性。此外，当事人期待通过人民调解来实现自身的利益最大化，这只有在调解结果与审判结果基本一致的情况下才有可能，如果其通过调解所实现的权利与法院处理应获实现的权利相比差距较大的话，即使节约了当事人的成本，其实效依然要大打折扣。

（二）自愿平等原则

自愿平等原则，指人民调解委员会应在双方当事人自愿平等的基础上进行调解，尊重和保障当事人的合法意愿，不能采取任何强迫措施，这是人民调解的基础。调解必须建立在当事人双方完全合意的基础上。合意是调解的本质要求，因为这是强调契约自由、意思自治的市场经济的内在要求。

自愿平等原则又可细化为自愿原则与平等原则两个方面。《人民调解法》第23条规定：当事人在人民调解活动中享有下列权利：①选择或者接受人民调解员；②接受调解、拒绝调解或者要求终止调解；③要求调解公开进行或者不公开进行；④自主表达意愿、自愿达成调解协议。由此可见，当事人自愿原则是一项贯彻于调解程序始终的基本原则，是对当事人自由意志的尊重。自愿原则在调解活动中具体表现在如下几方面：①用调解的方式解决纠纷是矛盾双方当事人真实意思的表示，其有决定选择调解程序、方式及调解员的自由。②调解组织在受理纠纷时和在调解纠纷时，都必须坚持自愿原则。调解前，尊重当事人有选择和解、诉讼、仲裁或调解方式来解决纠纷的自由；调解中，尊重当事人有终止调解，选择其他纠纷解决方式的自由；调解后，尊重当事人依法向法院提起诉讼的自由。③调解协议是矛盾双方真实合意的表示。调解协议的形式可以选择达成书面协议或口头协议；调解协议的内容完全由双方当事人自己作主；调解协议书的签订必须双方同意，调解协议制作完成后，当事人仍然拥有最终同意签订调解协议或拒绝签订调解协议的权利。④调解协议要当事人自觉履行。

调解作为民事纠纷的解决方式之一，调解员在调解过程中须始终关注并保持各方当事人地位平等。《民法典》第4条规定，民事主体在民事活动中的法律地位一律平等。由此可见，当事人地位平等，是由民法调整的平等主体之间的财产关系和人身关系的范畴和性质所决定的。调解员只有平等对待双方当事人，才能取得当事人的信任，有助于了解纠纷的隐情，从而高效、高质化解纠纷。平等原则在调解活动中具体表现在如下几方面：一是双方当事人在调解中的地位完全平等；二是双方当事人拥有同等行使权利的机会；三是调解员应始终平等对待双方当事人。

（三）尊重当事人权利的原则

尊重当事人权利的原则，是指人民调解委员会对民间纠纷的调解不是起诉的必经程序，不得因未经调解委员会调解或者调解不成而阻止当事人以仲裁、行政、司法等途径维护自己的权利。根据《人民调解法》第26条的规定，人民调解员调解纠纷，调解不成的，应当终止调解，并依据有关法律、法规的规定，告知当事人可以依法通过仲裁、行政、司法等途径维护自己的权利。

尊重当事人权利的原则有两方面的内容：一是纠纷发生时，双方当事人均有选择权，可以不经人民调解委员会调解而直接向有管辖权的人民法院起诉，或通过行政、仲裁等途径解决纠纷；二是在人民调解委员会调解进行中，双方或一方当事人不愿继续调解，即可向调解委员会提出退出调解而向有管辖权的人民法院起诉或通过行政、仲裁等途径解决纠纷。

（四）人民调解不收费原则

各种类型的人民调解组织、人民调解员和参加调解工作的其他人员，以及这些人民调解组织的设立单位，不得向当事人收取或者变相收取任何费用、财物。

三、人民调解组织

（一）人民调解组织的性质与设置

人民调解委员会是依法设立的调解民间纠纷的群众性组织。

近年来，各地为了满足有效预防化解矛盾纠纷的需要，探索建立了一些新型人民调解组织，使调解组织形式有了新的发展。截至 2020 年底，全国共有人民调解组织 70.8 万个，形成了遍布全国城乡的人民调解组织网络。其中村（居）人民调解委员会 62.2 万个，企业事业单位人民调解委员会 1.6 万个，乡镇、街道人民调解委员会 4 万个，区域性、行业性调解组织 3 万个，基本上达到了城乡村（居）民委员会设调解委员会，村（居）民小组设调解小组，每十户设调解员或纠纷信息员，调解组织基本形成镇（街）调委会—村（居）民调委会—调解小组的三级调解网络。

《人民调解法》在总结实践经验的基础上，完善了人民调解组织形式，规定人民调解组织形式包括：一是村（居）民委员会设立人民调解委员会，村（居）是除了家庭外最基本的社会单位，与纠纷主体联系密切，对纠纷的产生原因及纠纷主体的具体情况都十分了解，因此村（居）人民调解委员会是化解家庭、邻里纠纷的主力军，也是人民调解委员会最主要的组织形式。二是企（事）业单位根据需要设立人民调解委员会，社会构成的单位除了传统的行政区划以外，企业事业单位也是一个重要的组成部分。随着市场经济的不断发展，经济改革的不断深化。如何维护职工的合法权益，化解职工在生产生活中的各种矛盾，解决企业与周边地区群众之间的矛盾纠纷，也是关系到社会稳定和经济平稳发展的重大问题。因此，在企业事业单位设置人民调解委员会，化解这类矛盾就显得十分必要，实践中，国家的重点企业、地方的骨干企业、重点扶持的民营企业都积极地设置了人民调解委员会，这些人民调解委员会积极参与社会治理，在化解矛盾纠纷中发挥着重要作用。三是乡镇、街道、社会团体或者其他组织根据需要设立人民调解委员会，这类人民调解委员会是为了解决复合型的、主体涉及多个行政区划的民间纠纷而设立的。此外，在《人民调解工作若干规定》中还规定了区域性、行业性人民调解委员会。所谓区域性人民调解委员会，是指在特定的行政区域、生产、生活地区建立的人民调解组织，这类人民调解委员会主要以集贸市场、经济开发区、商品集散地、工程工地、流动人口聚居地的人民调解委员会为形式。所谓行业调解，是指行业、社团组织设立的调解组织，如房地产行业调解组织、医疗纠纷调解组织、物业纠纷调解组织等，解决与行业社团相关民事纠纷的活动。多种形式的人民调解组织，可以更好地适应化解不同类型、不同领域矛盾纠纷的需要。

人民调解委员会由委员 3 至 9 人组成，设主任 1 人，必要时，可以设副主任若干人。人民调解委员会应当有妇女成员，多民族居住的地区应当有人数较少民族的成员。村民委员会、居民委员会的人民调解委员会委员由村民会议或者村民代表会议、居民会议推选产生；企业事业单位设立的人民调解委员会委员由职工大会、职工代表大会或者工会组织推选产生。区域性、行业性的人民调解委员会委员，由设立该人民调解委员会的组织聘任。

（二）人民调解委员会的制度

《人民调解委员会组织条例》对人民调解委员会的制度建设作了原则规定，《人民调解工作若干规定》第 19 条则对人民调解委员会的制度作出了更加明确、具体的规定，要求人民调解委员会应当建立健全岗位责任制、例会、学习、考评、业务登记、统计和档案等各项规章制度，不断加强组织、队伍和业务建设。《人民调解法》第11条规定，人民调解委员会应当建立健全各项调解工作制度，听取群众意见，接受群众监督。

1. 岗位责任制度。岗位责任制度是人民调解委员会各项工作制度建设的核心内容，它是通过明确调解人员的责任，确定具体任务，使责、权、利密切相结合的一项制度。岗位责任制度要求对人们调解组织中的每个部门、每个岗位在调解过程中的工作内容、职责、程序等，都应当有明确的规定。岗位责任制度的内容很多，形式多种多样，其中最基本、最主要的内容是"三定一奖惩"，即定人员、定任务、定指标，完成任务奖励，完不成的减发一定比例的报酬或者奖金。

2. 纠纷登记制度。纠纷登记制度是指人民调解委员会在受理民间纠纷时，应当对当事人的情况、申请时间、纠纷的种类、纠纷的内容等相关事项登记备案的制度。根据《关于贯彻实施〈中华人民共和国人民调解法〉的意见》第16条的规定，要全面、及时地对人民调解工作情况进行登记和统计。人民调解员调解每一件纠纷都应当填写《人民调解员调解案件登记单》。人民调解委员会应当按期填写《人民调解委员会调解案件汇总登记表》。纠纷登记是人民调解委员会调解民间纠纷的直接依据，纠纷登记应当载明当事人的姓名、性别、年龄、工作单位、家庭住址、事由、记录人姓名或签章、登记日期。人民调解委员会和调解小组应当设置专门的纠纷登记簿，人民调解委员会每季度汇总后报司法所或司法助理员备案。

纠纷登记后，人民调解员应当对纠纷进行审查，对不属于人民调解委员会调解范围的纠纷，应及时告知当事人到有关部门处理。对于属于人民调解委员会调解范围的纠纷，应当通知当事人，启动人民调解程序。

3. 统计制度。统计制度是人民调解委员会的一项基本的工作制度，对检查人民调解工作计划的落实情况、完成任务情况，研究分析矛盾纠纷发生、发展的新情况、新特点，发现人民调解工作中的问题等具有重要意义。根据《关于贯彻实施〈中华人民共和国人民调解法〉的意见》第16条的规定，人民调解员调解每一件纠纷，都应当填写《人民调解员调解案件登记单》。人民调解委员会应当按期填写《人民调解委员会调解案件汇总登记表》，及时向司法行政机关报送《人民调解组织队伍经费保障情况统计表》《人民调解案件情况统计表》。具体工作要求有：专人负责、建立台账、统一标准、及时上报。

4. 文书档案管理制度。这也是人民调解委员会的基本工作制度。健全的文书档案可以直观地反映出本区域的纠纷情况，有利于人民调解组织针对纠纷发生的特点和规律进行研究，积累纠纷处理经验。主要内容有：设立保管人员，规定必要的调阅、保管管理办法。做好文书的审查、装订工作。调解文书包括纠纷登记的原始记录、调查笔录、调解笔录、调解协议书，以及调委会对调解未成功的纠纷的处理意见及各种证明材料等。调解文书档案要求一事一卷，装订成册。一般保管期限为3年。

5. 回访制度。回访制度是指人民调解委员会对已调结的纠纷、特别是较复杂的或有可能出现反复的纠纷进行走访、了解情况的工作制度。人民调解委员会对调结的较复杂的纠纷、涉及多方当事人的纠纷、濒临激化的纠纷以及时间长的矛盾纠纷在协议履行期间或调解后的一段时间里应经常进行回访。回访的对象主要是当事人和知情人，必要时也可走访当事人所在的单位或居所地的组织和群众。回访工作的主要内容有：了解协议的履行情况、影响协议履行的隐患、当事人的思想状况、对调解人员的意见建议等。回访后，对影响正常履行协议的各种隐患、纠纷动向、当事人的思想状况等要分析研究，提出解决的具体办法。对有激化苗头的，要果断采取措施，重大险情要及时上报。

6. 纠纷排查制度。这是人民调解组织定期对辖区内的民间纠纷进行摸底、登记、分类的一项工作制度，是人民调解组织了解掌握纠纷信息、有的放矢地开展调解工作的重要方法，也是人民调解工作向党委、政府反映社情民情，参加社会治安综合治理的措施之一。排查纠纷包括参加司法行政机关组织的排查和调解委员会根据纠纷情况自行组织排查。不管是哪种排查，人民调解委员会都要做好以下几个方面的工作：明确排查的目的、意义；掌握排查的时间、范围、方法；逐门、逐户、逐人进行摸底排查，掌握纠纷的重点户、重点人；填写排查工作统计表；对应当由人民调解委员会调解的，落实调解人员，及时化解；不属于调解范围或调解不了的，及时上报；对排查中揭发出的犯罪线索，立即移交公安部门。

7. 纠纷信息传递与反馈制度。纠纷信息传递与反馈制度指通过各种渠道将民间纠纷的征兆或消息传送到人民调解组织，人民调解组织对纠纷信息分析研究、加工处理后，将具体的调解意见传回纠纷发生地或传送到有关部门，为科学地预测、预防、疏导、调解民间纠纷提供依据的活动。纠纷信息传递与反馈制度的主要内容有：①建立信息传递与反馈组织。一般由调解小组或调解员担任纠纷信息员。②组织信息的传递。一种是纵向的传递，即将纠纷信息向上一级调解组织传递；另一种是横向的传递，即调解组织将信息传递给有关部门或共同调解的各调解组织。③做好信息的加工处理工作。人民调解组织应对获取的信息进行分析，按照矛盾纠纷的性质、轻重缓急进行处理，对可以解决的提出调解意见，反馈给基层组织；对带有普遍性、规律性、多发性的矛盾纠纷在调解的同时要提出预防、疏导的措施和建议；对容易激化的纠纷、群体性纠纷、群众性械斗应在稳定事态发展的基础上，报告基层人民政府或有关部门处理。④及时进行信息反馈，保障信息渠道的畅通，使调解组织、有关部门及时掌握纠纷情况，了解上一级调解组织的调解意见，便于有效疏导、调解。

四、人民调解员

（一）人民调解员的概念与条件

1. 人民调解员的概念。学界对人民调解员并无统一的定义。在立法上，《人民调解工作若干规定》第2条第2、3款指出：人民调解员是经群众选举或者接受聘任，在人民调解委员会领导下，从事人民调解工作的人员；人民调解委员会委员、调解员，统称人民调解员。根据《人民调解法》第13条的规定，人民调解员由人民调解委员会委员和人民调解委员会聘任的人员担任。人民调解员在人民调解委员会的领导下，具体从事人民调解工作，要服从人民调解委员会的领导和工作安排，要主动向人民调解委员会汇报工作，反映纠纷情况，要积极参加人民调解委员会组织的各种活动。

在人民调解的过程中，人民调解员作为保持中立地位的第三方参与、主持调解全局，提出解决争议的建议，对推进调解进程起着重要作用。因此，作为一名合格的人民调解员，必须具备法律规定的条件，具有与调解工作相适应的政治素质、思想素质、业务素质等从业素质。

截至2020年底，全国共有人民调解员366.9万人，每年化解矛盾纠纷约900万件。其中专职调解员49.7万人，占调解人员总数的13.5%。

2. 人民调解员的条件。按照《人民调解法》《人民调解委员会组织条例》《人民调解工作若干规定》，人民调解员应当具备以下基本条件：

（1）为人公正。调解人员待人处事应该主持公道，正直无私，不偏不倚。在调解民间纠纷或向上级有关部门反映情况时，应实事求是，光明正大，不徇私舞弊，不贪赃枉法，不搞歪门邪道。

（2）热爱调解工作。调解人员必须热爱这项工作，才能树立高度的事业心，保持强烈的责任感，热情耐心，认真负责，不怕苦累，不惧艰险，积极为群众排难解纷，及时防止民间纠纷激化。

（3）具备一定的法律知识、政策水平和文化水平。人民调解员掌握与调解工作直接有关的法律和政策，是正确贯彻人民调解工作合法原则的前提和关键。人民调解员必须认真掌握国家法律、法规和政策，以保证在工作实践中严格依法办事，正确运用法律武器，自觉维护法律的尊严，维护纠纷当事人的合法权益。乡镇、街道人民调解委员会委员应当具备高中以上文化程度。

（4）成年公民。一般来说，自然人随着年岁渐长，阅历渐丰，心智愈来愈健全，辨认和控制自己行为的能力愈来愈强。我国立法界认为，只有成年人才具备介入市民社会生活所需要的生理和物质基础，能独立处理个人事务和判断自己行为的社会后果。人民调解员所从事的工作需要高超的调解技巧和说服能力，非知识与阅历丰富、理智健全、思维敏捷、意志坚定、能负责任者莫属。根据我国《民法典》第17、18条的规定，18周岁以上的公民是成年人，具有完全民事行为能力，可以独立进行民事活动，是完全民事行为能力人。据此，只有18周岁以上的成年人才能担任人民调解员。

以上四条，是作为一名合格的人民调解员应当具备的基本条件，只要是具备了这些条件的公民，不分民族、种族、性别、职业、社会出身、宗教信仰以及财产状况等，都可以当选为人民调解组织的成员。

近年来建立的首席人民调解员制度是一项卓有成效的新制度。根据《人民调解工作若干规定》，首席人民调解员在调解纠纷时可申请有关部门和个人协助配合。首席人民调解员调处的纠纷，一般都是调委会调处不了而上报到司法科或调解中心的"老大难"问题。因此，对首席调解员的要求较高，必须具有中等专业技术职称，从事人民调解工作3年以上的人才能担任。很多首席人民调解员懂法律、有威信，有良好的群众基础和较高的素质，这些都是化解疑难纠纷的必要条件。首席人民调解员制度在某些地区试行以来，不仅为传统的人民调解工作带来了新血液，也有力促进了疑难纠纷的化解，提高了人民调解组织的综合调处能力。

（二）人民调解员的权利与义务

1. 人民调解员的权利。人民调解员的权利保障体系至今仍不完善，我们根据《人民调解法》《人民调解委员会组织条例》《人民调解工作若干规定》等相关法律法规的规定，结合法理，概括出人民调解员应当享有的权利：

（1）生命财产安全权。人民调解员履行职务，其生命与财产安全理应受到起码的保障。《人民调解工作若干规定》第 18 条规定，人民调解员依法履行职务，受到非法干涉、打击报复的，可以请求司法行政机关和有关部门依法予以保护。

（2）经济利益权。主要包括：

第一，人民调解员有获得经济补贴的权利。《人民调解委员会组织条例》第 14 条规定，对人民调解委员会委员，根据情况可以给予适当补贴。人民调解委员会的工作经费和调解委员的补贴经费，由村民委员会或者居民委员会解决。另外，《人民调解法》也明确规定人民调解员从事调解工作，应当给予适当的误工补贴。

第二，人民调解员有获得医疗、生活救助的权利。因从事调解工作致伤致残，生活发生困难的，当地人民政府应当提供必要的医疗、生活救助。这里所指的"因从事调解工作致伤致残"，既包括人民调解员在开展调解工作过程中致伤致残，也包括人民调解员因前往调解现场的途中遭遇交通事故等意外致伤致残，调解结束后被不法分子打击报复致伤致残等其他情形。这种责任并非赔偿或补偿责任，而是一种补充性的最低救助责任，是在人民调解员无法通过其他合理渠道获得赔偿、救助时政府所应承担的责任。

第三，人民调解员的配偶、子女有依法享受抚恤和优待的权利。依据《人民调解法》的规定，在人民调解工作岗位上牺牲的人民调解员，其配偶、子女按照国家规定享受抚恤和优待。这里所指的"在人民调解员工作岗位上牺牲"，既包括在开展人民调解工作中被不法分子故意或过失伤害致死的情形，也包括在人民调解工作岗位上意外牺牲的情形。对此，应按照民政部门的规定确定抚恤和优待的具体内容，如符合烈士标准的，应追授烈士称号，其配偶、子女享受烈属待遇；符合见义勇为情形的，应授予见义勇为先进荣誉称号，并给予相应的抚恤金等。

（3）受培训权。《人民调解工作若干规定》第 40 条规定，各级司法行政机关应当采取多种形式，加强对人民调解员的培训，不断提高人民调解员队伍的素质。《人民调解法》第 14 条第 2 款规定，县级人民政府司法行政部门应当定期对人民调解员进行业务培训。由于历史和现实的原因，一直以来人民调解员的准入门槛较低，总的来说，人民调解员政治素质弱而业务素质强，其智能结构中涉及社会常识、道德习俗的强，涉及法律知识的弱，利用法律工具解决纠纷的能力弱，这直接影响到纠纷解决的质量、人民群众的满意度和社会的和谐度；而人民调解所解决的民间纠纷却是面广量大，人民调解在我国的纠纷解决机制中又是占据着重要的地位，这充分说明了人民调解员进行 ADR 培训的迫切性和必要性。对于人民调解员的培训，在业务培训上应以调解学基础理论、民间纠纷调解的技巧与调解文书的制作等实务为主要内容；在法律素养的培养方面应涉及《人民调解法》《人民调解工作若干规定》《最高人民法院关于审理涉及人民调解协议的民事案件的若干规定》等规范人民调解工作的常用法律与司法解释以及《民法典》等基层常用法律及其司法解释。

人民调解员既享受法律与政策所赋予的权利，也应履行法律与政策所规定的义务。毋庸置疑，人民调解员应当依法及时地调解民间纠纷，遵守人民调解工作的各项制度，这是人民调解基本职责所要求的。

2. 人民调解员的纪律。《人民调解委员会组织条例》规定人民调解委员会调解纠纷必须遵守五条纪律，《人民调解工作若干规定》第 17 条重申了上述工作纪律，并且扩大适用于人民调解员。

人民调解员调解纠纷，必须遵守下列纪律：①不得徇私舞弊；②不得对当事人压制、打击报复；③不得侮辱、处罚纠纷当事人；④不得泄露当事人隐私；⑤不得吃请受礼。

《人民调解法》第 15 条对人民调解员违反执业纪律的行为规定了一定的制裁措施，人民调解员在调解工作中有下列行为之一的，由其所在的人民调解委员会给予批评教育、责令改正，情节严重的，由推选或者聘任单位予以罢免或者解聘：偏袒一方当事人的；侮辱当事人的；索取、收受财物或者牟取其他不正当利益的；泄露当事人的个人隐私、商业秘密的。

此外，《人民调解工作若干规定》第 18 条第 2 款还规定，人民调解员履行职务，应当坚持原则，爱岗敬业，热情服务，举止文明，廉洁自律，注重学习，不断提高法律道德素养和调解技能。作为一种民间调解，人民调解工作的权威主要来自于其符合法律、符合文明社会公认的道德准则，而不像审判工作那样对国家强制力有强烈的依赖性。要使人民调解具备权威性与社会公信力，人民调解员自身首先应成为守法的表率、道德的楷模，热爱人民，忠于职守，清正廉明，刚直不阿，不徇私情，这样才能服务于民，取信于民，充分发挥人民调解工作的效能和作用。

3. 人民调解员的职业道德。

（1）保密。人民调解与诉讼很大的一点区别是，调解以不公开为原则、公开为例外。人民调解员应当确保整个调解过程是秘密进行的，不应当引入公众或媒体旁听。在调解结束后，人民调解员在可能的其他法律程序中也不应当向法院、行政部门或其他机构披露调解相关的信息。此外，对于参加调解的纠纷当事人，调解员也应当提示其对调解过程中获知的信息负有保密的义务。

（2）中立。人民调解员保持中立对于确保调解过程及结果公正、公平具有十分重要的意义。其具体包括两层含义：一方面，从外在形式上看，调解员和双方当事人及申请的纠纷不应当存在法律上的利害关系，调解员不代表任何一方当事人，也不偏向任何一方当事人，他对双方当事人是公平、公正、不带偏见的。另一方面，从调解内容上看，调解员不能过多干预当事人的自由，不能直接或间接对当事人进行评价，尽量不要使用专门知识去影响当事人作出决定。调解员应当确保当事人的主体性，即纠纷解决方案的达成完全取决于当事人的意思自治。

（3）尽职。为保证调解的质量，人民调解员应当忠于职守、勤勉尽责。这就要求调解员应当不断学习有关知识、技能和经验，努力为双方当事人营造一个平等、公正的调解平台，督促双方当事人遵守调解规则，采取灵活且行之有效的方式推进和引导调解进程，并积极促进调解取得圆满结果。

五、"枫桥经验"与人民调解

（一）"枫桥经验"的形成

"枫桥经验"形成于1963年，本是中国农村开展社会主义教育运动以改造社会对立面人群的地方经验。运动开展之初，中央对运动有一个比较明确的方针，即除了对行凶、报复、杀人、抢劫、放火、投毒等民愤很大的现行犯必须立即逮捕外，对有一般破坏活动的"四类分子"（地主分子、富农分子、反革命分子和坏分子）基本上采取"一个不杀，大部不捉"的方针，因为这些人中的绝大多数是能够被人民群众采取正确的方式改造为新人的。1963年6月与至10月间，浙江省委枫桥工作队政法组在枫桥地区的7个公社开展社会主义教育运动对敌斗争阶段试点时，坚决执行中央和省委的指示，贯彻不打人、不捕人、矛盾不上交的原则，充分发动群众和依靠群众开展说理斗争，制服了那些被认为是非捕不可的"四类分子"。这种做法得到了毛泽东的肯定，被总结为"捕人少、矛盾不上交、依靠群众、以说理斗争"的形式把绝大多数"四类分子"就地改造成新人的"枫桥经验"。之后，因毛泽东亲笔批示"要各地仿效，经过试点，推广去做"，"枫桥经验"成为全国经验。应当指出的是，在"枫桥经验"形成之初，因为是面对和处理"敌我矛盾"的经验，作为解决人民内部矛盾的人民调解是不可能有太大作为的。但此阶段"枫桥经验"采取的是说理斗争的形式，这为"枫桥经验"从解决敌我矛盾转向化解人民内部矛盾之后，人民调解能够介入乃至融入其中埋下了伏笔。20世纪80年代，"枫桥经验"在完成对"四类分子"基本改造的任务后转向探索融打、防、教、管于一体的社会治安综合管理建设。为及时打击、预防和减少违法犯罪以维护社会治安，枫桥地区发动和依靠群众施行群防群治，探索出"小事不出村，大事不出乡，矛盾不上交"，就地解决和消化纠纷矛盾及一般治安问题的成功经验，并推向全国。正是在此阶段，人民调解开始走上融入"枫桥经验"的实践历程。因为要就地化解矛盾纠纷，预防和减少违法犯罪现象，维护社会治安，如何充分发挥基层人民调解组织的作用开始为人们关注并成为此阶段"枫桥经验"的重要探索。这之后，无论是作为社会管理创新的排头兵还是社会治理社会化、法治化、智能化和专业化的先行者，尽管不同时期的目标和任务有所不同，但发动和依靠群众，立足预防、化解矛盾，稳定地实现社会治理的要求却始终是激荡在"枫桥经验"之中的主旋律。

(二) 新时代"枫桥经验"

党的十八大以来，中国特色社会主义进入新时代。习近平新时代中国特色社会主义思想坚持把马克思主义基本原理同中国具体实际相结合、同中华优秀传统文化相结合，实现了马克思主义中国化时代化的新飞跃，开辟了马克思主义新境界。在习近平新时代中国特色社会主义思想指引下，孕育形成了以"矛盾不上交、平安不出事、服务不缺位"为基本内涵的新时代"枫桥经验"。习近平总书记情系枫桥，对创新发展"枫桥经验"作出了一系列重要讲话、指示和批示，指明了坚持和发展新时代"枫桥经验"的战略目标、价值取向、实践路径、重大任务、鲜明导向、重要保障、根本保证。习近平总书记关于创新发展"枫桥经验"的系列重要论述，实现了理论与实践相结合、战略与战术相贯通、传承与创新相统一，闪耀着真理的光芒、凝聚着思想的伟力，是习近平新时代中国特色社会主义思想的重要组成部分，为坚持和发展新时代"枫桥经验"提供了根本遵循、指明了前进方向。枫桥干部群众运用习近平新时代中国特色社会主义思想的世界观和方法论以及贯穿其中的立场、观点、方法，在坚持和发展新时代"枫桥经验"的实践中，创造性地形成了党组织领导的中国式基层社会治理的一整套行之有效的方案。从某种意义上讲，新时代"枫桥经验"是中国式基层社会治理的世界观和方法论。如依靠群众、解决群众身边的问题，这是新时代"枫桥经验"始终不变的精髓，集中体现了习近平总书记关于坚持人民至上、以人民为中心的发展思想，这就要求我们站稳人民立场、坚持人民主体、尊重人民创造，以民意为导向，不断满足人民群众对美好生活的向往；矛盾不上交，这是新时代"枫桥经验"的初心和本义，集中体现了习近平总书记关于正确把握社会主要矛盾和中心任务来带动全局工作的思想，这就要求我们运用矛盾法则和辩证思维回答和解决一系列基层社会治理中的重大理论和实践问题。

在党的二十大报告的第十一部分"推进国家安全体系和能力现代化，坚决维护国家安全和社会稳定"第四点"完善社会治理体系"中指出：健全共建共治共享的社会治理制度，提升社会治理效能。在社会基层坚持和发展新时代"枫桥经验"，完善正确处理新形势下人民内部矛盾机制，加强和改进人民信访工作，畅通和规范群众诉求表达、利益协调、权益保障通道，完善网格化管理、精细化服务、信息化支撑的基层治理平台，健全城乡社区治理体系，及时把矛盾纠纷化解在基层、化解在萌芽状态。加快推进市域社会治理现代化，提高市域社会治理能力。强化社会治安整体防控，推进扫黑除恶常态化，依法严惩群众反映强烈的各类违法犯罪活动。发展壮大群防群治力量，营造见义勇为社会氛围，建设人人有责、人人尽责、人人享有的社会治理共同体。

从上述论述中我们可以看出，所谓人民调解的"枫桥经验"，就是指将人民调解委员会的调解作为基础和主干，不断探索、创新和发展多元主体参与其中以有效化解矛盾纠纷的模式、机制和方法，构建多元化社会矛盾纠纷化解体系的经验。这里应当说明的是，人民调解"枫桥经验"的形成最初是枫桥地区人民的探索和实践，但之后的发展已不限于枫桥,还包括了其他地方在枫桥典型引领和示范带动下就人民调解所做的各种有益探索和成功实践。

【相关法律法规】

《中华人民共和国人民调解法》

《最高人民法院关于审理涉及人民调解协议的民事案件的若干规定》

《人民调解工作若干规定》

《中央政法委、最高人民法院、司法部、民政部、财政部、人力资源和社会保障部关于加强人民调解员队伍建设的意见》

操作训练一　综合训练

【训练目的】

培养依法调解的意识,理解调解员明法、用法的重要性;正确理解调解协议的法律效力。

【训练材料】

1. 1993年4月,徐某的丈夫与次子余某因矛盾激化,在村干部的见证下,签订了断绝父子关系的人民调解协议书。签订协议的当日,余某便收拾了自己的物品,带着新婚妻子离开了父母,此后再未尽人子的义务。2020年初,徐某的丈夫身体状况出现问题,动了两次大手术,住院数次。期间,其余4个兄弟去请余某,希望他能去看望父亲,并以此缓和父子关系,但余某均以协议为由,拒绝探望父亲。2020年12月,徐某在料理完丈夫的后事后,便一纸诉状将余某诉至法院,要求其每年支付赡养费3000元并承担1/5医药费。

2. 2012年,小花与小刚在一次聚会上相识相恋,并携手步入婚姻殿堂。婚后两人恩爱有加,并先后生儿育女。多年来,小刚努力打拼,小花勤俭持家,夫妻两人一心为家,先后购置了房产和小车,并开办了自己的公司,生活越过越富足。然而丈夫小刚不知何时开始变得不安分,经常与其他异性暧昧,还总是夜不归宿。夫妻二人为此争吵不断,夫妻关系越来越紧张。小花虽然屡屡痛心失望,但念及两个年幼的小孩和多年的夫妻情分,一次又一次地选择了隐忍和原谅。某次激烈争吵之后,小刚和小花在人民调解员的劝说下和好,并签订了一份人民调解协议书,写明小刚若再有出轨情况,则自愿放弃所有夫妻共同财产,且小孩的抚养权由小花选择。然而,小花的退让并没有换来小刚的真心悔过,忍无可忍的小花最终选择带着两个小孩一起离开。随后,小花又到法院起诉离婚,要求按照人民调解协议书划分夫妻共同财产,两个小孩的抚养权归其所有,并要求小刚赔偿相应的精神损害抚慰金。

【训练要求】

小组讨论,并回答:

1. 上述两个案件涉及哪些法律?文中所述的人民调解协议书是否有效?
2. 你如何理解调解员依法调解的重要性以及调解协议的法律效力?

3. 你认为有什么途径可以提高人民调解员的法律素养？

操作训练二　分步训练

【训练目的】

培养依法调解的意识；能够初步综合运用调解的各种依据；能拟订与审查调解协议。

【训练材料】

某村的一户刘姓人家开了一个小店，卖些烟酒糖茶之类的生活必需品，主要是供给本村的农民，偶尔也能为来本村走亲访友的人提供方便。因为地处偏僻，很少有工商及税务等政府部门的人来巡察，因此也没办什么相关执照。也由于其为村民提供了方便，使他们免于到20里之外的镇上去购买这些生活的必需品，所以虽然价格高了点，也是"周瑜打黄盖"，一方愿卖，一方愿买，彼此相安无事。这种局面于2000年的某一天被打破。住在邻村的刘某的表弟张某从外地回家路过刘某的小店时，拿了一张100元的人民币购买一包香烟。当时刘某因是其表弟购物，就没有仔细查看钱的真假，随手就放进了包里，张某则拿了香烟和找补的钱回家。半个月后，刘某突然拿了一张100元的人民币来找张某，说张某当初买香烟时付的100元钱是假币，要张某换一张给他。张某一口咬定自己当初给的钱是真的，于是相互之间发生了争执。这表兄弟俩谁也说服不了谁，于是决定找一个中间人来评理，主持公道。经过挑选，最后决定由双方都认可的人——刘某的大伯（也就是张某的大舅）来做这个中间人。这个中间人到来后做的第一件事就是分别给了刘某和张某一个耳光，说他们表兄弟之间竟然为这点小事而争执，真是让这个家族大失颜面。随后又让他们别再追究那张100元假币的具体来路，而是双方各承担一半，让张某拿出50元给刘某以平息这场纠纷。不料刘某和张某都对这个处理结果不服，于是纠纷继续进行。恰在这时，在省城上大学的张某的弟弟放假回家。于是他们来找这个读书人征询意见，问他们的处理方式对不对。张某的弟弟彻底地否定了中间人的处理方式及其结果，坚决认为这100元假币即使是当初其兄给的那张，现在也跟其兄无丝毫纠葛，其中的损失应由其表哥自行承担。刘某不同意这种看法，于是提出让村民委员会的调解员来处理。张某认为调解员是刘某的小舅子，肯定会偏袒刘某，于是不同意。张某本想提议到乡法庭去解决，但是不知道这样做好不好，于是跟刘某商量。刘某认为张某这样做是在"出他的丑"，是想把他"没办证的事捅到政府"去，因此不愿意去。刘某的大伯、当初的中间人听到后，也反对张某的提议，认为"家丑不可外扬"，上法庭是一件很丢面子的事。张某的弟弟则极力主张那100元假币与其兄无关，至于要不要到法院解决，那是该由刘某自己决定的事。纠纷发生之后，村民们的普遍反应也是不愿意纠纷双方把这件事拿到法庭去解决，他们担心刘某无证经营的事被政府知道了会关闭刘某的小店，让他们失去了这份便利。

【训练要求】

阅读材料后作以下分步练习：

第一步：由教师指定组长，并由组长召集3~5名组员进行讨论：中间人为什么会失败？由各组代表发言交流。

第二步：由其中的一组采用法律宣讲法作模拟调解，其他各组进行点评。

第三步：各组分别讨论：如何正确理解人民调解的依法调解原则？结合本案，思考当制定法与乡土社会的传统行为准则、村规民约、社会舆论等产生冲突时，如何在法律的框架内解决纠纷？

学习单元二习题

学习单元三　行政调解

【知识目标】

了解我国行政调解制度在解决民事纠纷中的地位和作用，与其他纠纷解决机制之间的相互衔接关系；掌握行政调解的基本概念、特征与功能，熟悉行政调解的基本原则及法律效力。

【技能目标】

能判断、辨析行政调解与其他调解方式的不同；能运用行政调解的优势和效力进行实务操作训练。

【素质目标】

依法行政；对不同于西方的行政 ADR 的制度自信。

一、行政调解概述

（一）行政调解的概念与特征

行政调解，是指行政机关和法律法规授权的组织依法对行政争议和民事纠纷，通过劝导、说服、教育等方式，促进当事人平等协商、互谅互让，自愿达成调解协议或者形成共识，从而化解争议和纠纷的活动。

我国从新民主主义革命时期开始，各个革命根据地的基层人民政府就负有调解民事纠纷和轻微刑事案件的职责。中华人民共和国成立后，行政调解逐步发展为多种形式，除基层政府调解一般民事纠纷和轻微刑事案件以外，法律还规定某些国家行政机关负责调解特定的民事纠纷和经济纠纷。十八大以来，党中央、国务院以及地方各级人民政府对行政调解工作高度重视，充分发挥行政调解在依法化解民事纠纷和行政争议中的作用，维护了社会和谐稳定。[1]

行政调解具有以下特征：

1. 行政调解的主体必须是具备专门行政管理职能的国家行政主体。

（1）行政调解的主体必须是行政主体。它既不能是人民法院也不是其他的群众性自治组织，而必须是依法享有行政职权的国家行政机关和部分经法律法规授权的组织。国家行政机关是国家机构的重要组成部分，其体制、职权由宪法和法律规定。从纵向上讲，国家行政机关包括最高国家行政机关和地方行政机关，其中，最高国家行政机关即中央政府是国家行政机关的核心。我国的最高国家行政机关是国务院，地方行政机关分为省（自治区、直辖市）、州或县（市、区）和乡镇三级人民政府（目前部分地区实行的是四级人民政府，即省或自治区或直辖市、地级市、县和乡镇）。从横向上讲，每一级行政机关又包括综合行政机关（人民政府）和职能性行政机关（即各职能部门）。从事行政调解的行政机关，一般为地方性的基层职能部门，如县（区）市场监督管理局解消费者之间的消费纠纷、县（区）公安局调解公民之间的治安纠纷、基层司法所调解民事纠纷等。

法律、法规授权的组织是指因具体法律、法规授权而行使特定行政职能的非国家机关组织。在我国，由于行政活动的广泛性及复杂性，某项行政事务可能由非行政机关的社会组织管理的情形很多。常见的法律法规授权的组织有：行政机关内设机构、派出机构、特设机构、事业单位、垄断性的国企以及社会团体等，如公安派出所对治安纠纷的调解就是法律法规授权组织的行政调解。在我国目前的法律体系中，行政调解的主体主要为行政机关，而对于法律法规授权组织行使行政调解职权的规定较少。

（2）行政调解主体具备行政管理职权。行政调解是行政主体基于行政管理职能的目的而进行的行为，作为行政主体主持的一种解决争议、消除纷争的调解活动，是行政主体行使行政管理职权的一种方式，因此其前提是行政主体必须具备综合或者某一特定的行政管理职能。

（3）行政调解主体专业性特点显著。行政调解是行政主体在法律法规规定的前提下，对自己职权管理范围内的争议和纠纷进行调解的行为。负责行政调解的行政主体多为具体职能部门，专业性较强，行政调解的主持者不仅通晓本部门法律法规、熟悉本部门职能，而且对行政调解也具有丰富的实践经验，具有一整套较为科学的调解程序，能充分利用所掌握的专业知识和丰富的实践经验为该领域内发生纠纷的当事人提供更有效的调解。从这方面来看，行政调解与其他调解相比，更具有专业性的特点。

---

[1] 党的十八届三中全会《决定》强调，要完善人民调解、行政调解、司法调解联动工作体系，建立调处化解矛盾纠纷综合机制；党的十八届四中全会《决定》强调，要完善人民调解、行政调解、司法调解联动工作体系。党中央、国务院《法治政府建设实施纲要（2015-2020年）》明确提出，要健全行政调解制度，进一步明确行政调解范围，完善行政调解机制，规范行政调解程序。2015年以来，中共中央办公厅、国务院办公厅《关于完善矛盾纠纷多元化解机制的意见》以及各省的实施意见，均对大力推进行政调解工作提出明确要求。2019年司法部召开的全国调解工作会议明确提出，把行政调解作为各级政府和有关部门的重要职责，建立由各级政府负总责、司法行政机关牵头、各职能部门为主体的行政调解工作体制。

这是行政调解最主要的特征之一，也是其与法院调解、人民调解的主要区别所在。

2. 行政主体处于居间位置，争议双方地位平等。

（1）在行政调解中，行政主体的法律地位是第三者和中间人的地位。作为第三者和中间人对平等的双方民事主体的民事纠纷予以调停处理，行政主体作为居间者应不偏不倚，通过说服教育，对争议纠纷依法作出合情合理的公断。行政机关的这种居间调停性有别于一般的具体行政行为，使其具备了调解的一般特性。

（2）争议双方地位平等。争议的双方当事人之间法律地位是平等的，不存在命令与服从、主动与被动的单向隶属关系，争议的当事人都有自愿、真实地表达自己的理由和意见的权利，行政主体应当以平等态度对待双方当事人。

3. 行政调解的范围特定。行政调解的范围包括：

（1）民事纠纷，即行政机关依照相关法律、法规、规章的规定，对公民、法人或者其他组织之间发生的与本机关履行行政管理职能有关的民事纠纷。行政主体主持或参与行政调解时，不能超越其本身具有的行政职责范围。不同管理领域的行政机关依据各自不同的职权对自己管理领域内的民事纠纷实施行政调解。例如，公安机关对于因民间纠纷引起的打架斗殴或者损毁他人财物等违反治安管理行为中情节较轻的，可以调解处理。市场监督管理部门对所有市场监管领域内的消费者权益争议，包括食品、药品、消费品、特种设备、知识产权等均可适用行政调解。教育行政调解工作的重点主要是处理学生伤害事故之类的民事纠纷。

（2）行政争议，即公民、法人或者其他组织与行政机关（或法律法规授权的具有公共事务管理职能的组织）之间的行政争议。例如，对行政机关行使法律、法规、规章规定的行政裁量权作出的行政行为不服的纠纷；与行政机关之间的行政补偿、行政赔偿纠纷；其他依法可以调解的行政争议。

对于人民法院、行政复议机关、行政裁决机关、仲裁机构等有权处理机关已经依法作出处理或者已经经过信访复查、复核等的事项则不在行政调解范围之内。

4. 行政调解过程中，争议双方当事人意思完全自治。

（1）行政调解的启动以双方当事人意思一致为前提。是否进入行政调解程序，必须以争议双方当事人的一致同意为前提。是否申请调解是当事人的一项权利，行政主体可以告知这一权利，而没有强迫当事人进行调解的权利。同时，也只有争议当事人双方均自愿进行调解的情况下，行政调解程序才能得以正式启动，任何一方有不愿行政调解的，行政调解也不可能开始。

（2）行政调解协议的达成完全由当事人自主决定。这里包括是否达成调解协议和达成什么样的协议，在这过程中，行政主体是以组织者和调解人的身份出现，它的行为只表现为一种外在力量的疏导教育、劝解协调，不能有任何的命令和强制。最终协议的形成应基于当事人不受威胁欺诈的真实自愿的意思表示，完全应该是争议双方之间合意的结果。

5. 行政调解属于诉讼外调解，不具备强制执行力。行政调解机关处于居间和第三者法律地位，行政调解不具备强制执行力。在一般情况下，行政调解协议的实现主要是靠双方当事人的信用承诺和社会舆论等道德力量来自觉履行，如一方当事人拒绝履行，行政机关无权强制执行。对于仍然存在的争议，任何一方当事人都可以通过仲裁或者提起诉讼的方式继续进行权利救济。

（二）行政调解的性质与功能

1. 行政调解的性质。

（1）行政管理的属性。行政调解是国家行政机关对经济活动和社会生活执行管理和监督的一种方式，是国家行政管理权的体现。从这个方面而言，行政调解具备行政行为的属性，即由管理国家公共事务的国家行政机关出于维持正常的行政管理目的和维护正常的社会公共秩序的需要而实施的行为，具有国家意志性、合法性和行政管理性。

（2）居间调解的属性。在行政调解中，虽然行政机关是出于行政管理的目的对当事人的纠纷进行调解和斡旋，但其地位仅限于居间人或者第三人，不能对双方当事人运用行政强制手段，只能在双方当事人自愿的基础上对纠纷进行调解，行政调解所达成的协议对当事人而言仅有民事上的约束力而不具有法律上的强制执行效力。从这方面而言，行政调解作为调解行为的一种，其行为主体的居间性质非常明显，它同人民调解一样，均属于非诉性质的调解。

总之，行政调解就是行政管理和居间调解两种属性有机结合的产物，它各取两者的优势，形成了一种独特的纠纷解决方式。

2. 行政调解的功能。

（1）行政调解以其快捷、低廉、尊重意思自治的方式解决当事人之间的冲突。行政调解不需要繁琐的手续，即时效性很强，化解矛盾纠纷效率非常高。行政调解作为政府服务职能的一种体现，当事人的总体花费与法院相对较高的诉讼费用、高昂的律师代理费相比要低廉得多，从成本与收益上考虑，当事人更愿意选择成本低廉的行政调解方式解决纠纷。同时，行政调解尊重当事人的意思自治，以当事人参与为其必要条件，既有利于当事人了解法律，也有利于减少执法成本。

同时，行政调解的内容、方式和调解结果都要以合法为基础。因此，行政调解的过程，作为法律实施的过程，也是法律本身所蕴涵和追求的和谐得以实施的过程。

（2）行政调解有利于实现行政机关与相对人之间的和谐。行政调解是在民主协商与当事人自愿的基础上产生的，它体现了民主管理与当事人自主行使处分权的自愿原则的有机结合，同时亦能发挥与命令式的行政行为相同的作用。通过耐心、细致地完成全面、具体的调解工作，可以培养行政机关工作人员踏实认真、尽职尽责的工作作风，有利于政府职能转变，树立服务型政府理念，进一步建立人民群众同政府密切融洽、协调、信赖的关系。行政调解将当事人自主意思表示建立在对行政机关正确执法而树立起的权威的服从与信任感的基础上，使当事人自愿听从行政机关正确有益的劝导说服，化解纠纷，解决矛盾。这样，它便不同于单纯按法律规定被动维持秩序的行政行为，因为它不仅在最低要求上完成了对纠纷的解决，又进一步使政府工作在更高层次上采用积极主动的方式，创立一种既为法律所允许，又为当事人和政府所共同认可和赞同的更合理、更完善的社会关系，促使行政机关更加全面彻底地履行自己的职责。

同时，行政调解的过程也是行政机关与相对人之间针对是否依法自愿和是否依法调解的相互监督过程。如前所述，法律本身也蕴涵和追求社会和谐，因此，行政相对人的监督也促使行政机关依法行政，实现法律的和谐价值和追求。

(3) 行政调解制度的存在保证社会冲突解决机制体系的和谐。社会冲突的激烈程度决定了其解决机制必然被分为层级不同的体系。依据我国《治安管理处罚法》第9条的规定，公安机关行政调解的对象是"因民间纠纷引起的打架斗殴或者损毁他人财物等违反治安管理行为，情节较轻的"。因此，将极其轻微的社会冲突纳入行政调解范围之内，而将激烈的社会冲突纳入行政拘留乃至刑事制裁范畴之内，在实现节省公安机关的行政执法资源目的的同时，既保障了社会冲突的解决，也实现了社会冲突解决机制内在的协调。

(三) 行政调解的类型

行政机关依法可以调解的纠纷种类很多，行政机关在行使行政管理职能过程中所遇到的纠纷基本上都可以进行调解。常见的行政调解有以下几类：

1. 基层人民政府的调解。由基层人民政府所进行的行政调解，以地域为标准进行管辖，对管辖范围内所有的民间纠纷以自愿为原则进行调解，属于综合性行政调解。这项工作主要由乡镇人民政府和街道办事处的司法调解员负责进行。我国法律规定，司法调解员是基层人民政府的组成人员，也是司法行政工作人员，除了指导人民调解委员会的工作和法制宣传外，在日常活动中还要调解大量的纠纷。

2. 市场监督管理部门的调解。由市场监督管理部门所进行的行政调解，主要为行政管理职权范围内的各类民事和行政争议。主要包括公民、法人和其他组织之间因产品质量问题、消费者权益争议发生的民事纠纷、著作权纠纷、专利权纠纷、商标侵权赔偿纠纷、特殊标志、奥林匹克标志侵权赔偿纠纷、计量纠纷、价格权益纠纷、侵犯商业秘密损害赔偿纠纷，《中华人民共和国行政复议法》规定的可实施行政调解的行政争议以及法律、法规、规章规定有权处理的有关民事、行政争议。

3. 公安机关的行政调解。根据我国《治安管理处罚法》第9条的规定，对于因民间纠纷引起的打架斗殴或者损毁他人财物等违反治安管理行为，情节轻微的，公安机关可以调解处理。根据《道路交通安全法》的规定，对交通事故损害赔偿的争议，当事人可以请求公安机关交通管理部门调解。这是法律法规授予公安机关调解的权利，有利于妥善解决纠纷，增进当事人之间的团结，维护社会和谐稳定。

4. 婚姻登记机关的调解。我国《民法典》规定，夫妻一方要求离婚的，可以由有关机关进行调解或者直接向人民法院提起离婚诉讼。同时，该法规定，夫妻双方自愿离婚的，应亲自到婚姻登记机关申请离婚登记。可见，婚姻登记机关也可以对婚姻双方当事人进行调解，这也有利于婚姻家庭的稳定与促进社会和谐。

二、行政调解的法律地位和法律效力

（一）行政调解在民间纠纷解决机制中的法律地位

从我国调解制度的体系来看，"大调解"框架下的行政调解、法院调解、人民调解都体现出了一定的社会主体对特定范围的民间纠纷进行的干预，都是运用了各自的职能对民间纠纷进行处理和化解。行政调解较之法院调解、人民调解，在处理纠纷、化解社会矛盾方面具有独特功能，在我国民间纠纷解决机制中占据重要的法律地位。

1. 行政调解与人民调解、法院调解的衔接。在各类调解方式中，行政调解比法院调解灵活，比人民调解权威，是对其他调解方式中的不足的补充，在实践中也是运用较多、成效明显的调解方式。一般而言，行政调解是民间调解、非官方调解、效力较低的调解（人民调解）向权威调解、官方调解、国家强制力保证的调解（法院调解）过渡的中间环节，同时也是各类调解中专业性和职能性最强、对纠纷涉及的专业知识和法律知识最为了解、对纠纷处理的程序最为熟悉的调解方式。

相较之司法调解，行政调解无需经过复杂的诉讼程序，也无需支付相关费用，能节省当事人的时间，并降低当事人处理纠纷所花费的诉讼成本。但不足之处是，由于无国家强制力的保障，对争议双方当事人的约束力不够强硬。

而与人民调解相比，行政调解权威性更强。另外，在行政复议中开展行政调解工作，可以发挥行政机关的监督作用。行政相对人与行政机关之间的纠纷由处于第三方的另一行政机关来进行调解，可以发挥行政机关之间的内部监督作用，使纠纷在得到迅速解决的同时发现和改进行政机关工作中的问题。不足之处在于，在调处纠纷时行政主体的独立性和公正性相对缺乏，容易受到干扰。

2. 各类调解方式的相同点。

（1）都是通过争议当事人之外的第三者作为主持进行调停说和，解决当事人之间争议或纠纷的一种活动。行政调解的主持人是行政机关和部分法律法规授权组织，法院调解的主持人是人民法院，人民调解的主持人主要是人民调解委员会。

（2）都是在自愿原则为首要前提下进行的。行政调解是在当事人自愿的原则下，行政主体依法对行政相对方之间以及行政主体和行政相对方之间发生争议后进行的有一定法律效力的调解。对于法院调解，我国《民事诉讼法》确立了调解自愿合法原则，同时规定，人民法院审理民事案件，根据当事人自愿的原则，在事实清楚的基础上，分清是非，进行调解。对于人民调解，《人民调解法》更是明文规定，在当事人自愿平等的基础上进行调解，是人民调解委员会调解民间纠纷应当遵循的原则。

（3）都是在查清事实、分清责任的基础上进行的，调解的内容不得违反国家有关政策和法律。不管是行政调解、法院调解还是人民调解，调解方在调解过程中都不能采取不适当的手段，违反国家有关规定。

3. 各类调解方式的不同点。行政调解与法院调解、人民调解的区别主要有：

（1）调解的主体不同。行政调解的主体是特定的国家行政机关和部分由法律法规授权的组织。法院调解的主体仅限于各级人民法院。人民调解的主体是人民调解组织。

（2）调解的性质不同。行政调解和人民调解都是属于诉讼外的调解，不具有司法性，而法院调解则属于诉讼中的调解，具有司法性。

（3）调解的范围不同。法院调解的范围是人民法院受理的全部民商事案件和部分刑事自诉案件，以及附带民事诉讼案件。行政调解的范围为行政机关依照相关法律、法规、规章规定，对公民、法人或者其他组织之间发生的与本机关履行行政管理职能有关的民事纠纷以及公民、法人或者其他组织与行政机关（或法律法规授权的具有公共事务管理职能的组织）之间的行政争议。而人民调解的范围最为广泛，只要是不违背法律强制性规定的的民事纠纷、违反社会公序良俗所引起的纠纷和轻微的刑事纠纷都可以通过人民调解加以解决。

（4）调解的效力不同。法院调解书经双方当事人签收后，即具有和生效判决一样的法律效力。当事人不得反悔也无权再向人民法院就同一诉争提起诉讼。当事人对已经发生法律效力的调解书，提出证据证明调解违反自愿原则或者调解协议内容违反法律的，才可以申请再审。而行政调解虽普遍认为具有一定的约束力，但不具有司法上的强制执行力，在调解协议的实施过程中，当事人拒不履行，行政机关不得采取强制措施，须向法院提起诉讼后才能依法向法院申请强制执行。至于人民调解，主要依靠当事人自觉自愿来履行，人民调解委员会应督促当事人履行约定的义务，但并不直接具有法律上的强制性。需要注意的是，《民事诉讼法》和《人民调解法》允许当事人通过启动司法确认程序来赋予人民调解协议强制执行的效力。

（二）行政调解的法律效力

行政调解的法律效力主要通过行政调解是否合法、调解协议对当事人产生何种拘束的法律效力来得以体现，具体分析如下：

1. 行政调解的合法性效力。

（1）行政调解的主体必须合法。行政机关的调解，一般是依据我国法律法规的规定进行的调解，如基层人民政府的行政调解，是根据调解条例及社会治安综合治理的有关规定进行的调解；公安机关的行政调解，是根据《治安管理处罚法》等规定进行调解；交警部门的行政调解，是根据《道路交通安全法》的规定进行调解；卫生行政主管部门的行政调解，是根据《医疗事故处理条例》的规定进行调解；婚姻登记机关的行政调解，是根据《民法典》的规定进行调解。据此，所有行政机关的调解，一般是在有法律法规明确规定下，在履行自身行政管理职责过程中进行的调解。

（2）行政调解的程序应当合法。进行行政调解，其调解程序法律有规定的要按法律规定，法律没有规定的情况下则一般需在双方或者多方当事人认可的规则下进行。

（3）行政调解的内容应当合法。行政调解的内容要符合法律规定，强制调解、压迫调解，均属于不合法的调解，这就要始终坚持自愿、合法原则。另外，行政调解达成的协议作为双方当事人意思一致的载体，也必须符合法律行为的有效要件：行为人具有相应的民事行为能力；意思表示真实；不违反法律、行政法规的强制性规定，不违背社会公序良俗。

2. 行政调解对争议双方当事人的拘束力。行政调解对争议双方的拘束力，一般表现在当事人双方对调解协议的遵守和履行上。一般而言，基于对行政机关的信任或对行政主体权威性的认识，通过行政调解达成的协议绝大部分当事人都能自觉积极地履行，但也不可否认，仍存在着不少协议得不到履行的现象，这主要是由行政主体在行政调解中缺少行政强制力而导致的。

因此，从这个方面分析，即使行政调解本身合法，但其执行的法律效力大大低于法院调解的效力。当事人对由行政机关主持调解达成的协议，如果没有欺诈、胁迫、重大误解或显失公平等违反法律法规的行为，就应当自觉履行。一方当事人不自觉履行的，另一方当事人可以就协议的履行、变更、撤销向人民法院起诉。

三、行政调解的基本原则

（一）公平公正合理原则

公平公正是指负责行政调解的行政管理部门，必须坚持公正的立场，秉公处理纠纷，保持中立，既要兼顾各方当事人的合法权益，又要说服各方互谅互让，相互理解。对双方当事人不论单位大小，是本地还是外地，在调解地位上要一视同仁，不得偏袒某一方。

合理是指在调解过程中要从实际出发，实事求是地对待发生的纠纷，坚持调查研究，说服教育，以理服人。

（二）自愿调解原则

自愿调解是指在行政调解的启动、进行，调解协议的达成、履行等整个过程中，行政机关均应尊重双方当事人的意愿，以双方当事人的自愿同意为前提展开行政调解。

任何一方当事人不同意开始行政调解的，行政调解程序不得启动，行政机关应指导、督促他们及时进行仲裁或诉讼等其他救济方式。调解过程要尊重当事人意愿，不得强迫当事人接受调解方式，任何一方当事人不愿再继续行政调解的，行政调解即告终止。调解协议的内容应该由当事人自己进行协商，行政主体对此只有建议权，不得强迫当事人接受调解结果。调解协议的履行应以当事人的自觉为原则，行政主体不得强迫当事人履行调解协议。

（三）依法调解原则

依法调解是指负责行政调解的行政机关要充分运用有关法律、行政法规，依法调解，既不能在执法过程中简单从事，无原则地调和，片面追求调解率，也不能对当事人施加行政压力，进行行政强制，更不允许为了达成调解的目的而对行政调解当事人采取违法的手段和方式进行调解，侵犯国家利益、集体利益和他人利益。另外，调解成功后，应制作调解书，调解书的内容须符合法律和政策的规定。

（四）高效便民原则

高效是指负责行政调解的行政机关在行政调解过程中依法高效率、高效益地行使职权，积极履行法定职责，禁止不作为或者不完全作为，禁止将调解的时间不合理延迟。便民是指在行政调解过程中不能随意增加当事人的程序负担，应最大限度地方便人民群众。

【相关法律法规】

《中华人民共和国行政诉讼法》第 60 条

《中华人民共和国行政复议法》第 8 条

《中华人民共和国民法典》第 1078 条

《中华人民共和国道路交通安全法》第 74 条

《中华人民共和国治安管理处罚法》第 9 条

《中华人民共和国劳动法》第 77 条

《中华人民共和国劳动争议调解仲裁法》第 10 条

《中华人民共和国产品质量法》第 47 条

《中华人民共和国消费者权益保护法》第 39 条

《中华人民共和国行政复议法实施条例》第 50 条

操作训练一　综合练习

【训练目的】

通过训练，能区分行政调解与其他调解方式的不同，了解行政调解的效力和优势。

【训练材料】

某日上午，某市 W 派出所接 110 报警，称市二中学发生学生打架事件，遂出警。经了解：接警的前日中午，蔡某某（受害人）正在教室里学习，突然听到同班同学陈某（加害人）大声呼叫他出教室，蔡某某感到事情不好，不肯出教室，继续在教室里学习。陈某看到蔡某某不肯出教室后，就带着二中几个同学冲入教室，强行将正在学习的蔡某某拖到陈某的宿舍，并叫在宿舍里等候的几个同学对蔡某某拳打脚踢，将蔡某某打得头晕眼花、胸闷、恶心呕吐。蔡某某去医院治疗，花去医药费 1000 多元。受害学生家长把情况向学校反映后，学校进行了调解，要求加害人家长赔偿受害人的医药费，加害人家长不同意赔偿，受害学生家长拨打 110 报警。

W 派出所接警后进行了调查，事情的起因非常简单：事发前的某一天中午，蔡某某在教室与一个同学讲话，因讲话声音大了些，影响了陈某与同班的某一女同学聊天，陈某叫蔡某某讲话声不要这么大，蔡某某不听，继续与同学大声讲话，陈某很生气，于是产生报复心理。这就是陈某纠集同校的其他四位学生殴打蔡某某的理由。

结合上述事实，征求双方当事人同意后，W 派出所决定对此纠纷进行行政调解，由派出所民警张警官主持。

在调查中，民警了解到，加害人陈某的父母都是下岗工人，他的父母为了生计到外地打工，缺少对陈某的监管。当派出所民警将陈某在校组织其他同学殴打蔡某某的违法行为告诉其家长时，陈某的父母以"小孩子打架是常有的事，不需要负什么责任"为理由，拒绝承认陈某行为有错。对此调解人员当场对陈某父母放任孩子的错误言论进行了批评和教育，并指出他们的未成年子女陈某的违法行为对蔡某某造成了人身伤害，作为监护人的父母负有民事责任。过后，陈某的家长认识到自己的责任，同意根据自己孩子的过错责任大小，赔偿医药费给蔡某某，并表示愿意积极配合学校，加强对自己孩子的法制教育。

在 W 派出所民警的主持下，双方家长就蔡某某人身损害赔偿达成了调解协议。根据过错赔偿责任原则要求，过错人陈某组织他人殴打蔡某某，应负主要责任，参与人何某某等是在陈某的组织下才参与殴打蔡某某的，应负次要责任。负主要责任的陈某赔偿医药费 500 元给蔡某某，负有次要责任的何某某等人各赔偿医药费 300 元给蔡某某。

协议签订后，鉴于打架双方均为未成年人，关于治安纠纷的行政处罚可以免除，但派出所民警从注重未成年人教育的原则出发，对加害人陈某、何某某等 5 位同学进行了相关民法及《治安管理处罚法》的法制教育，并责成家长加强对未成年子女的监管。

【训练要求】

以小组为单位讨论，回答以下问题：

1. 本案中行政调解的主体是谁？与人民调解的区别有哪些？
2. 本案中对争议双方的行政调解与对打人行为的行政处罚之间有何关系？

操作训练二　分步练习

【训练目的】

通过分步训练，掌握行政调解的一般流程以及每个阶段可以运用的技巧与方法；培养学生作为行政调解员应当具备的应变能力、表达能力等基本能力。

【训练材料】

某日，X 乡 Y 村村民何某与同乡好友陈某、陆某相约到饭店吃饭。饭后，陈某有事离开。何某提议到另一村水库游泳。约 15 时许，何某在游泳过程中不幸溺水身亡。何某的父母认为陆某有一定责任，情绪十分激动，并扬言如果此事处理不好就要报复陆某及其家人。双方多次私下协商，但均因赔偿金额差异太大而未达成协议。后双方向乡人民政府申请调解。

【训练要求】

根据训练材料作以下分步练习：

第一步：将所有的学生分成三组，分别为申请人组、被申请人组和调解组，并给出一定的准备时间。

第二步：分别抽取申请人组、被申请人组和调解员组的若干学生模拟调解。

第三步：采用自我纠错法，由表演的学生自己找出刚才调解中程序上的错误；或者由教师扮演调解员，让学生找出调解员的处理有什么需要改进之处。

学习单元三习题

学习单元四　法院调解

【知识目标】

知晓法院调解的特征及其与和解、诉讼外调解的区别；掌握诉讼调解的基本原则以及调解协议的法律效力。

【技能目标】

能运用法院调解方式解决民事纠纷；能将法院调解与诉讼外调解相衔接。

【素质目标】

努力让人民群众在每一个司法案件中感受到公平正义；贯彻习近平法治思想；传承红色司法文化。

一、法院调解概述

(一) 法院调解的概念与特征

法院调解，又称诉讼调解，是指双方当事人在审判人员的主持下，就发生争议的民事权利义务关系自愿进行协商，达成协议，解决纠纷的诉讼活动和结案方式。在诉讼活动中，法院调解不仅涉及当事人处分权的行使，也涉及人民法院审判权的运用。就其性质而言，法院调解是我国诉讼制度的重要组成部分，是法院行使审判权的重要方式。

法院调解不仅有利于提高当事人的程序主体地位，而且对于迅速、彻底地解决当事人之间的民事纠纷，稳定社会秩序发挥了积极作用。法院调解与和解、诉讼外调解相比较，通常具有以下主要特征：

1. 法院调解是一种诉讼活动。法院调解是法院行使审判权和当事人行使处分权的结合，是法院的一种结案方式，属于诉讼活动。而和解是双方当事人在自行协商的基础上，自我解决纠纷的合意行为；诉讼外的调解在性质上有的属于民间调解，有的属于行政调解，均不具有诉讼的性质，也不是法院审判权的行使方式。

2. 法院调解的主持者是法院审判人员。法院调解作为法院解决纠纷的一种重要方式，其主持者是法院的审判人员，依据的是其审判职权，所进行的活动属于审判活动，具有审判上的意义，具有司法的性质，其与双方当事人自行协商解决纠纷的和解有明显区别；诉讼外调解的主持人则是人民调解委员会的委员、行政机关的官员、仲裁机构的仲裁员，所进行的活动不具有审判性，不具有司法的性质。

3. 法院调解与和解以及其他调解的效力不同。法院调解是人民法院审理案件的一种方式，又是一种结案方式，当事人通过法院调解形成的调解书或达成的调解协议具有与生效判决同等的法律效力，具有强制执行的效力。诉讼外调解，除仲裁机构制作的调解书，以及经法院司法确认赋予其强制执行力的人民调解协议书外，其他由任何社会组织或行政机关主持下达成调解协议以及当事人和解达成的协议书，均不具有强制执行的效力。

（二）委派调解、委托调解和特邀调解

人民法院为进一步深化多元化纠纷解决机制改革、完善诉讼与非诉讼相衔接的纠纷解决机制，进一步明确了委派调解、委托调解以及特邀调解的相关规定。

1. 委派调解。委派调解，是指对于当事人起诉到人民法院的纠纷，经当事人申请或者人民法院引导后当事人同意调解的，人民法院可以在登记立案前，委派特邀调解组织或者特邀调解员进行的调解活动。对于涉及民生利益的纠纷，如物业管理、交通事故赔偿、消费者权益保护、医疗损害赔偿等类型的纠纷，人民法院应发挥委派调解的示范作用，促进批量、有效化解纠纷。同时，人民法院应当加强与相关部门的对接，充分发挥行政机关在行政调解、行政裁决机制上的优势，发挥行业性、专业性调解组织的专业优势，发挥公证、鉴定机构和相关领域专家咨询意见的作用，为纠纷化解提供专业支持，提升委派调解专业化水平。

当事人同意调解的，应签署《委派调解告知书》，委派调解案件，编立"诉前调"字号，人民法院应在3日内将起诉材料转交特邀调解组织或者特邀调解员开展调解。人民法院委派调解的期限为30日，经双方当事人同意，可以延长调解期限。未能在期限内达成协议或者当事人明确拒绝继续调解的，应当依法及时转入诉讼程序。委派调解案件因调解不成终止的，接受委派的特邀调解员应当出具结案报告，与相关调解材料一并移交人民法院。结案报告应当载明终止调解的原因、案件争议焦点、当事人交换证据情况、无争议事实记载、导致其他当事人诉讼成本增加的行为以及其他需要向法院提示的情况等内容，对涉及的专业性问题可以在结案报告中提出明确意见。当事人经委派调解达成调解协议的，应当遵照诚实信用原则，及时、充分履行协议约定的内容。当事人向作出委派调解的人民法院申请司法确认的，人民法院应当依法受理。

当事人不同意调解的，应在收到《委派调解告知书》时签署明确意见，人民法院收到当事人不同意委派调解的书面材料后，应当依法登记立案，及时将案件转入诉讼程序。

2. 委托调解。委托调解，是指登记立案后或者在审理过程中，人民法院认为适宜调解的案件，经当事人同意，可以委托给特邀调解组织、特邀调解员或者由人民法院专职调解员进行的调解活动。例如，婚约财产纠纷，离婚纠纷，夫妻登记结婚财产纠纷，夫妻约定财产纠纷，追索赡养费、抚养费、抚育费纠纷，分家析产纠纷，继承纠纷，收养、扶养纠纷，一般人身、财产损害赔偿纠纷，财产权属纠纷，相邻关系纠纷，民间借贷、借用、物业管理合同等纠纷，人民法院可以委托纠纷发生地的人民调解组织进行调解。

人民法院受理上述案件后，首先应告知原告关于开展委托调解的有关规定，征求原告是否同意法院委托人民调解组织调解纠纷。若原告同意，在向被告送达起诉状副本、应诉通知书等诉讼材料时，征求被告对委托调解的意见。当事人双方同意委托调解的，人民法院应当进行登记，并出具委托函，起诉状、答辩状及证据材料的复印件，随函移交给人民调解组织，引导当事人到调解组织接受调解。当事人不同意接受人民调解的，案卷移送至审判庭，审判庭在征得双方当事人同意后，也可于审前、审中进行委托调解。委托调解达成调解协议，特邀调解员应当向人民法院提交调解协议，由人民法院审查并制作调解书结案。达成调解协议后，当事人申请撤诉的，人民法院应当依法作出裁定。

3. 特邀调解。特邀调解，是指人民法院吸纳符合条件的人民调解、行政调解、商事调解、行业调解等调解组织或者个人成为特邀调解组织或者特邀调解员，接受人民法院立案前委派或者立案后委托，依法进行调解，促使当事人在平等协商基础上达成调解协议、解决纠纷的一种调解活动。

人民法院在特邀调解工作中，承担以下职责：①对适宜调解的纠纷，指导当事人选择名册中的调解组织或者调解员先行调解；②指导特邀调解组织和特邀调解员开展工作；③管理特邀调解案件流程并统计相关数据；④提供必要场所、办公设施等相关服务；⑤组织特邀调解员进行业务培训；⑥组织开展特邀调解业绩评估工作；⑦承担其他与特邀调解有关的工作。

特邀调解一般由一名调解员进行。对于重大、疑难、复杂或者当事人要求由两名以上调解员共同调解的案件，可以由两名以上调解员调解，并由特邀调解组织或者人民法院指定一名调解员主持。调解一般应当在人民法院或者调解组织所在地进行，双方当事人也可以在征得人民法院同意的情况下选择其他地点进行调解。特邀调解组织或者特邀调解员接受委派或者委托调解后，应当将调解时间、地点等相关事项及时通知双方当事人，也可以通知与纠纷有利害关系的案外人参加调解。

（三）马锡五审判方式

1. 马锡五审判方式简介。马锡五审判方式，是抗日战争时期在陕甘宁边区创立并实行的一整套"注重调查研究、方便群众诉讼、就地解决纠纷"的司法理念和审判制度，是将群众路线的工作方针运用于司法审判工作的审判方式。由陕甘宁边区陇东分区专员兼边区高等法院分庭庭长马锡五首创。主要特点：①深入群众，调查研究，实事求是；②手续简单，不拘形式，方便人民；③审判与调解相结合；④采用座谈式而非坐堂式审判。

马锡五审判方式是在巡回法庭的基础上成长起来的，既坚持原则，又方便群众，维护了群众的根本利益；同时培养了大批优秀司法干部，解决了积年疑难案件，减少了诉讼促进了团结。马锡五审判方式作为新型的、民主的审判方式，逐步成熟并且渐具影响力，给当时摸索中前进的新民主主义司法制度注入了新鲜的血液，在人民司法审判史上产生了重要的影响。

2. 新时代马锡五审判方式的价值追求。在新时代背景下，应当坚持司法为民不动摇，继续发扬马锡五同志"一刻也不离开群众"的精神价值追求，努力让人民群众在每一个司法案件中感受到公平正义。

在新时代背景下，应不断丰富和完善马锡五审判方式的内在精神，弘扬和拓展其时代价值。既要司法便民，更要司法公正。既要多元解纷、案结事了，又要坚守法治底线。既要遵守当事人举证的基本规则，又要人民法院辅之以必要的调查取证。既要司法公开，又要与经济社会发展程度、公序良俗要求、当事人人格权益保护相适应。既要裁判公正，又要让人民群众切实感受到公正。既要严格司法，又要弘扬社会主义核心价值观。既要尊重意思自治，又要维护公序良俗，推动人民法院工作高质量发展。[1]

二、调解协议的形式和效力

(一) 调解协议与调解书

调解协议，是指经过法院的调解，双方当事人经过协商，自愿处分其实体权利和诉讼权利的一种文书。调解协议的内容不得违反法律规定。按照《民事诉讼法》的有关规定，调解协议的形式有两种。

1. 需要制作调解书的调解协议。除依照法律规定可以不制作调解书的情况外，一般都应当制作调解书，并送达双方当事人，依此作为解决纠纷的根据。调解书应当写明诉讼请求、案件的事实和调解结果。调解书由审判人员、书记员署名，加盖人民法院印章，送达双方当事人。调解书经双方当事人签收后，调解协议生效。

2. 不需要制作调解书的调解协议。根据《民事诉讼法》第101条的规定，人民法院可以不制作调解书的案件有：调解和好的离婚案件；调解维持收养关系的案件；能够即时履行的案件；其他不需要制作调解书的案件。对不需要制作调解书的协议，经人民法院审查确认后，应当记入笔录或者将调解协议附卷，并由当事人、审判人员、书记员签名或者盖章后即具有法律效力。前述规定情形，当事人请求制作调解书的，人民法院审查确认后可以制作调解书送交当事人。当事人拒收调解书的，不影响调解协议的效力。

(二) 调解书的法律效力

1. 调解书的生效时间。调解书的生效应当符合两个条件：①调解书必须送达双方当事人签收。根据《民事诉讼法》及相关司法解释的规定，调解书应当直接送达当事人本人，不适用留置送达，经受送达人同意，可以通过电子方式送达。②调解书必须经当事人双方签收后才能生效。如果一方或双方当事人拒绝签收，则视为调解不成立，调解书不发生法律效力。另外，根据《民事诉讼法》相关司法解释的规定，法院调解民事案件时，需要无独立请求权的第三人承担责任的，应当经其同意。该第三人在调解书送达前反悔的，

---

[1] 转自"贯彻习近平法治思想 传承红色司法文化——纪念中国共产党成立一百周年暨弘扬马锡五审判方式新时代价值"座谈会上最高人民法院党组成员、副院长贺小荣的讲话。

人民法院应当及时裁判。

调解书生效时，诉讼程序结束，当事人不得上诉，但依法可以申请再审。

2. 调解书的效力。生效的调解书具有以下效力：

（1）既判力。当事人在诉讼中争议的法律关系中的争议归于消灭，当事人之间实体上的权利义务关系依调解协议的内容予以确定。任何一方当事人都不得再以同一事实和理由向法院提起诉讼。

（2）形成力。形成力是指由于形成判决或调解书的作用，使当事人之间发生新的权利义务关系，或将原有权利义务关系消灭或变更的一种效力。部分生效的调解书具有形成力。如生效的分割共有财产调解书能够变更当事人之间的财产共有关系、生效的离婚调解书能够消灭当事人之间的婚姻关系。

（3）强制执行力。生效的调解书（或者不需要制作调解书的调解协议生效后），负有履行调解书义务的一方当事人未按调解书的内容履行义务时，权利人可以根据调解书向人民法院申请强制执行。

三、法院调解的基本原则

（一）自愿原则

自愿原则，是指法院进行调解时，必须以双方当事人自愿为前提，不得违背当事人的自主意志强行启动调解程序，以及强迫当事人接受调解方案。现行《民事诉讼法》着重强调了法院调解应当尊重当事人的自愿，此原则包含以下两层含义：

1. 程序上的自愿。不管是调解程序的开始还是进行，除离婚等法律规定必须进行调解的案件外，都需要征得当事人双方的同意，应在双方当事人自愿的基础上进行，不得强迫调解。

2. 实体上的自愿。自愿表现为当事人双方对调解协议的内容，即实体民事权益的处分必须是自愿的。在调解过程中，审判人员可以根据法律或民事政策对当事人进行引导，向当事人提出调解的建议，但不能把自己对案件的处理结果强加给当事人。

（二）合法原则

合法原则，是指法院调解不仅必须依法进行，而且调解的过程以及调解协议的内容均要符合法律的规定。《民事诉讼法》第99条规定，调解达成协议，必须双方自愿，不得强迫。调解协议的内容不得违反法律规定。合法原则应包括两个方面的含义：

1. 法院调解的程序必须合法。法院调解的组织、步骤、方法以及调解协议的达成与调解书的制作、送达等均须符合《民事诉讼法》的有关规定。程序上的合法是实体上合法的保障，如果法院调解违反法定程序，当事人有权申请再审。

2. 调解协议的内容不得违反实体法的规定。法院调解必须以法律为准绳，不得违反法律、行政法规的强制性规定，不得损害国家利益、社会公共利益和他人的合法权益。民法、经济法等实体法律规范，既是正确判决民事案件的依据，也是正确调解民事案件的依据。

(三) 查明事实、分清是非原则

查明事实、分清是非原则，是指法院调解应当在事实清楚、是非分明的基础上进行。《民事诉讼法》第96条规定，人民法院审理民事案件，根据当事人自愿的原则，在事实清楚的基础上，分清是非，进行调解。可见，案件事实清楚、是非责任明确是进行法院调解的基础。

这一原则要求，不能为了提高民事案件的结案率，而在案件事实不清、是非责任不明确的情况下，采取"威压式"调解、"和稀泥式"调解或"无原则式"调解。否则，调解不仅违背了调解自愿的原则和损害了当事人的合法权益，而且会极大地损害司法的严肃性和公正性，并会造成不良的社会影响。

【相关法律法规】

《中华人民共和国民事诉讼法》第9条、第96~102条

《最高人民法院关于适用〈中华人民共和国民事诉讼法〉的解释》第142条至第151条

《最高人民法院关于人民法院民事调解工作若干问题的规定》

《最高人民法院关于人民法院特邀调解的规定》

《最高人民法院关于进一步完善委派调解机制的指导意见》

操作训练一　综合练习

【训练目的】

通过训练，能够掌握法院调解应遵循的原则及调解不成时的应对流程。

【训练材料】

郑某，男，32岁，某高等学校教师。

蒋某，女，30岁，某高等学校教师。

双方当事人于2006年研究生毕业留校任教后结婚，婚后于2008年生育一女郑某某。2009年，郑某出国进修，1年后回国，夫妻之间在家庭观念和待人接物的方式上发生分歧，经常因为家务分担和个人交往的问题发生争吵，最后发展到相互动手，毁坏家具的程度。后来，郑某经常住在办公室，吃在教工食堂，有时两个星期也不回家，双方感情迅速恶化。2012年8月，郑某与蒋某协商离婚问题，蒋某认为，其一，夫妻关系恶化的原因在于郑某缺乏家庭责任感，与女性交往不检点，他应该承认错误，痛改前非；其二，作为大学教师，应当为人师表，离婚有损自己在学生中的形象，因此表示坚决反对。郑某则认为蒋某企图限制自己的自由，把自己圈禁在小家庭的牢笼之中，各自的生活理念不同，离婚是唯一出路。双方僵持不下，郑某向法院提起离婚诉讼，并提出双方共同财产价值5万元，按照每人一半分割；小孩由蒋某抚养，自己每月支付抚育费200元。

人民法院受理后依法进行了调解。经过调解，郑某坚持离婚的态度不变，蒋某认识到恢复和好已不可能，勉强维持将造成双方精神痛苦，影响教学工作，遂表示同意解除婚姻

关系；并同意小孩归自己抚养和共同财产均等分割的方案，但是认为每月200元的抚育费过少，要求郑某每月支付600元。在法院主持下，双方同意郑某每月支付抚养费500元。人民法院按照双方协议的内容制作了调解书，但在送达前郑某反悔，认为自己将来还要成家，协议负担的子女抚养费过高，只同意每月最多支付300元。

最后受理法院作出判决，认为郑某和蒋某夫妻感情确已破裂，判决双方离婚，共有财产均等分割，郑某某由蒋某抚养，郑某每月支付抚养费400元。并告知双方，如果以后情况发生变化，不妨碍子女向任何一方提出变更抚养费的请求。

【训练要求】

请你回答：离婚案件法院是否必须进行调解？达成协议后一方是否可以反悔？

操作训练二 综合练习

【训练目的】

通过训练，能够进一步了解法院调解在司法实践中的运用及积极意义。

【训练材料】

王某与张某一家是世交，一直在生意上合伙经营。后张某因病去世，王某要求张某的妻子和两个儿子将与张家合伙经营期间的利润35万元分于自己。张家以账目不清为由，一直没有给付。为此，两家闹上了法庭。一审法院经两次审理，判决张家母子三人给付王某35万元利润款。三被告不服提出上诉。

上诉法院审理此案时，法官了解到该案合伙期间的账目在原告起诉前曾被张家借走48本，后一直未归还。此次审理中，三被告仅提供了25本账目且账目混乱、残缺不全，原告要求分得的35万元利润无法与原始账目核对；而合伙人张某已去世，三被告对合伙经营期间的具体状况又不清楚，致使纠纷持续近4年之久。

法官主持调解时，双方各自认定的给付款的金额差距很大。在此情况下，法官与当事人分别沟通，后又请来了双方都信任的张家的一个长辈亲属做双方的工作。至此，双方的差距还有3万元左右。多次调解，让法官看到了希望。法官特意引导双方去回忆当初合伙时互信互助的情景，让他们去回忆张某病重期间，原告背着老人出席张家儿子的婚礼的场景。特别提到张某病重期间，为不使张某了解自己身患绝症的情况，在多人提醒原告应与张某本人把账算清的情况下，原告没有听从劝说，不忍心与张某清算合伙期间的账目，才导致出现这场拖了近4年的官司。经过温情的引导劝说，张家触动很大，双方终于达成了张家给王家17万元合伙期间利润款的调解协议。张家儿子最后表示，王家孩子在国外留学，以后他会照顾原告老两口的生活。一起长达4年的积案在法官的调解下19天内结案。

【训练要求】

请你回答：审判人员在调解时应具备哪些素质及调解的技巧？

操作训练三　分步练习

【训练目的】

通过训练，能够在当事人向法院提起诉讼后，适时启动委派调解或委托调解程序。

【训练材料】

在一起遗产继承纠纷中，被继承人李某（父亲）和王某（母亲）系夫妻关系，婚后育有子女三人，分别为原告甲某、被告乙某和丙某。母亲王某和父亲李某相继去世，留有位于 A 市 B 区的一套房屋。甲某持一份只有父亲李某签字的遗嘱将乙某和丙某诉至法院，请求法院判决涉案房屋由甲某单独继承。

【训练要求】

第一步：假定学生为立案庭工作人员，当接收原告起诉材料后，启动委派调解程序或委托调解程序。

第二步：假定学生为法院特邀调解员，当接到法院移交的相关案件材料后，启动后续流程。

学习单元四习题

学习单元五　调解员的职场安全

【知识目标】

了解调解员职场安全隐患；了解调解员职场安全隐患的排除方法；掌握调解员职场安全保障的法律依据。

【技能目标】

能自觉维护调解员的职场安全；能排解调解员职场心理压力。

【素质目标】

职场安全意识；强大的心理素养。

一、调解员的职场安全概述

（一）调解员的职场安全概述

调解员的职场安全，是指调解员及其近亲属在职业场所及其他场所人身与财产利益依法不受侵犯的权利。

这里所说的调解员的职场安全，主要是指人民调解员的职场安全。在我国，由于传统文化与体制等因素，法官与行政机关工作人员的办公场所安全防范严密，办公经费相对充裕，且法官与行政机关工作人员的社会地位较高，对其权利法律有十分明确的规定，法官更是有法警维护其职场安全，其人身与财产安全比较有保障。而人民调解员直接处理民间纠纷，最直接地与广大基层群众打交道，在纠纷当事人中任何一方的调解要求没有得到满足的情况下，不可避免地会承担一定的风险；且人民调解委员会系基层群众自治组织，办公经费紧张，长期疏于职业场所的管理，职业场所的安全防范措施很不到位。此外，人民调解员的职业权威主要来自于调解员自身的德行与人格，而不是如法官或行政机关工作人员那般来自于国家强制力，因此，实践中人民调解员因调解纠纷而受到辱骂、殴打、报复，甚至家庭财产被损坏、家人受到牵连的情况时有发生。在制止民间纠纷激化的过程中，不断有人民调解员与司法所工作人员为保护人民群众的人身、财产安全而负伤，甚至以身殉职。[1]

调解工作风险性的存在一定程度上制约了调解工作的深入展开。一些调解员为了防范风险，防止自己的人身和财产利益遭受无端侵害，对调解工作采取一种敷衍的态度，缺乏持之以恒的精神，尽量回避矛盾焦点，不去触及问题的实质，浅尝辄止，不为也不敢为。尤其是在遇到一方或双方当事人为无赖恶人时，不但不敢深入调解，甚至会以牺牲弱者的利益为代价，作出无原则的调解，[2] 无论是从维护调解员自身的安全与利益出发，还是从提高调解工作的实效出发，广大的人民调解员及其近亲属的人身与财产安全理应得到尊重与保障。

当然，这并不是说从事调解工作的法官与行政机关工作人员就没有职业安全方面的风险，上述工作人员同样面对着一定的职业安全风险问题，法院与行政机关也应当提高警惕，做好安全防范。本单元所述关于如何维护调解员职场安全的措施，对人民调解员以外的上述调解工作人员同样适用。

(二) 调解员职业安全保障的法律依据

1. 人民调解员。为了保护人民调解员的人身、财产权益免受非法侵害，扫除人民调解工作的障碍，《人民调解工作若干规定》第18条第1款规定，人民调解员依法履行职务，受到非法干涉、打击报复的，可以请求司法行政机关和有关部门依法予以保护。相对于《人民调解委员会组织条例》对该项规定的空白，这无疑是重大进步，但是对于真正实现调解员职业安全上的保护还远远不够。2010年8月28日通过的《人民调解法》第16条规定仅仅从物质补偿的角度对人民调解员及其配偶、子女的相关权利予以保障。[3] 此外，该法第25条规定，人民调解员在调解纠纷过程中，发现纠纷有可能激化的，应当采取有针对性的防护措施；对有可能引起治安案件、刑事案件的纠纷，应当及时向当地公安机关或者其他有关部门报告。上述立法的出发点显然是防止矛盾激化和"民转刑"现象的发生，目的主要是维护社会稳定，其次才是出于人文关怀而保护人民调解员的职场安全。

如果没有配套的保护机制，必然会给调解工作带来障碍。只有解决了调解人员的后顾之忧，才能充分调动其工作的积极性。因此，不但要完善对调解员的奖励和惩罚措施，还要从立法上明确职务保护机制。[4] 建立保障调解员职场安全的机制，这是我们这个调解大国的新课题。

2. 法官。由于目前我国尚未明文区分审判法官与调解法官，维护法官审判工作与调解工作的职业安全均适用《中华人民共和国法官法》（以下简称《法官法》）的规定。根

---

[1] 据不完全统计，每年有3~5名调解员在调解工作中牺牲，在调解中受伤的则数以千计。
[2] 于慎鸿："人民调解的困境与发展途径探析"，载《商丘师范学院学报》2005年第6期。
[3] 该条规定："人民调解员从事调解工作，应当给予适当的误工补贴；因从事调解工作致伤致残，生活发生困难的，当地人民政府应当提供必要的医疗、生活救助；在人民调解工作岗位上牺牲的人民调解员，其配偶、子女按照国家规定享受抚恤和优待。"
[4] 顾敏、邓红蕾："乡土社会中的特殊法律人——浅议我国乡土社会中的人民调解员"，载《行政与法（吉林省行政学院学报）》2005年第6期。

据《法官法》第7条的规定，法官依法履行职责，受法律保护。同时第8条规定了法官享有的各种权利，如获得劳动报酬、享受保险、福利待遇，人身、财产和住所安全受法律保护等。

3. 行政机关工作人员。目前，我国关于行政调解制度的法律规定并不完整，关于行政调解职场安全的规定几乎没有。《中华人民共和国公务员法》第15条第8项，在涉及关于公务员享有的权利时用"法律规定的其他权利"作了一个原则性规定。行政调解人员拥有行政机关公务员和普通公民两种身份，在行政调解职场安全制度尚未完善以前，不妨理解为由《宪法》规定的保护公民人身、财产、住所等基本权利。

二、调解员的职场安全与心理健康隐患

概括而言，人民调解员的职场安全隐患主要来自于两方面因素，一方面是在调处纠纷过程中可能存在的，源自外界的人身、财产损害风险；另一方面是源自调解员自身的心理压力。接下来我们将从以上两个方面来分别对调解员职场安全隐患进行介绍。

（一）人身、财产损害风险

1. 人民调解委员会是依法设立的调解民间纠纷的群众性组织，办公经费紧张，长期疏于职业场所的管理，职业场所的安全防范措施很不到位。目前，人民调解制度的不足已集中体现在经费的保障问题上，人民调解员的职场安全问题也不例外。这一问题不解决，人民调解员的职场安全问题也很难得到根本性的改善。

2. 人民调解归根结底是一种民间调解，人民调解员没有明显的身份标志，却常常要深入现场调处纠纷，冒很大的风险。调解员在夜晚调解纠纷时有被误伤的可能。

3. 广大农村与城乡接合部等基层的纠纷当事人受教育程度较低，法律意识淡薄，自我控制能力差，情绪不稳定，甚至诉诸武力来解决矛盾纠纷；部分纠纷当事人心胸狭窄，性格急躁，更容易产生一些伤害自己或他人的过激行为。民间纠纷激化的可能性大，工作在基层一线纠纷现场的人民调解员不可避免地面临着职业安全风险问题。如果防范措施不到位，在调解现场容易产生调解员受到伤害的意外事故。

4. 新时期的矛盾纠纷呈现错综复杂的新局面、新态势，使民间纠纷的发生面大、量广，民间纠纷的激化可能性增加。目前，基层的民间纠纷存在着纠纷主体与利益诉求多元化、纠纷类型多样化与不可预见性、纠纷发生的偶然性、解决历史积案的艰巨性等特点。一起纠纷的发生，从起因到经过，再到产生的后果，情况错综复杂，很难查清客观事实，往往只能就事论事，很难达到双方当事人都满意的结果。矛盾纠纷的偶然性大为增加，在开放的环境中，城乡广大群众的生活空间和社会活动空间很大，与他人的利益发生碰撞的情况随时都有可能发生，许多矛盾纠纷的发生具有偶然性、突发性。关于乡镇企业改制、国家集体建设工程征地等问题，因受到时间跨度、政策变化、群众期望等因素的影响，长期积淀下来的矛盾纠纷调解难度非常大。[1] 以不动产为标的或与不动产相关的矛盾纠纷

---

[1] 陈维坤："农村人民调解工作存在的风险及对策"，载《学习月刊》2008年第22期。

总量增加，包括土地承包纠纷、征地拆迁补偿纠纷、相邻关系纠纷、不动产继承纠纷、建房时所产生的人身损害赔偿纠纷等，这些纠纷所争执的不动产标的数额大，对纠纷当事人而言标的又十分重要，是其安身立命之所，纠纷当事人往往互不相让，乃至丧失理智，时有自残或伤人等过激行为发生。随着民间纠纷及其激化的新特点、新趋势的出现，调解工作人员所面临的职场安全隐患无疑比以往更为严峻。

5. 调解员队伍良莠不齐，总体业务水平跟不上新时期民间纠纷调处与预防的要求，在调解工作中，调解员查明事实、判断是非曲直的工作不到位，对调解工作敷衍塞责，或运用法律法规不准确，或者把握政策不准确，制作调解协议不规范，等等，都会影响调解组织与调解员的公平公正的形象，为调解员的职场安全问题埋下隐患。如运用法律或政策依据不准确，不仅给矛盾纠纷调解结果的合法性带来诉讼风险，也容易引起新的矛盾，导致民间纠纷的激化。制作调解协议时，如果存在协议主体不合法、内容不合法，矛盾纠纷当事人没有签名，或者调解组织未加盖公章的情况，在当事人任何一方不履行协议并提起诉讼的过程中，协议书的法律效力就会直接受到影响。

6. 调解员自身防范职场安全风险的意识不足，对防范职场安全风险问题勇气有余、重视不足，思想意识上掉以轻心。调解员身负调处民间纠纷、预防民间纠纷激化的重任，然而手无寸铁，也未受过自卫反击方面的专业训练，在手持凶器丧失理性的歹徒面前与普通人民群众一样处于弱势，而保障自身的人身安全是一切工作的前提。一些调解员被杀或被伤的恶性事件与调解员没有准确估计当时的形势并采取正确措施，没有及时与负有特定职责的相关职能部门同时采取行动有关。

(二) 心理压力

1. 承受过多负面情绪。承受和处理他人的负面情绪是一件极其耗费精力的事，因此，人们往往会本能地去避开传递负能量的人。然而作为调解员，我们不但不能逃避，还需要去识别、发现当事人的负面情绪，并帮助当事人宣泄它，从而化解它。在日积月累的过程中，调解员会消耗巨大的心理能量，甚至超出其本人的承受能力。

2. 私人生活被过度挤占。不管是专职还是兼职，大部分地区的调解员队伍都呈现出人员配备不足的状态，在这种情况下，调解员在某一时间段同时调处数个矛盾纠纷是十分常见的现象。又由于调解活动的性质决定了很多工作需要配合当事人的时间安排，因此在非工作时段加班是常有的事，甚至由于节假日家庭矛盾增多，有的基层调解员春节期间也处在加班状态中。

3. 因被误解而感到委屈。调解员的主要工作是居中沟通、引导当事人，但由于当事人个性、受教育程度千差万别，在三方沟通过程中难免会对某人、某事的看法、做法存在差异，从而导致大家在感知或认知上的冲突。因此，常常会发生调解员的正常调解行为被当事人误解为态度不公正或能力不足，不少调解员也常会发出"好心当成驴肝肺"的感慨。

4. 调解进程不顺利的焦虑。调解员在工作中的焦虑大部分源自于对调解过程的控制无力;明明已经费尽唇舌去引导,但当事人就是不配合;前一晚上刚确定了调解方案,第二天某一方突然反悔,全部推翻;看似简单的案件耗费了大量精力却毫无进展,而同事们的调解成功率一个比一个高……这些都会引发调解员的焦虑,而过度的焦虑会导致身心健康受损。

三、调解员职场安全与心理健康维护

(一)人身、财产损害风险的规避

1. 调解员应提高安全防范意识,自觉维护职场安全。人的生命是最宝贵的。人民调解员应从思想上重视自身的职场安全问题,提高自我保护意识。对于即将激化的民间纠纷,调解员应作出准确的风险评估,不可贸然将自身的安危置之度外,作出无谓的牺牲。在接待当事人或实施调解的同时,调解员应注意当事人的情绪变化,当发觉双方情绪十分激动,有可能导致矛盾激化时,应当及时结束面对面的调解,将双方分开,避免当事人之间的肢体接触与冲突。这样既能避免当事人互殴,也能避免调解员被当事人误伤的情形出现。

调解员勿将剪刀、水果刀等锐器或沉重的铁器等钝器置于办公桌上、墙上等触手可及的地方,以防止意外发生。

2. 调解员应注意调解工作的方式方法,努力提高自身的业务水平。民间纠纷的当事人任何一方请求调解组织受理调解纠纷的,调解组织必须依法受理并根据纠纷的情况及时作出安排,不能置之不理或敷衍当事人。调解员受理纠纷后应认真负责处理纠纷,表现出对当事人应有的尊重与关怀,防止工作不及时让矛盾纠纷继续激化。同时,在调解矛盾纠纷的工作中,调解人员立场要公正、方法要得当、讲话用语要有分寸,防止与当事人双方发生矛盾。准确把握不同时空条件下民间纠纷发生与发展的规律,在调解的不同阶段适当运用不同的方式、方法、技巧,以预防民间纠纷的激化。值得一提的是,人民调解员应当具备一定的法律素养,严格履行依法调解的原则,并准确把握政策的精神与内涵,对历史遗留问题不仅应了解当下的政策,还应了解过去的相关政策,并做好政策衔接工作,避免因运用政策不当而诱发新的矛盾。全面履行《人民调解法》所规定的各项告知义务,对当事人的法定权利应当引导、解释,而不是打压、隐瞒。制作调解文书时不能图简单省事,而需规范具体。

3. 调解员应加强与公安派出所或其他政府职能部门的联系,并善用联合调解等方式实施对大型复杂纠纷的调解。对于可能产生肢体冲突的案件应有两个以上的男性调解员参与调解,必要时可邀请同一辖区的公安干警协同参加。当事人对于不行使国家机关职权的人民调解员往往缺乏敬畏,但公安干警的陪同可对当事人产生一种潜在的威慑力,在一定程度上可预防意外事件的发生。一旦当事人有过激行为,公安干警也可凭借自己特殊的职业技能制服当事人,保护调解员的人身安全。对由于山林、坟地、房屋拆迁等原因而发生的大型纠纷或一触即发的群众性械斗,可请示上级领导,要求紧急支援,维护纠纷发生地现场秩序,防止刑事案件发生。切勿单枪匹马,孤身涉险。

4. 女性调解员自身安全的特殊保护。基层调解工作情况复杂，当事人鱼龙混杂，调解工作人员与其他工作人员素质参差不齐，而调解工作却要求调解员不辞辛苦，穿街走巷，有时晚间也要开展调解工作，女性调解员力单体弱，其职业安全应当受到特殊的保护。维护女性调解员的职业安全，应当注意以下几点：

（1）不要单独调解有暴力倾向或有暴力犯罪、性犯罪等前科的当事人的案件；

（2）勿在人员构成复杂的室外场所、僻静的街道或人烟稀少的田间地头等存在安全隐患的场所过多停留；

（3）在工作场合应衣着得体，装扮适度，举止端庄，洁身自好，切忌衣着暴露，浓妆艳抹，勿与男性当事人或其他异性过分亲昵。对于男性当事人或其他异性轻浮出格的言行应及时制止，以保护自身免受侵犯。

（二）心理压力的缓解

1. 树立工作的"界限感"。"界限感"对于调解员来说是一个非常重要的概念，因为在使用调解方法时调解员需要与当事人共情，如果不能拿捏好分寸，过度参与于纠纷之中，不但可能丧失调解员的中立地位，难以促进纠纷解决，还可能会对自身造成伤害。树立工作的界限感，就意味着调解员不可将个人价值观、想法与情绪强加给当事人，尊重当事人的独立性，切忌自我随意下决断。我们应当鼓励当事人说出自己的想法，尊重当事人的选择，这也有利于纠纷不留隐患的真正解决。

2. 识别负面情绪及时寻求帮助。情绪无论是正面的还是负面的，我们都应当去接纳它，而非忽视或回避它。尤其是负面情绪，如果我们能认真地、充分地去了解它，那么在它到来的时候，我们就能更好地应对、管理和化解负面情绪。当通过我们自身的力量无法完全消解负面情绪时，寻求同事、朋友、家人的支持就十分重要。

3. 承认调解的局限性。调解员并不是万能的，我们能做的只是影响纠纷发展的走向；调解也不是万能的，有些纠纷由于其性质、矛盾根源、当事人性格等各方面因素，已决定了其无调和的可能性。在遇到瓶颈时，调解员应适时提醒自己，我们身处在多元化矛盾纠纷化解机制已较为健全的社会，不同的纠纷可以有不同的解决路径，调解并非最后一道防线。在因无法调和而对自我产生怀疑的时候，应将对自我的评价从是否达成协议转移到是否按照流程展开调解、是否足够细心与耐心、是否体现了一位调解员应有的素质与能力上。此外，努力提升自我也是缓解焦虑的良方，书籍阅读、经验总结、学习交流都能有助于调解能力的提升，这将给予我们足够的自信以对抗"失败"的焦虑。

【相关法律法规】

《中华人民共和国人民调解法》

《人民调解工作若干规定》第18条

《中华人民共和国法官法》第7条

《中华人民共和国公务员法》第15条

操作训练一　综合练习

【训练目的】

通过训练培养调解员的职业安全意识,使其能从维护自身的职场安全出发,判断是否应当采用联合调解的形式。

【训练材料】

某职业学校高一二班女生周某长期与其养母李某不和。某日周某被赶出家门,无处安身,衣食无着。班主任张老师无奈将孩子带到社区办公室,请求调解。此收养纠纷已由该社区的人民调解员受理,但李某平素性格偏执嚣张,将养女驱逐出去以后曾两次扬言不得让周某进门,如果周某回来她立刻从8楼跳下去,并在电话里对调解员说:"上门调解可以,你别带周某来,我们家什么都有,菜刀也有,水果刀也有。"

【训练要求】

请你回答:你认为本案是否应当采用联合调解的形式?实施调解时调解员应如何维护职场安全?

操作训练二　综合练习

【训练目的】

通过训练识别调解员心理健康隐患。

【训练材料】

老刘是基层人民调解员,最近他遇上了几个烦心事:他受理的纠纷中有一位当事人执意不接受调解建议,还指责他"拉偏架";新来的调解员小王是法学本科学历,学历比他高,调解成功率也比他高,每当同事夸小王,他只好自嘲是"没用的老东西";工作时听到的都是当事人相互间的抱怨与谩骂,回到家,妻儿又指责他对家庭付出太少,他觉得耳边总有嗡嗡声响个不停,心烦意乱……他觉得自己年龄大了,思想也跟不上时代了,不适合调解工作了。

【训练要求】

请你给老刘一些建议,帮助他顺利走出职业倦怠期。

学习单元五习题

第二编 调解实务

学习单元六 调解的基本技巧

【知识目标】

了解概括性的语言技巧；理解具体调解方式和调解方法的含义；掌握在调解的不同阶段使用基本技巧的目的。

【技能目标】

能运用具体的倾听技巧来达成倾听的两个目标；能分辨积极身体语言和消极身体语言；能运用具体的询问技巧、总结技巧和语言重组技巧；能根据纠纷的具体情况选择合适的调解方式和调解方法。

【素质目标】

同理心；纪律意识与责任意识。

调解能否成功，调解的技巧是决定因素之一。好的调解技巧能让调解员获得当事人的充分信任，并且可以有效地把握调解的进程，最终让当事人成功达成调解协议。

调解的基本技巧主要有调解中的方法技巧、方式技巧和交流技巧。调解的方法技巧主要是指在调解实施过程中，根据形势发展的不同，为实现某一个具体目标所采用的行动方针和心理策略；方式技巧是指根据纠纷性质、当事人情况的不同而采用的调节活动组织形式；而交流技巧主要指调解员采用的语言及非语言沟通技巧。

一、调解的方法技巧

在调解过程中需要运用何种调解方法只能根据具体纠纷的性质、难易程度、纠纷所处的发展阶段、当事人的性格特点、当事人所处的境地等因素来决定，在同一纠纷的调解过程中也会需要用到多种调解方法，因此调解方法的运用一定是灵活多样的。正是因为纠纷的多样性导致用来解决纠纷的调解方法也必须具有多样性，从理论上讲调解方法是不能被完全概括的，因此我们在这里介绍的只能是较常用的调解方法。

（一）赞扬激励法

赞扬激励法，顾名思义就是敏锐地发现当事人的正向言行，并给予及时、真诚的赞美的调解方法。俗语有言"良言一句三冬暖",赞扬鼓励的话语不仅能给予被赞扬者愉悦的心情、活跃谈话氛围,还能增进彼此之间的关系,有的时候还有让对方做自己期望他做的事的功效。因此,调解员可以尝试在以下情况使用赞扬激励法:与当事人初次接触时、当事人情绪低落时、抑扬结合时、谈话陷入僵局时以及任何适合赞扬的契机出现时。调解员要善于发现当事人的优点和长处,并及时用热情洋溢的话语加以赞赏、表扬,巧妙地唤起当事人的自尊心、荣誉感,不失时机地鼓励当事人以高姿态、高风格来对待纠纷。

标签技巧法也是赞扬激励法中较常用的一种调解方法,即公开给他人贴个"标签",表明他具有的个性、态度、信仰或其他特点,然后再提出符合该标签特点的要求。为了不担虚名,他人就会同意你的要求。[1] 例如说:"大家都知道你是一个通情达理的人,所以,在这件事情上你一定会理解对方的难处,做出适当的让步。"

使用赞扬激励法也要注意以下几点:①不能进行无中生有的奉承或进行虚伪的称赞。对当事人的赞扬应该是针对当事人实实在在、真真切切的优点或长处,是当事人自己认可的闪光点,否则,可能会被当事人误解,以为是讽刺,最终不信任你,导致事情复杂化。要做到切实地赞扬当事人,需要对当事人有一定的了解,因此,调解之前要尽量熟悉当事人,调查当事人的情况,分析当事人的性格。②对当事人的赞扬要恰如其分,不能过分夸大,要以当事人已经做到的表现为肯定素材,根据客观的事实平实地加以描述。否则,会被当事人怀疑你的真诚,影响调解效果。③赞扬要及时,在错过了第一时间后,可以耐心等待下一次契机的出现,或其他合适的时机,如从面对面调解转向背靠背调解或与其他调解方法结合使用时。④赞扬应当是有界限的,不能超越法律、道德的边界,也要注意对当事人隐私的保护。⑤调解员可以选择多种赞扬方法,可以直接肯定当事人的优点,也可以间接赞扬,比如可以引用当事人尊重信任的其他人对他的评价,也可以引用大家对他的一致看法,甚至引用对方当事人对他的客观积极的评价。[2]

操作训练一

【训练目的】

熟练掌握赞扬激励法。

【训练材料】

2022年4月3日上午,司法所接到辖区派出所转来的一起工伤纠纷。据了解,派出所接到村民高某的报警电话,电话中称其因工伤在县医院住院,工厂老板李某带人威胁逼迫其出院,并且这群人对医生也要大打出手。在司法所工作人员介入后,经调查发现,报警人高某是李某工厂的工人,在干活时其左手大拇指不慎被磨光机割伤。李某当即亲自开车将高某送往医院,并垫付了医药费,但高某的伤一直未能痊愈,迟迟未能出院,因此引发

---

[1] [美] 罗伯特·西奥迪尼、诺亚·戈登斯坦、斯蒂芬·马丁:《说服力》,天津教育出版社2009年版,第40页。

[2] 刘树桥、马辉主编:《人民调解实务》,暨南大学出版社2008年版,第71页。

了上述一幕。

【训练要求】

阅读材料后作以下分步练习：

第一步：以两人为一小组，共同讨论以下问题：使用赞扬激励法希望达成的目标有哪些？对谁使用赞扬激励法？针对他的哪一闪光点使用赞扬激励法？

第二步：两位组员轮流扮演调解员与当事人，练习使用赞扬激励法。

第三步：老师随机选择小组，由一位组员展示第一步讨论成果，另一位组员展示调解方法的使用，并由其余同学点评。

（二）批评训诫法

批评训诫法就是指出当事人言行的不当之处的调解方法。调解员与当事人在首次接触之前往往是陌生人关系，因此在使用该方法时稍有操作不慎，便可能引发当事人的逆反心理、对调解员的信任危机和对调解的对抗情绪，致使调解失败。但我们不能因噎废食，放弃该方法的使用，因为批评训诫有时是非常必要的，特别是某些情况下只有当事人能够正视自己的问题并愿意付诸改变，才能解开矛盾纠纷的症结。因此在采用批评训诫法时应特别注意场合、时机、用词与策略。在策略的选择上，我们可以有以下四种选择：①旁敲侧击策略，就是调解员通过对与当前情况相类似的人或事进行批评，使其受到教育，认识到自身的错误的策略，该策略有助于减轻当事人的心理压力，有利于纠纷的化解。②抑扬结合策略，就是在批评当事人的同时，调解员要找出他的其他优点来进行肯定和鼓励。该策略有助于消除当事人对调解员是否公正的疑虑，使其明白批评没有恶意，从而更容易接受批评意见。③设问启迪策略，就是巧设问话，来启发当事人，使其通过思考来认识自己所犯的错误。这种批评方法主要适用于那些善于思考，接受能力强，头脑较有条理，各方面都较为成熟的人。④直言驳斥策略，就是调解员用严肃认真的态度、鲜明尖锐的语言直截了当地指出当事人的错误，此策略主要适用于当事人所犯的错误比较严重，并且态度固执的情况。

此外，我们在使用批评训诫法时还有几点需要特别注意：一是该方法技巧应当在充分共情的基础上实施，永远记住从当事人的角度出发。比如在妻子抱怨丈夫不做家务时，我们在使用批评训诫法前先要在丈夫的角度考量：健康状况是否允许他做某些特定的家务？白天的工作是否已经超负荷？是否他在做家务时总会被妻子挑刺？只有这样，批评训诫才能深入当事人内心，使其真正接受。二是有时我们需要肯定当事人的某一方面，如观点、态度、行为等，也包括肯定当事人一些看起来不合常理的表现，因为也许不合理的行为背后有着合理的人性基础。三是我们要时刻牢记，当事人更需要的是建议，而不是指责。也许有的当事人了解自己的问题所在但无力改变，此时需要我们从旁观者的角度对解决方案提出可行的建议。

操作训练二

【训练目的】

熟练掌握批评训诫法。

【训练材料】

2018年2月,刘大娘的老伴去世。2019年6月,经人介绍,刘大娘与丧偶多年且无子女的本市退休职工王师傅结婚。王师傅年纪较大,收入不高,因此,刘大娘的子女一直反对两位老人的结合。后因王师傅生病,两位老人生活变得十分困难。2015年初,刘大娘要求儿子和女儿履行赡养义务,却被儿女以母亲再婚有人赡养为由予以拒绝。无奈之下,刘大娘来到司法所请求调解。

【训练要求】

阅读材料后以刘大娘的子女为对象使用批评训诫法:

第一步:以两人为一小组,共同讨论以下问题:刘大娘的子女的做法是否合法?又是否合乎道德的要求?刘大娘的子女如此做的原因可能是什么?

第二步:两位组员轮流扮演调解员与当事人,练习使用批评训诫法。

第三步:老师随机选择小组,由一位组员展示第一步讨论成果,另一位组员展示调解方法的使用,并由其余同学点评。

(三) 换位思考法

换位思考的调解方法是指调解员要引导双方设想一下,如果处在对方那种立场、角度、心情时,会怎么想、怎么做?将心比心,让他设身处地去理解、体谅对方,从而缩短与对方心理上的距离。几乎在每一个纠纷调解过程中都会用到换位思考的调解方法,其重要性不言而喻,在某些当事人刚愎自用、固执己见、爱争强好胜的纠纷中该方法效果更为显著,而对具有反社会型人格或极端自我中心的当事人用处不大。通过换位思考,双方会逐渐体会到对方的难处,慢慢转变敌对的想法和态度,并对调解方案作出调整和让步。[1]

使用换位思考法有两个要点:①当事人能成功换位的前提是调解员在调解过程中能站在各方当事人的立场和角度来看待问题,真正理解他们的感受及想法,找出对方当事人最易产生共鸣的点或对方当事人所不了解的苦衷并细致描述,从而引导双方换位思考。②换位思考法不应在双方情绪激动时使用,当人沉浸在纠纷所带来的负面情绪中时,感受到的更多是愤怒、怨恨、悲伤,此时,要求他们去换位思考,其实就是在让他们反复回到冲突爆发的那一刻,并不断强化他们的负面情绪。因此,调解员应当等当事人情绪平复,恢复理智后,再引导双方换位思考。

---

[1] 张晓秦、刘玉民主编:《调解要点与技巧》,中国民主法制出版社2009年版,第214页。

范例：

疫情期间，小张带着发烧到41℃的儿子小宝来到医院。此时儿科大夫李医生已下班，但他立刻对小宝进行了诊治。诊治过程中医患双方因彼此态度问题发生口角并大打出手。调解员调查清楚事实后，进行了劝导。他先指明了医生当时已经持续工作了十多个小时没有休息的事实："小张，你设想一下，什么都不做，就坐十多个小时一动不动，你什么感觉？要是再加上不停工作，连喝水上洗手间的时间都没有呢？治病救人的确是医生的责任，可是当时李医生已经下班了，他完全可以不理你，让你去找当值的医生，但是人家并没有这样做，而是马上重新坐回去给小宝看病。你自己想想，老板在你没吃饭、没休息的情况下让你无条件加班，你能做到毫不犹豫、毫无怨言、心态平和吗？"

接下来，调解员对李医生阐述了患者家属情绪激动的缘由："李医生，你也是有孩子的人，知道孩子就是父母的心头肉。小张的孩子发烧到了41℃，他又不像你有医学知识，无法判断小宝生了什么病、后续发展会是怎样的，难免担心着急，说话做事就容易冲动。医者仁心，希望你能多体谅体谅小张焦急的心情。"

操作训练三

【训练目的】

熟练掌握换位思考法。

【训练材料】

居民张某下岗后为了生计在楼下开了棋牌室，整日人来人往，喧闹嘈杂，影响了楼上王某孩子的网课学习。双方矛盾不断激化。2022年4月的一天，双方大打出手。张某持啤酒瓶将王某的头部打破。次日，王某的弟弟带着凶器要对张某实施报复。人民调解员调查清楚事实后，进行了劝导。他先拉住王某弟弟，劝说道："如果你下岗后开个棋牌室谋生，却有人不让你的小店营业，你会怎么想、怎么做？"

回过头，调解员又引导张某为王某着想："小张，你也站在王某的角度想一想，孩子的学习是会影响孩子一生的大事啊！"

【训练要求】

阅读材料后作以下分步练习：

第一步：以两人为一小组，共同讨论以下问题：调解员用了什么调解方法技巧？除使用该方法技巧外，你认为还可以使用哪些方法技巧？调解员在使用该方法技巧时有哪些地方你认为可以进一步优化？

第二步：两位组员轮流扮演调解员与当事人，分别对王某与张某练习使用换位思考法。

第三步：老师随机选择小组，由一位组员展示第一步讨论成果，另一位组员展示调解方法的使用，并由其余同学点评。

(四) 利弊分析法

利弊分析法是指调解员从各方面为当事人分析接受调解或接受某一调解方案的利和弊，从而引导当事人作出最理性最有益的选择。弗洛伊德说过，一个人做一件事，不是为了得到一些乐趣（利），便是为了避开一些痛苦（弊）。所以，利弊是做与不做任何事情的理由。几乎任何一个选择都是利弊共存的，既然我们没法找到只有利没有弊的选择，我们就要学会权衡。当事人在面对纠纷时往往思想具有局限性和片面性，容易固执地盯着事情利的一面或者弊的一面，从而坚持自己的观点不肯妥协。作为调解员，就要启发、引导当事人从事情的多方面对利弊进行综合分析和思考，在客观权衡之下做出最有益的选择。利弊分析法是在调解中最常用的调解方法，同时，它又是一个综合的调解方法，利弊分析法的运用往往也需要运用到法律宣教法、情感融合法等其他调解方法。

利弊分析法多用在劝说当事人使用调解而非其他纠纷解决方式时，或引导当事人对一调解方案进行考量时。在劝说当事人接受调解时，可以引导当事人进行利弊分析的因素主要包括：时间、精力的投入；解决纠纷的经济成本；对工作、生活等的影响；对未来需维系的人际关系、情感关系的影响；对个人声誉的影响；若调解不成涉诉的成本和支出；败诉的风险；胜诉以后执行不能的风险；案件的社会影响；等等。在引导当事人对特定调解方案进行考量时，我们可以采用权重法，步骤如下：①画出下述表格；②分别列出该方案的优势因素与劣势因素；③审核各项因素并根据重要性赋分；④得出该方案的合计分数，与其他方案进行比较并作出结论。

序号	优势		劣势	
	因素	权重	因素	权重
1				
2				
3				
……				
合计				
结论				

范例：[1]

1999年，家住东阳市某镇的张某在河南办家具厂期间与未婚的胡女士发生了婚外情，并于次年农历九月生下了一女儿。2003年由于办厂出现亏损，无力经营，张某把厂转让后自行一人回到东阳，其女儿一直由胡女士抚养。胡女士没有稳定的工作，女儿也到了上学的年龄，抚养女儿存在着相当大的困难，在十分无奈的情况下，胡女士带着女儿从河南千

---

［1］ 浙江省司法厅编：《优秀调解案例选编》，第127~131页。

里迢迢来东阳找到张某，要求张某支付抚养女儿至成年的一半费用。可是，胡女士受到了张某家人的谩骂，甚至要打她。胡女士伤心欲绝，人生地不熟的她不知该如何是好，后经有同情心的群众指点，胡女士来到东阳某镇妇联求助，妇联了解情况后，当即告知可以向镇调委会提出调解申请，于是胡女士听取了妇联的建议申请调解。

镇调委会首先为胡女士母女在吃住等生活方面提供必要的帮助。按照胡女士反映的情况，调委会迅速找到了张某了解情况。可是，当胡女士领着调解员来到张家，张某的家人坚决阻止胡女士和张某见面，也反对调解人员主持调解解决孩子的抚养问题。

调解人员意识到，调解的关键必须是先做好张某妻子的工作，否则只能通过诉讼途径解决，但打官司对胡女士母女俩来讲并不容易。因此，调解员决心做通张某妻子的工作。调解员从四个方面进行了劝说：摆事实，女孩出生已成事实，回避不了。讲法律，"父母对子女有抚养教育的义务，父母不履行抚养义务时，未成年的或不能独立生活的子女，有要求父母付给抚养费的权利。""非婚生子女享有与婚生子女同等的权利，任何人不得加以危害或歧视。""非婚生子女的生父应负担子女必要的生活费和教育费的一部或全部，直至子女能独立生活为止。"讲道德，抚养未成年的子女是中华民族的传统美德，尽管张某和胡女士的婚外情是不道德行为，但孩子是无辜的，应当得到与婚生子女同等的待遇。讲社会影响，双方在不能自行协商解决的情况下，调解解决纠纷是非常好的选择，双方可以互谅互让、平等协商达成调解协议；如果放任不管，只会把事情闹大，对自己、对正在读大学的儿子、对整个家庭都会产生不良的社会影响。

通过思想工作，使张某妻子认识到："虽然自己也是受害者，在精神上承受巨大的痛苦，但是考虑到自己的儿子正在上大学，目前家庭也算和睦，丈夫平时也不是拈花惹草之人，还算本分，可能是当时一时的糊涂所至"。这样，张某妻子有了同意调解的意思。

范例点评：调解员为做通张某妻子的工作，采用了利弊分析的调解方法，从事实、法律、道德以及社会影响四个方面着手分析，非常透彻、非常到位，促使当事人权衡利弊，最终选择用调解的方式解决这起纠纷。

在运用利弊分析法时要注意因人而异。每个当事人所在意的方面是不同的，对一个年收入2万元的职工来说损失10万元是个很大的弊端，而对于年收入100万元的企业主来说10万元的损失可能并不算什么，但声誉的损失是不能接受的弊端。所以调解员在运用此法时要做好前期的调查摸底工作，了解当事人最在意、最不愿损失的是什么，然后有针对性地展开利弊分析。

操作训练四

【训练目的】

熟练掌握利弊分析法。

【训练材料】

为多赚房租，某小区 6 楼房东赵某把阳台改成了厨房，不料租客李某在使用过程中发生漏水并渗透到了楼下。5 楼房东韩某靠近阳台的卧室吊顶大面积被渗透，阳台移门和部分家具受损。

"你们家漏水给我带来麻烦，要赔我 5 万块钱。"韩某很是气愤。但赵某认为自己把房子租出去了，是租户的过错，不愿意承担这笔费用。

双方争执不下，将事情发布在业主群，希望业委会居中调解。

【训练要求】

阅读材料后作以下分步练习：

第一步：以两人为一小组，两位组员轮流扮演调解员与当事人，分别对赵某与韩某练习使用利弊分析法。

第二步：老师随机选择小组展示利弊分析调解方法的使用，并由其余同学点评。

（五）法律宣教法

法律宣教法是指调解员在调解过程中向当事人讲解法律规定，纠正他们的某些错误观点，让他们意识到自己的有些行为和主张是于法不符的，若他们一意孤行可能要承担对他们不利的法律后果，从而引导当事人按照法律规定的思路寻找纠纷的解决办法。

案例引导法也是法律宣教法中较常用的一种调解方法。案例引导法是指运用调解成功的相似案例或者法院的相似判例，以案说法进行剖析，让双方当事人结合案例，对纠纷重新思考，最终达成调解协议。从心理学角度讲，每个人都有对比心理和衡平心理。对有些案件的当事人，仅凭口头讲解法律规定来进行说服教育，效果并不明显。调解员可以在调解过程中寻找对比的参照物——判例给当事人看，使当事人了解这类案件的处理原则及处理结果，让当事人自己找到心理平衡点。

范例：[1]

肖某系洛阳市西工区某小区的业主。疫情防控期间，小区物业公司为加大对进出人员的管理，在小区大门处新安装了一套门禁设施，提出每户居民在登记完居住信息并缴纳 2020 年物业费后，可领取 3 张门禁卡。2020 年 2 月，肖某前往小区物业申领门禁卡，物业公司以肖某未缴纳物业费为由拒绝发放。肖某认为物业公司将物业费和门禁卡捆绑的做法不合理，便与物业公司经理韩某发生争执，后肖某来到社区人民调解委员会请求调解其与物业公司之间的纠纷。

调解员在实地调查并查阅相关法律条文后，告知物业公司小区业主有自由出入小区的权利，物业公司将小区物业费与门禁卡发放进行捆绑，侵犯了业主对房屋的所有权和居住

---

[1] 2021 年司法部《人民调解工作指导案例》，案例编号：HNYRTHZ1600243020。

权,是违法行为。同时指出,业主享受了物业服务,也要按照《物业服务合同》及时足额缴纳物业管理费用,长期拖缴物业费,影响物业公司正常服务活动的开展,自身也要承担相应的法律责任。通过调解员的调解,物业公司表示不再将门禁卡和物业费用挂钩,同意为所有业主发放门禁卡,肖某表示将按时履行缴纳物业费用的义务,双方达成一致意见并签订调解协议。

范例点评:在本起纠纷调处过程中,调解员对当事双方的权利与义务分析得十分透彻,使当事人心服口服,为下一步调解协议的签订创造了条件。而调解员对双方权利义务告知的过程就是法律宣教调解方法的运用过程,对法律规定的讲解并不意味着宣读法条,而是要结合案件的具体情况来分析法律的具体适用。

法律宣教法的适用对象大多是法律意识淡薄、法律知识缺乏的当事人,他们往往按照自己固有的思维和意识分析和处理问题,局限在自己的利益圈内。这就要求调解员有足够的耐心,特别是在某些涉及农村的案件中,当事人的文化水平低,有的甚至是文盲,在讲述有些法律问题时往往需要反复地表述和解释,而当事人多是听不进去,"认死理"。这就要求调解员能用通俗易懂的语言,有时甚至要用一些土语方言来解释某些问题。[1] 调解员的耐心不仅可以让当事人对调解有新的认识,同时拉近调解员与当事人的关系。在适用法律宣教法时,根据纠纷情况的不同,需要调解员耐心再耐心地向当事人释明法律,也会需要调解员运用严厉的语气、简短明了的语言、严肃的语态对当事人进行法律震慑。

(六) 道德感召法

道德感召法是指调解员在调解过程中运用传统美德的要求启发感召当事人,提高其思想认识,端正其道德观念,最终促使当事人做出符合道德要求的行为。在调解过程中,道德感召法时常会与法律宣教法结合运用,两者的结合可以大大提高对当事人的说服力。

范例:

余某与金某都是江西某村人,经媒人介绍相识,2019年2月登记结婚,结婚前金家按照该村的风俗拿出10万元彩礼钱。婚后半年余某出外打工,余某在外出打工期间与另一个工友相识产生了感情。2020年2月,余某提出离婚,金某在劝说无效的情况下同意离婚。双方协议离婚后,金某母亲请求余某家返还彩礼,余某不予以理睬。金某妈妈向村调解委员会申请调解。

在调解员与余某沟通时,余某表示自己已经咨询过律师,律师说只有双方未办理结婚登记手续的;或者双方办理结婚登记手续但确未共同生活的;或者婚前给付并导致给付人生活困难的才需要返还彩礼,自己这种情况依据法律规定不需要返还彩礼,而且10万元钱已经被用完了。

---

[1] 北京市朝阳区人民法院民一庭编:《诉讼调解实例与研究》,中国法制出版社2007年版,第63页。

调解员于是对余某劝说道:"从法律规定来说或许律师说得对,但人不是只生活在法律条文中的。你和金某结婚以后又爱上了其他人,你的行为从道德上是说不过去的,我想你在内心也是觉得对金某有所亏欠的,只是不愿意表露罢了。再说,你和金某是同村人,如果你先有外遇又一分彩礼也不肯归还,我想你可以猜想到村里的人会如何说你,如何说你爸妈,即便你今后嫁给了工友去了外地,也不可能一辈子不回家,何况你爸妈还要在村里生活下去。钱没了还可以赚来,但面子丢了可能一辈子都不能抬起头来做人,我希望你再仔细想想。"

听了调解员的话,余某回家考虑了一天后同意还给金家8万元的彩礼钱。

在运用道德感召法时要巧妙地运用社会舆论对当事人的影响力,因为大多数纠纷当事人都会很在意周围人对他们的道德评价,如果当事人的行为明显违背道德的要求,肯定会受到舆论的谴责,舆论的压力会促使当事人选择更符合社会道德观念的行为。

(七) 情感融合法

情感融合法,是指调解员对有经济合作、亲情关系的当事人动之以情来开展调解工作的方法。调解员应当在了解双方合作或感情的基础上,让当事人冷静下来,理性思考一下继续合作、保持亲情的重要性,从而化解矛盾,握手言和,达成调解协议。[1] 情感并非只能是任性和不公正的,事实上它可以作为法律价值的来源,儒家"中和"的思想在我国古代倍受推崇便是明证。受传统思想的影响,当事人在法律的框架下,乐于进行情理方面的思考,这也可以说是我国的国情。有时法律看上去"冷冰冰"的,但结合这些情感因素可能收到意想不到的效果。[2]

一般来说,调解员应该更关注"未来"而不是"过去",但在运用情感融合法时往往需要用到回忆过去法。如果双方当事人过去曾有过良好的关系,可以通过询问过去的情况唤起当事人的回忆。共同回忆过去的做法让当事人暂且搁置眼前的冲突,由主观上的抵触情绪转向寻找引起矛盾的客观因素。回忆过去的方式实际上利用了原有的关系资源,特别有助于特定关系仍将存续的当事人之间矛盾的解决,回忆能唤起他们对原有良好关系的渴望,有助于抑制冲突情绪。回忆过去还有一个好处就是当事人可以设身处地地思考自己的执着是否有意义,或许有其他更美好的东西值得自己去争取,在这样的情况下,当事人会作出一定的让步。对自己利益的让步是调解达成的基本前提。[3]

在运用情感融合法时还需要注意可利用的其他感情因素,不要只盯着纠纷当事人间的感情因素。

---

[1] 张晓秦、刘玉民:《调解要点与技巧》,中国民主法制出版社2009年版,第341页。
[2] 北京市朝阳区人民法院民一庭编:《诉讼调解实例与研究》,中国法制出版社2007年版,第82页。
[3] 李傲主编:《法律诊所实训教程》,武汉大学出版社2010年版,第173页。

范例：

一对夫妻因感情不和而离婚，孩子归女方抚养，女方要求男方一次性付清孩子12年的抚养费。男方虽然完全有能力支付，但由于夫妻感情已经破裂，如同"仇敌"，感情上存在障碍，心理上认为这钱是给孩子他妈的，不愿支付。调解员的一席话说服了他。

调解员是这样说的："这笔钱虽说是交到了孩子妈妈手里，可最终都还是花在你女儿身上。你不是孩子的爸爸吗？你不是放心不下女儿吗？你女儿长大了就会知道，爸爸是爱他的，爸爸没有丢下她不管。你这钱花得多值得，花在了大处。要看得远些，多给几元钱，对你来说不算什么，可事情却办得漂亮啊！多有男子汉风度啊！"

范例点评：这段话把男方对女方的逆反心理转移到了父女情义和做父亲的责任感上，从情感上打动了男方，消融了他的心理障碍。所以情感融合法不仅要考虑到当事人之间的感情，还要考虑到当事人与其他相关人物的感情因素，比如父子（女）感情。

在调解实践中，法律宣教法、道德感召法、情感融合法并不是孤立使用的，调解员通常会将三种方法相结合，在遵照合法性原则、严格以法律为准绳的基础上，灵活运用公序良俗的要求与当事人间的感情基础进行调解，即情、理、法相结合的调解技巧。

操作训练五

【训练目的】

熟练掌握法律宣教法、道德感召法、情感融合法；掌握情、理、法相结合的技巧。

【训练材料】

小明、小亮两兄弟幼年丧父，小明18岁时，母亲王某带着两兄弟改嫁，与方某结婚组成新家庭。此后不久，小明经人介绍离家打工，而此时弟弟小亮仍在读小学，与母亲、继父继续生活在一起。方某与王某吃苦耐劳，一家人的生活很快有了起色，但两人间摩擦不断，在磕磕绊绊中，小亮也终于长大成人，与哥哥小明都组建了自己的小家庭。2018年，母亲和继父终因矛盾难以调和而离婚，此后小明、小亮和母亲不再与方某来往。

2022年，两兄弟突然收到法院传票，原来方某到法院提起诉讼，称自己把小明、小亮抚养长大，形成了抚养关系，现在年老无劳动能力和收入，且身患疾病，要求二人每人每月支付赡养费1000元，今后的医疗费用每人各承担1/2。小明辩称，其在母亲再婚两个月后就外出打工赚钱养活自己，未与继父形成抚养关系，不同意赡养。小亮辩称，他是靠母亲辛苦赚钱及亲朋接济长大，与继父未形成抚养关系，且母亲已与继父离婚，继父无权要求其赡养。

【训练要求】

阅读材料后作以下分步练习：

第一步：请学生讨论：继子女对继父母有赡养义务吗？相关法律依据是怎样的？具体到本案中，小明对方某是否有赡养义务？小亮呢？

第二步：将学生分为三个大组，每个大组再分为三个小组。三个小组承担的模拟角色分别是方某，小明、小亮兄弟和调解员。要求第一个大组仅使用法律宣教法进行本纠纷调解的模拟演练；第二个大组仅使用道德感召法进行本纠纷调解的模拟演练；第三个大组仅使用情感融合法进行本纠纷调解的模拟演练。模拟演练时间为5分钟。

第三步：请三个大组的同学讨论：法理宣教法、道德感召法、情感融合法的优势和劣势分别是什么？如果在本次调解中允许你们使用别的调解方法你们是否会选择使用？在何时使用？为什么？

第四步：分别请三个大组中扮演调解员小组的同学们上台发表讨论结果，由台下同学和老师就讨论结果进行进一步的讨论和点评。

（八）热、冷处理法

热处理法是指调解员在各方分歧不大时，加快推动调处进程的方法。这一策略一般适用于当事各方共同利益明显、当事各方在认识上基本一致或当事各方希望尽快解决纠纷、合作愿望强烈的情形。

冷处理法是指当解决矛盾的时机还不成熟时，或者当双方都处于情绪冲动认知狭窄的不理智状态时，可以先设法使各方冲动的情绪得到冷却，恢复理智，维护现状，然后再择机进行调解，或者通过时间的积累，待矛盾本身逐渐消除后再加以调整的解决方法。[1] 冷处理法一般适用于一方或双方对立情绪较大，矛盾极易激化的纠纷，或当事人原本有较深的感情基础，一时冲动未能恢复理性的纠纷。

范例：

2007年6月3日（周日）中午12时30分左右，某市某中学高一学生陈某从宿舍6楼坠落，当场死亡。该市公安局迅速赶往事发现场做了勘察，排除了他杀的可能。死者家属闻讯后悲痛欲绝，情绪非常激动，难以控制，与校方发生激烈争执。校方认为陈某属于自杀行为，校方不承担赔偿责任。死者家属认为陈某生前是一位活泼开朗的少女，早上活生生地来读书，中午却无故死在校内，校方有不可推卸的责任，应承担主要过错。并扬言不给个合理的说法，就将陈某的尸体运回校内，为死者搭棚祭奠亡灵。为防止事态扩大和矛盾进一步恶化，省公安厅领导做了专题批示，该市教育局、公安局组建联合工作小组，考虑到6月7日至9日近千名学生将在该校参加高考，如果此案处理不当，极易引发群体性事件，这不仅将影响到学生参加高考，而且由此产生的负面影响无法估量。为此工作组要求当地街道人民调解委员会尽快介入，进行调解。

6月6日，调委会召集双方当事人进行第一次调解，调解中双方对陈某之死的责任认定进行了激烈的争论。死者家属提出共计700多万元的补偿要求，而校方认为陈某属自杀

---

[1] 张晓秦、刘玉民：《调解要点与技巧》，中国民主法制出版社2009年版，第176页。

行为，学校没有责任，最多从人道角度补偿10多万元表示安抚。由于双方在责任认定和补偿额上的意见相距甚远，致使调解工作陷入僵局。调解员根据本案的具体情况，及时指出双方在责任认定上的错误认识，认为校方对学生陈某之死应承担一定的责任。理由有三点：一是6月3日是周日，校方未经教育行政主管部门特许的情况下进行教学活动；二是陈某在校内意外死亡，说明校方在学生安全防范措施上有不足之处；三是案发前班主任老师就陈某与同学打架等事找其谈话，处理过于简单，没有很好地化解矛盾。同时，调解员认为死者家属提出的补偿要求过高，缺乏法律依据，不能得到支持。当死者家属听到校方承担一定赔偿责任的分析后，情绪逐渐稳定下来。通过调解员耐心地说服工作，最后，死者家属同意用调解方式来解决与校方的赔偿纠纷，并答应在调解期间不采取任何过激行为。由于双方在赔偿数额的意见上相差巨大，调解员在征求多方意见后，决定在6月9日再次召开调解会议，并建议双方当事人在8日至9日两天时间里向相关的法律机构进行咨询，各自拿出一个既合法又合情的赔偿方案，作为下一次调解协商的基础。

在6月9日的调解会上，死者家属提出了70多万元的补偿方案，认为陈某可参照交通意外死亡事故赔偿标准。校方指责家属不切实际漫天要价，死者家属指责校方无解决问题的诚意。调解工作再度陷入僵局。调解员根据实际情况决定采用背靠背方式分头做工作，一边平息家属激动情绪，讲清法律关系，阐明陈某不应参照交通死亡事故赔偿的道理，对一些不切实际的要求应该放弃。一边明确告知校方，如果调解不成，必定走司法途径，由此引发的社会负面影响是政府和校方所不愿看到的，这更不符合省重点中学的利益。通过多方分析和耐心工作，校方同意在赔偿的基础上，考虑到家属是晚年丧女，从人道角度再作些补偿。通过多轮协商和背靠背分头工作，最终使双方达成调解协议：①校方一次性支付死亡赔偿金182 650元；②丧葬费13 783.5元；③精神抚慰金50 000元；④对死者家属的道义补助133 566.5元。

范例点评：在6月6日的调解会议中，调委会依据调查的事实明确了双方的过错责任，使对立双方有了协商的基础，但面对赔偿金额的巨大差距，调解员没有选择强行调解，而是给双方一定的考虑、咨询时间。这便是运用了冷处理法这一调解方法。

需要注意的是，调解员之所以选择冷处理是因为双方当事人当时都处于不理智状态，情绪冲动，认知狭窄，在这种情况下，正在气头上的当事人什么话都听不进去，所以调解员即使进行说服劝说也会是无效的。但冷处理不等于不处理，调解人员要临阵不乱，冷静思考，首先，采取有效的办法和策略防止事态扩大或蔓延，更要杜绝纠纷的激化；其次，想办法创造适宜调解的时机，比如让当事人自己去咨询律师促使其放弃不切实际的期望值；最后，要时刻了解纠纷当事人思想和行动的变化，关注纠纷的发展进程，一旦出现适宜的调解时机，就要抓住机会及时调解。

（九）多方协助法

多方协助法是指调解员在调解过程中根据需要邀请当事人的亲属、朋友、有一定专门知识的专业人士以及当事人所在社区的基层组织、家庭长辈等人员参与调解，请这些案外人运用感情、权威、声望等对当事人施加影响，改变其态度，促使当事人达成调解的方法。

范例：[1]

唐先生与妻子王女士通过相亲结识，因二人年纪都已过30岁，恋爱不到半年便结婚了。一年后，王女士产下一子。哺乳期间，王女士发现丈夫与同事金某有私情，非常生气，跟丈夫哭闹。唐先生则承认与妻子没有感情，提出离婚，王女士同意。协商之后，双方协议离婚，双方现有住房归王女士所有，儿子因尚在哺乳期，只能由王女士抚养，唐先生每月给儿子抚养费1000元，周末可以探望儿子。双方婚姻时间持续较短，没有过多的共同财产，因此只写了简单的离婚协议，没有就探望儿子的具体时间和方式作约定。

离婚后，唐先生每周五晚上便去王女士居所，将儿子接走，直到周日晚上才送回。一开始王女士和家人并没有什么意见，觉得父亲疼爱儿子也是应该的。随着时间的推移，王女士心里越发不是滋味，因为自己平时上班，也只有周末能长时间陪伴儿子，但这些时间都被唐先生挤占了。于是，王女士提出：唐先生的行为违反了协议约定，唐先生周末可以探望儿子，但不能将其带走。唐先生则认为协议并没有说探望就不能带走儿子，觉得王女士无理取闹。王女士更加生气，甚至在周末将孩子藏起来不让唐先生见，理由是唐先生已经有了新的恋爱对象，不适宜探望儿子。双方越闹越大，谁也不肯让步，邻居都知道，一到周末王女士家就像打架一样。唐先生的姐姐认为长此以往情况会更加恶劣，找来了调解委员会的张主任帮忙。张主任了解情况后，到王女士家劝说，告诉她"孩子的父亲有探望孩子的权利，这是法律规定的，谁也不能剥夺，所以你这样做是不妥的"，张主任建议他们另写一份协议作为补充，具体约定父亲探望儿子的时间和方式，比如周六可以带出去一整天，最晚周日早上10点钟送回等。王女士一会儿点头，一会儿摇头，好像什么道理都明白，就是在气头上，怎么也不肯松口。

张主任发现以自己的力量好像不能说服王女士，也难以解开她的心结，于是叫来了王女士的闺蜜以及与她关系很好的大姑子，也就是唐先生的姐姐唐女士。唐女士轻拉着王女士的手说："你和我弟虽然有缘无分，但也没结下什么大的冤仇，现在因为看孩子这一点小事再闹得不愉快是不值当的，对孩子也不好。他确实有做得不好的地方，他刚才也说了，你们都疼孩子，把周末适当分分，这事儿不就解决了吗？至于你担心他新处的对象，这点你完全可以放心，周末的时候他就一心陪孩子，都不怎么陪人家姑娘，就算三人在一起，姐姐也可以担保，那姑娘好心肠，能看得出来她特别喜欢这孩子。"王女士认真听着，慢慢松了一口气，脸上的神色缓和了很多。王女士的闺蜜也批评她不让爸爸见儿子有点过

---

[1]《人民调解工作法律实务丛书》编写组：《人民调解方法技巧与法律知识》，中国法制出版社2020年版，第20页。

分,她见过唐先生带孩子,确实非常负责用心,希望王女士也不要再计较往事,一切从孩子的健康成长出发,也以乐观的心态去追求自己的幸福。王女士微笑着点头,表示同意:"我们再补充个协议吧,他周末想多陪陪孩子也没事,要是有什么特殊情况我们再商量就行。你们放心吧。谢谢大家了。"就这样,王女士的心结解开了,虽然她与唐先生离婚了,但相信良好的关系能带给孩子完整的父爱和母爱。

范例点评:调解员在调解本案的过程中让王女士的闺蜜与大姑子到场参加,利用第三方视角,让王女士从对往事的怨怼中解脱出来,厘清怎样才是对孩子更好的相处方式。此处调解员运用的就是多方协助法,其效果非常明显。需注意的是,调解员在运用该技巧前已查明闺蜜、大姑子与王女士的关系及她们对该纠纷的看法,否则可能起到相反的效果。

调解员在运用多方协助法时需要注意,在确定协助自己调解的第三方时要先进行调查摸底,调查的重点应着眼于谁对当事人有影响力,谁对促成调解有帮助,因为使多方协助法发挥功效的关键点是寻找到既对当事人有影响力又对促成调解有帮助的案外第三人。

(十) 解决主要矛盾法

解决主要矛盾法是指在调解过程中要抓住主要矛盾进行调解,就是要依照每一个纠纷的具体情况,分析在这个纠纷发展过程中起决定作用的矛盾,正确地决定调解工作重心和解决问题顺序的调解方法。[1] 这就要求调解人员要善于调查研究和理性分析,找出纠纷产生的原因、争议的焦点和纠纷中的关键人物。

范例:

郭某两年前与吴某结婚。婚后生活美满,谁知祸从天降,其夫有一天突遇车祸死亡。而此时,郭某已身怀有甲。狠心公婆将肇事单位赔偿的10万元全部拿走,致使郭某不得已拿出两年的积蓄来支付丈夫的丧葬费。不久,遗腹子降生了。郭某一个以洗衣为生的弱女子该如何生活下去,又如何将儿子带大呢?在万般无奈之下,她托自己的一位朋友寻找收养人。但领养人不愿与送养人见面,也不愿将自己的住所告知对方,只是给了郭某5000元。郭某了解到对方的条件比自己好,有利于孩子的成长,就将亲生的孩子交由朋友送给对方领养。

想不到,这事传到她公婆耳里,并认为郭某将孩子重金卖掉。公婆气急败坏赶到郭某家要孙子,得不到孙子又得不到钱后,公婆又召集人赶到郭某哥哥家,抱走郭某哥哥的孩子作人质,并扬言要郭某限期交出孩子,如到期不交,将卖掉郭某哥哥的孩子。郭某见殃及哥嫂全家,只得连夜跑到朋友家,但朋友却告之,领养人已经辞职,不知去向了。郭某在走投无路的情况下,来到司法所。经当地公安干警的协助,几经周折,终于找到了领养人,并且了解到领养人自收养以来一直善待宠爱郭某的儿子,和孩子之间建立了深厚的感

---

[1] 王红梅编著:《新编人民调解工作技巧》,中国政法大学出版社2006年版,第84页。

情,不愿交还孩子。

司法所的调解员意识到该纠纷很容易激化,于是主动介入调解。负责此案的调解员在了解信息后,决定先用背靠背调解的方式,他计划找郭某、郭某的哥哥、郭某的公婆、领养人进行调解。在沟通顺序的安排上,调解员先找了郭某的哥哥,因为调解员认为面对一个随时可能激化的纠纷,最容易让纠纷升级的那个当事人就是当下的主要矛盾。面对自己孩子随时可能被卖掉的威胁,郭某哥哥情绪失控,到处纠集人准备去郭某婆婆家闹事,所以调解员首先找到他,劝说他要相信政府、相信公安干警,不要做不理智的行为以免事后后悔。

在郭某哥哥的情绪得到初步稳定以后,调解员判断此时的主要矛盾已经转到郭某婆婆身上,只有其交回郭某哥哥的孩子才能真正防止纠纷的激化,于是调解员和当地公安干警一起马不停蹄地找到郭某婆婆,向其严肃地告知了其行为的错误程度和法律后果,敦促其尽早交回郭某哥哥的孩子。郭某婆婆迫于公安干警等多方面的压力交回了孩子。

纠纷激化的导火线虽然被掐灭了,但纠纷并没有解决,此时的主要矛盾又变成了郭某的孩子是否能领回的问题,调解员找到了领养人,运用了换位思考、利弊分析、法律宣教、道德感召等多种调解方法,并寻求领养人所在社区和所在单位的多方协助,终于说服其交回了孩子,从而解决了本纠纷中最根本和最主要的矛盾。

从表面来看,纠纷似乎已经解决,但如果郭某的收入情况仍然处于"朝不保夕"的状况,其公婆的思想疙瘩不解开,纠纷就有可能再次发生。所以调解员再次找到郭某公婆,运用换位思考、道德感召和情感融合等调解方法对其进行了耐心细致的思想工作,希望其以后能够对孙子多关心、多爱护,而不是不理不睬。最后调解员找到郭某,先批评了其送养孩子的行为,然后了解其具体的生活困难,找到了郭某所在的社区帮助郭某寻求工作机会,尽量帮助郭某解决实际问题。

范例点评:调解员在本纠纷调解过程中就是抓住了纠纷的每个发展阶段的主要矛盾来进行调解的。

调解员抓住主要矛盾进行调解是建立在对纠纷全面深刻的认识和准确把握之上的。主要矛盾是会随着纠纷的发展进程转化的,解决主要矛盾法并不等于只解决主要矛盾,而是不仅要善于抓住中心,抓住关键,而且要时刻注意矛盾的转化,要统筹兼顾,适当安排,在主要矛盾得到缓解的情况下也要注意处理好其他次要矛盾。

(十一) 实际问题解决法

实际问题解决法是指在调解民间纠纷时,调解员不仅要说服教育当事人消除思想上的隔阂,而且要切实帮助解决纠纷所涉及当事人的实际困难和问题。有些纠纷,如果不从实际问题上解决当事人的困难,仅仅靠做当事人的思想工作是不能达到彻底化解纠纷的目的的。

范例:[1]

2004年1月,湖州市吴兴区某镇人民调解委员会吴副主任接到安徽籍包工头俞某的电话,因拿不到承建公司的工程款,无法发放民工工资并支付工程材料款,他准备带领83名民工到市政府集体上访。不等吴副主任开口,俞某就匆忙挂了电话;紧接着电话又急促响了起来,打来电话的是俞某承包项目的承建公司负责人,说是有近百名民工手持凶器,将公司现场团团围住,随时可能发生不测事件。吴副主任搁下电话就心急火燎地直奔现场。

现场一片混乱。众多民工手持铁棒、菜刀等器械紧紧把守在公司大门外并对着公司里面叫骂,不少民工正在冲撞大门,企图冲进去。事态非常严重,重大事件随时可能发生。吴副主任一面叫其他调解员紧急向镇领导汇报、通知派出所派人维持秩序,一面奋力推开人群,向最里面挤进去,还没站稳,就大声叫道:"请大家冷静,我是镇调委会的负责人,有什么事我给你们做主。"有认识她的民工说道:"她就是经常为民工讨工资的那位吴大姐。"但更多民工却嚷道:"一个女人能给我们做什么主,别听她的。"为了赢得时间,吴副主任一面拨开向她伸来的棍棒,一面在嘈杂声中提着嗓子解释。正在民工情绪起伏不定的时候,派出所民警赶到,并迅速控制了现场。

吴副主任心里清楚,场面虽然暂时得到了控制,但要把民工劝离现场是不可能的,特别是离春节只有5天,民工正急等着拿工资回家,如果不能马上处理,纠纷依然会激化。为了确保纠纷能得到快速调处,她立即与法院取得联系,要求对该公司的财物马上进行清点查封。这一措施即刻产生了两个方面的效果,一是吵闹不休的民工安静下来了,并向她投来敬意和信任的目光;二是口惠而实不至的公司负责人不再强调公司现在没钱了,而改口为愿意协商解决。吴副主任借机把公司负责人请到一旁,向他严肃地指出,拖欠工资不但是一种不道德的行为,也是一种违法行为,由此产生的群体事件、公司人员意外事件都要由公司负责。公司负责人在吴副主任的严厉批评下,愿意马上结清农民工工资,但同时提出包工头俞某必须到场。吴副主任认为公司这一要求合理,就马上与俞某联系,但俞某此时已逃离现场。经电话联系,得知他因在事发现场受到几个拿不到钱的材料供应商的威胁,仓皇跑走了。吴副主任再与派出所协商,并向俞某保证由民警将他护送过来,再由民警将他护送离开,俞某这才同意回来。一切协调妥当后,公司也以最快速度将筹到的工资款送到现场。在吴副主任的主持下,83名民工如数领到了应得的45.5万元工资。

范例点评:向民工宣讲闹事的法律后果,请派出所民警协助控制现场虽然能够对民工起到震慑作用以稳定场面,但纠纷并没有解决,导致纠纷激化的因素还在。吴副主任在向欠薪公司负责人宣讲法律的同时借助法院的力量,迫使其及时筹款付清工资才使得纠纷彻底得到解决。因此,一些因实际困难引起的纠纷需要调解员在解决当事人思想问题的同时,也要解决好当事人的实际问题,这样才能真正解决好纠纷。

---

[1] 浙江省司法厅编:《优秀调解案例选编》,第5~7页。

（十二）模糊处理法

模糊处理法是指调解员在对纠纷进行调解时，对一些非关键又无法调查清楚的事实不进行深入调查，对当事人之间的一些非原则问题不进行细致的分析和探究，而是粗线条地作出处理的调解方法。

调解人员运用模糊处理法并不是无原则的调和、各打五十大板，而是建立在以法律和政策为依据，分清是非责任，保护受侵害一方当事人的合法权益，让有过错方承担相应义务的基础上的。模糊调查法、模糊调解法和模糊批评法都属于模糊处理法，调解员可根据具体情形来选择适用。[1]

模糊调查法往往适用于民间纠纷所涉及的有些非关键事实无法调查清楚或没必要调查清楚的情况。调解员在纠纷的基本脉络清楚可以分清责任的情况下就可以开展下一步的调解工作，没必要弄清纠纷的每一个细节。

模糊调解法是指在商定具体纠纷解决方案时，应把双方当事人的关注点从枝节问题上引开，引导他们更多关注对整体方案的接受度和满意度。

模糊批评法就是在调解过程中，对当事人的错误行为、错误思想，在适当时机和场合以适当的方式指出来，强调"点到即止"。

范例：[2]

小刚今年7岁，小宝今年6岁，两个小孩都居住在上海市长宁区的某小区，也在同一所小学读书。由于居住得较近，两人年龄又相仿，因此经常一起在小区内玩耍，双方家长算是认识，见面会礼貌性地打个招呼。2019年新年过后，两个孩子又在小区里一起玩，小宝的妈妈冯某正在家准备午饭，突然听到一阵急促的敲门声，还伴随着儿子喊妈妈的声音。冯某开门一看，儿子一只手捂着眼睛，见了她便大哭，说是小刚打伤了自己。冯某一看，儿子左眼上方有一道约2厘米长的伤口，还在往外渗血。冯某又气又急，来不及说什么，便把儿子送到医院救治。经医生诊断，小宝左眼上方为划伤，好在伤口只在表面，且没有伤及眼睛，医生认真地对伤口进行了处理，开了些防止伤口感染的药。

回家后，冯某和丈夫先安顿好儿子，随后便直接到小刚家讨要说法，一顿责问之后，小宝父母要求小刚父母赔偿医疗费等共计1万元，并当面向他们道歉。小刚妈妈韩某称两个孩子打架，双方都有错，小刚身上也有瘀伤，不能只让他们承担责任，但因为小宝伤得较重，他们愿意出2000元作为补偿，但拒绝赔礼道歉。事情闹到了居委会，居委会认为这事不值得闹到法院，伤了邻里的和气，便为两家请来了口碑很好的调解员程某雪大姐为他们调解。

了解了相关情况后，程某雪电话联系了两方孩子的父母，并加了他们的微信，询问他

---

[1] 王红梅编著：《新编人民调解工作技巧》，中国政法大学出版社2006年版，第91页。
[2] 《人民调解工作法律实务丛书》编写组：《人民调解方法技巧与法律知识》，中国法制出版社2020年版，第64页。

们的想法。双方还是坚持原来的观点，不肯让步，但表示愿意接受调解。之后，程某雪为他们安排了面对面的调解。

调解当天，程某雪说："我跟两个孩子都聊过了，孩子们讲的事情过程有点出入，但大体是一致的，就是两人因抢玩具闹得几句话不合，开始推搡，最后不知怎么打在一起，然后小刚衣服上的铆钉刺伤了小宝，小宝就哭着回家了。咱们对这个过程没什么大的异议吧？"见双方都摇头，便继续说："我看小刚身上确实有几处瘀伤，小宝的眼伤也总算是得到了及时有效的救治。小宝妈把票据拿出来，咱们算算花销。"小宝妈妈拿出了准备好的票据，程某雪当着双方的面算了一下，大概有4800元，便继续说"咱们这样好不好，因为孩子打架闹到法院怪不值当的，双方各让一步，以4000元为准，你们看怎么样？"见双方仍不太情愿，气氛也没有太大缓和，便叫来了两个孩子。

孩子就是孩子，两个人见面似乎已经忘记了几天前发生的事情，想要一起玩，但迫于父母的压力不敢上前。程某雪先抱着小刚问："弟弟眼睛上的伤是不是你弄的？"小刚愧疚地点点头。"那你是不是故意的?"小刚使劲地摇头，眼睛里噙着泪。就在大家都沉默的时候，小刚一声低语"对不起"让在场的大人都有所动容。程某雪走到小宝面前，蹲下去问他："你可以原谅哥哥吗？""嗯，没关系。""哥哥身上也有伤，你是不是也有错？""嗯，嗯，嗯。""以后还要不要跟哥哥一起玩。""要，嘿嘿。"小宝破涕为笑，似乎又想到了一起玩耍的喜悦。两个孩子相视一笑，程某雪便让他们先出去玩，并安排两个人照看他们。

程某雪对双方父母说："你们看，孩子心里其实已经没什么了。我知道你们都非常疼爱孩子，这我能理解，我也是妈妈。在这件事情上，咱们做妈妈的没有及时照看他们，也有一定责任是不是？现在因为一点钱的事情，如果闹得不愉快，孩子就失去了一个朋友，咱们作为父母，也就没有给他们上好宽容这一课。你们看，赔偿的事情是不是可以再考虑考虑?"听到这儿，两个妈妈都想发言，小宝妈妈冯某抢了先，说："孩子受伤我挺心疼的，所以刚才态度蛮横也是因为在气头上所致，不过现在想想小男孩打架很正常，我小时候还打过架呢。好在孩子没事。程大姐说得对，孩子受伤我也有责任。孩子们不计前嫌，能好好玩也挺好的。我知道小刚爸妈挣钱不容易，小宝本身也有错，所以我同意程大姐的建议，给3500元就行了。咱们以后还是好邻居。"小刚妈妈也非常感激，她不善表达，只说："我代儿子给你们道个歉，对不起了。我们出4000元，不能让你们太亏了。咱们就互谅互让吧。"就这样，调解协议达成，孩子们也没有失去朋友，程某雪非常欣慰。

范例点评：本案中的调解员主要运用了模糊处理法。孩子间打架是经常发生的事，至于具体的原因，谁先动的手，也经常是无法说清的。在面对爱子心切的家长时，调解员没有去具体追究谁的责任，而是在明确基本事实的基础上，建议双方各让一步。同时，又运用了多方协助法，通过对孩子的询问与引导，让他们自己讲出事情发展的经过，对自己行为的评价，最终自然地表达了对对方的歉意，使双方父母深受触动并作出让步。

操作训练六　调解方法的识别

【训练目的】

通过训练，加深学生对各个调解方法含义的理解，培养学生在调解案例中识别和学习调解方法的能力。帮助学生理解每个调解方法彼此不是孤立的，在一个纠纷调解过程中往往需要多个调解方法结合使用。

【训练材料】

2021年3月某日，新乡市红旗区某镇某小区居民易某、赵某等人来到镇人民调解委员会（以下简称"调委会"）寻求帮助，称其所居住小区内的广场上每天都有居民跳广场舞，且经常跳到深夜，噪音已经严重影响小区居民的正常生活。易某、赵某等人多次和广场舞队沟通协商，但效果甚微。因此只能求助调委会，希望调委会能彻底解决此事。

接到申请后当晚，调解员来到该小区广场上进行实地调查，发现确实有近百人在跳广场舞，音响声音传得很远。经过询问得知，在广场跳舞的有两个舞蹈队，跳舞的不仅有社区居民，还有周边住户。调解员通过走访周边居民得知，这种情况已持续了一年多，广场舞一般晚上9点之前会结束，但偶尔也会持续到晚上10点。周边居民与舞蹈队多次沟通都未找到解决办法，甚至发生过口角争执。

调解员首先安抚来访的数位居民。一方面，虽然居民有通过广场舞进行社交、锻炼的需求，他们将健身、跳舞、社交融为了一体，锻炼身体的同时也增进了邻里感情，形成了社区文化；另一方面，其他市民也有享受安静生活的权利，广场舞歌曲的节拍强劲，对于附近的居民则是一种困扰。调解员认识到，在处理广场舞引发的矛盾时，最重要的是考虑双方的需求，既要满足居民跳广场舞的需求，也要保障其他居民的利益，最直接、最有效的方式是换场地。调解员对周边环境进行了调查后，选取了适当的场所作为参考，即社区外的小广场。

调委会在详细了解情况后，组织居民代表易某、赵某和两支广场舞队代表姚某、陈某在社区调解室进行调解。当事人易某、赵某阐述诉求后，调解员向广场舞代表提出，群众对于丰富业余生活的追求不应影响他人的正常生活，在丰富业余生活的同时，应当考虑到跳舞的时间段是人们休息的时间，在行使自己权利的同时也要保障他人的权益。同时，调解员向广场舞负责人询问其跳舞的时间以及高音喇叭音量是否可控，并劝导双方换位思考，互相理解体谅。

接着，调解员向双方讲解相关法律法规，《民法典》第286条第2款第3款规定："业主大会或者业主委员会，对任意弃置垃圾、排放污染物或者噪声、违反规定饲养动物、违章搭建、侵占通道、拒付物业费等损害他人合法权益的行为，有权依照法律、法规以及管理规约，请求行为人停止侵害、排除妨碍、消除危险、恢复原状、赔偿损失。业主或者其他行为人拒不履行相关义务的，有关当事人可以向有关行政主管部门报告或者投诉，有关行政主管部门应当依法处理。"《中华人民共和国环境噪声污染防治法》（已失效）第45

条规定:"禁止任何单位、个人在城市市区噪声敏感建筑物集中区域内使用高音广播喇叭。在城市市区街道、广场、公园等公共场所组织娱乐、集会等活动,使用音响器材可能产生干扰周围生活环境的过大音量的,必须遵守当地公安机关的规定。"第58条规定:"违反本法规定,有下列行为的,由公安机关给予警告,可以并处罚款:(一)在城市市区噪声敏感建筑物集中区域内使用高音广播喇叭……"其中"噪声敏感建筑物集中区域"是指医疗区、文教科研区和以机关或者居民住宅为主的区域。如果遇到噪音扰民行为,可以向当地的居民委员会、小区业主委员会、物业等组织投诉,拨打110报警,或者拨打环保举报热线12369向当地的环保部门举报,要求噪音制造者停止侵害、排除妨碍、赔礼道歉,如果有充分证据能够证明造成物质或精神损害的,还可以依法要求赔偿。

两支广场舞队代表姚某、陈某认识到错误后,表示会听从调委会的调解方案。

【训练要求】

1. 请同学找出该范例中运用到的所有调解方法。
2. 请同学们思考在该案的调处过程中还可以使用哪些调解方法。

操作训练七 调解方法的选择和运用

【训练目的】

通过训练,培养学生根据纠纷的具体情况选择合适调解方法的能力。

【训练材料】

蒋甲年轻时时常醉酒和赌博,赌输以后经常打骂妻子和女儿,曾在酒后将当时只有10岁的独生女儿蒋乙打成骨折。其妻王某不堪忍受其所作所为,在女儿15岁时与蒋甲离婚。离婚后王某一直未再嫁,和女儿一起生活。蒋甲也未再婚,但离婚后曾和一个来杭州打工的农村妇女同居了8年后分手。蒋甲在离婚后没有去探望过女儿,其女蒋乙在成年后也和父亲没有来往。

2022年,67岁的蒋甲查出肠癌,没有固定单位的他找到女儿,要求女儿承担医疗费和以后的养老费用。蒋乙当时是杭州某小学的教导主任,已经结婚并有一个9岁的女儿,家庭幸福,面对亲生父亲的要求,蒋乙只同意拿出3万元,并且对父亲说:"我一直觉得我是一个没有父亲的人。"蒋甲向人民调解委员会申请调解。

【训练步骤】

步骤一:将学生分为八组,对此案例进行小组讨论。讨论要点为选择哪些调解方法对当事人进行劝说。用时10分钟。

步骤二:抽签决定哪个小组上台进行发言,小组的具体发言人由小组成员自行推举。

步骤三:由抽签决定的学生发言人根据小组讨论结果汇报:本小组准备在该纠纷中运用的调解方法有哪些?

步骤四:其他小组依据自己小组的讨论情况,对该同学的发言内容进行点评。

步骤五:在老师的引导下,全班同学就本案可以运用的最主要的四种调解方法达成共识。

步骤六：再抽签决定每个小组分别演绎哪一种调解方法的具体运用，每2个小组表演同一个调解方法的具体运用，8组学生将表演本案中最主要四种调解方法的具体运用。给学生10分钟的讨论准备时间。

步骤七：由教师扮演当事人，请各组同学派代表进行模拟劝说，演绎同一调解方法的两个小组进行PK，由台下的同学和老师共同选出优胜者。

二、调解的方式技巧

调解方式是指调解人员在调解纠纷的过程中所采用的具体方式。目前常用的调解方式有：面对面调解和背靠背调解；直接调解和间接调解；公开调解和不公开调解；单独调解、共同调解和联合调解。

调解员面对何种类型的纠纷在什么情况下应该选择哪一种具体的调解方式？显然，这一问题的答案不是唯一的也不是固定不变的，其答案只能是"具体情况具体分析"，面对具体的调解案例对这一问题做出正确的解答便是调解方式技巧的具体运用过程。

（一）面对面调解和背靠背调解

面对面调解是指调解人员在调解民间纠纷时，将双方当事人召集在一起进行调解，调解的过程中双方当事人和调解员同时到场的调解方式。面对面调解有利于凸显调解人员的中立地位，保障程序公正。在纠纷双方当事人情绪平稳冷静，有可能进行理智协商的情形下，宜采用面对面调解的方式。在面对面调解过程中，为了防止失控局面的出现，调解员必须有能力主导话题、安抚情绪。一旦出现场面失控的苗头，调解员要注意把握时机、灵活应变，及时地转为背靠背调解或者中止调解。

背靠背调解是指调解人员在调解民间纠纷时，分别对当事人进行个别谈话沟通，调解的过程中只有一方当事人和调解员到场的调解方式。背靠背调解一般适用于调解员需要私下了解当事人的情况，比如想了解当事人的谈判底线时；或者当事人情绪较激动，双方存在明显的对抗情绪时；或者当事人固执己见使调解陷入僵局的情形下。在背靠背调解时调解员特别需要注意，由于当事人之间的沟通有赖于调解员的传递，所以调解员一定要谨慎掌握分寸，在传递信息的过程中既要去除会引起对方当事人不满的用词又要保持表达意见者的原意，不能为了追求调解成功而运用欺瞒等手段，否则就有违调解自愿原则，也会使当事人彻底丧失对调解员的信任。

操作训练八

【训练目的】

通过训练，让学生自己甄别两种调解方式的优劣，并分析两种方式的适用场合，思考如何让两种方式有机结合使用。

【训练项目】

背靠背和面对面调解方式的适用。

【训练材料】

2019年1月，80岁的方老伯正在街边的小花坛观看邻居下棋。突然，一块巴掌大的混凝土块从天而降，正中方老伯的后脑，医疗人员赶到现场时，方老伯已经身亡。经警方调查，该混凝土块是与方老伯同住一幢楼的9岁少年陆某所投。陆某的父母均为下岗职工，平时靠陆父打零工为生。现在所住房子是原单位的福利分房。

方老伯3年前丧偶，无收入，生前与大女儿一家同住，由大女儿赡养。方老伯育有2女，大女儿是高校教师，小女儿在北京工作，是外企的高级管理人员。小女儿为了奔丧乘飞机赶到杭州，来回机票需要2000元，小女儿在杭州时住在姐姐家。现陆某父母就损害赔偿问题向街道人民调解委员会申请调解。

【训练步骤】

步骤一：将学生分为两个大组，每个大组再分为三个小组。三个小组承担的模拟角色分别是方老伯女儿、陆某父母和调解员。

步骤二：要求第一个大组全程使用面对面调解方式进行本纠纷调解的模拟演练，直至调解成功或者调解组认为无法继续进行调解时为止。

步骤三：要求第二个大组全程使用背靠背调解方式进行本纠纷调解的模拟演练，直至调解成功或者调解组认为无法继续进行调解时为止。

步骤四：第一大组和第二大组的同学分别进行十分钟的分组讨论。

第一大组同学讨论的问题是：

1. 面对面调解的优势和劣势是什么？
2. 面对面调解对调解员的最大挑战是什么？
3. 本次调解成功或失败的主要原因何在？
4. 如果本次调解中允许你们使用背靠背的调解方式你们是否会选择使用？在何时你们会使用？为什么？

第二大组同学讨论的问题是：

1. 背靠背调解的优势和劣势是什么？
2. 背靠背调解对调解员的最大挑战是什么？
3. 本次调解成功或失败的主要原因何在？
4. 如果本次调解中允许你们适用面对面的调解方式你们是否会选择使用？在何时你们会使用？为什么？

步骤五：分别请二个大组中调解员扮演小组的同学们上台发表讨论结果，由台下同学和老师就讨论结果进行进一步的讨论和点评。

(二) 直接调解和间接调解

直接调解是指调解人员直接针对纠纷当事人进行劝说、说服的调解方式。大多的纠纷调解是采用该方式。

间接调解是指调解人员借助纠纷当事人以外的第三者的力量进行调解的方式。调解员在使用该调解方式时,首先对当事人的"外围阵地"进行"侦察",了解和摸清在他们的周围人中哪些人能对他们产生较大的影响,然后把这些人请来,通过先说服这些人,再由这些能对当事人产生较大影响的第三者去说服当事人的方法,多渠道、多方面地对双方当事人施加影响,形成强大的外部压力,促使矛盾得到解决。[1] 比如有些婚姻纠纷,表面看是夫妻之间闹矛盾,其实夫妻之间的矛盾是由婆媳、姑嫂等矛盾转化而来的,因此应先从做婆婆或者小姑的工作入手,解决好他们的思想认识问题,然后再通过他们做夫妻双方的工作。

(三) 公开调解和不公开调解

不公开调解是指调解过程中只有当事人和调解员三方参与的调解方式。我们认为,绝大多数纠纷调解都应采取不公开调解的方式。

公开调解是指调解员在调解纠纷时,向当地群众公布调解时间、地点,允许群众旁听的调解方式。[2] 这种调解形式主要适用于那些涉及广、影响大,当事人一方或双方有严重过错,并对群众有教育示范作用的纠纷。但是,对于涉及当事人隐私、商业秘密的纠纷则不宜公开进行。

座谈会调解也是公开调解方式中的一种特殊形式,是指调解员根据调解纠纷的需要组织当事人的家人、朋友或者当事人所在社区或所在单位的基层组织、邻居和同事等一起参加调解,以座谈会的形式共同劝导说服当事人以促成纠纷解决的方式。座谈会调解主要适用于当事人有明显过错,而又拒不承认的纠纷的调解;或者适用于纠纷所涉及的利益人数众多,需要广泛听取各方意见的纠纷调解。座谈会调解与一般公开调解的区别在于:一般公开调解仍以调解员说服为主,而座谈会调解是调解员引导广大与会者发言,对当事人进行说服。在整个座谈会过程中,调解员要及时观察当事人的举止,分析其心理活动,对与会者的发言要及时引导,不能把座谈会调解搞成"斗争会""批判会",否则会使当事人产生逆反心理,采取"破罐子破摔"的心态,反而不利于纠纷的最终解决。

讨论与思考:

为何绝大多数纠纷调解应以不公开调解为宜?

(四) 单独调解、共同调解和联合调解

单独调解是指纠纷当事人所在地或纠纷发生地的调解组织单独进行的调解,这是人民调解委员会最常用的调解方式之一。

---

[1] 张晓秦、刘玉民:《调解要点与技巧》,中国民主法制出版社2009年版,第177页。
[2] 王红梅编著:《新编人民调解工作技巧》,中国政法大学出版社2006年版,第67页。

共同调解是指由两个或两个以上的调解组织对于跨地区、跨单位的民间纠纷，协调配合，一起进行调解的方式。[1] 共同调解与单独调解相比，只是调解组织的数量不同，二者在调解方法、步骤上基本一样。为了达成最佳的调解效果，主持共同调解的多个调解组织应该在调解工作开始之前合理分工、分清主次，对于调解方案和实施计划应事先讨论、及时沟通。

联合调解是指人民调解委员会会同其他地区或部门的调解组织、群众团体、政府有关部门以及司法机关，相互配合，协同作战，共同综合处理民间纠纷的一种方式。与共同调解相比，联合调解规模更大，必要时可在当地党委、政府的统一领导下，发动政府职能部门及司法机关共同对民间纠纷进行疏导调解。[2]

联合调解主要适用于调解跨地区、跨单位、跨行业的纠纷，久调不决或者有可能激化的纠纷，调解组织无力解决当事人合理的具体要求的纠纷，以及某个调解组织无力单独解决的纠纷。该调解方式更适用于由土地、山林、坟地、宗教信仰等引起的大型纠纷和群众性械斗，适用于专项治理多发性、易激化纠纷以及其他涉及面广、危害性大、后果严重的民间纠纷。

讨论与思考：

与一般的人民调解相比，联合调解在解决民间纠纷方面是否更有成效？

与一般的人民调解相比，联合调解的优势在哪些方面？

联合调解作为人民调解的一种方式，在学术界也受到较大的质疑，为什么？请结合行政法的相关知识进行分析。

三、调解的交流技巧

交流技巧是调解中最根本的技巧，它运用于整个调解过程中，调解员希望通过这些技巧的综合运用达到调整当事人情绪、获取更多信息和推进调解进程的目的，因此，其对最终达成协议起着至关重要的作用。

（一）倾听的技巧

有效交流是调解获得成功的前提，而认真聆听对方的谈话是进行有效交流的前提，因此，倾听是调解的必要技能。倾听不应当简单等同于"听"这个动作或"听见声音"这个结果，调解员的倾听目标有二：一是鼓励并且帮助当事人以自己的方式自由地、充分地表达他们的想法和意见；二是在当事人充分表达的基础上，真正地接收到当事人希望传递的信息。

那么我们要如何达成倾听的第一个目标呢？这不仅需要调解员在当事人陈述和讨论时到场，而且需要调解员向他们表明自己正在留意、关注并且已经理解他们的发言。为达这一目的，具体可运用的技巧举例如下：[3] 全身心投入去听；朝向说话的人；精神集中的

---

[1] 王红梅编著：《新编人民调解工作技巧》，中国政法大学出版社2006年版，第72页。
[2] 王红梅编著：《新编人民调解工作技巧》，中国政法大学出版社2006年版，第73页。
[3] [英]迈克尔·努尼：《法律调解之道》，杨利华、于丽英译，法律出版社2006年版，第38页。

同时也保持放松；要保持坐姿（站姿）直立，不要陷入座椅，要看起来很热心、很感兴趣；保持适当的眼神交流；在听到一个观点的时候做非表态的点头；做适当的非表态口头认可："继续……嗯……我知道了。"（或其他认可）；如果当事人表达上出现暂时困难或者不能清楚地阐述他的立场，调解员不轻易地替他发言，而是尽量地鼓励他继续。

要做到第二个目标，我们需要经过听到、理解和记忆这三个过程。听到，是指声波经由外耳廓收集、传导从而引起鼓膜的振动，并顺着听小骨传入内耳，刺激神经中枢，产生听觉的过程。听到的过程会受一些因素的影响，比如环境中的噪音会使我们从背景声音中整理出重要信息的难度增大，因此，我们应当尽可能在安静的场所与当事人沟通；又比如当事人由于年龄较大等生理问题而患有某种程度的听觉损失，此时我们应当及时辨认出当事人的特殊情况，适当调整说话的音量、语速。理解，即对听到的信息进行加工解读，在一定的认知上了解、明白的过程。在某些情况下，即使完全做到听到，接收到所有声音讯息，也有可能无法理解甚至误解信息的意义，因此，倾听的技巧也包括对当事人语音语调、面部表情、肢体动作等非语言线索的解读，此外，我们还可以使用后文中的其他语言技巧来帮助我们确认所理解的意思与当事人试图传达的意思之间的匹配程度。记忆，即记住信息的一种能力。如果无法记住听到、理解的信息，便会枉费我们对倾听所做的努力。据统计，大部分人对刚刚听完的信息只能记得50%的内容；8小时内这个数据会下降到35%；而两个月后平均只会剩下25%，特别是当调解员在同时处理相似的几个纠纷时，能够被保留下来的信息仅仅是听到的一小部分。因此，及时记录、整理所听到的信息是一项尤为重要的工作。

真正理解当事人的意思和需要并且记住是倾听的最终目标，要达成这一目标显然更不容易，有研究显示，在会谈中当对方说话时，许多聆听者都没能积极地参与到谈话中来，因此丧失了收集有关对方重要信息的机会。无效倾听通常有如下表现形式：①虚伪地倾听：倾听者表面上似乎十分专注，有不断地互动及回应，但在礼貌的面具下，他们可能在想着完全无关的事情。②选择性倾听：倾听者只针对有兴趣的部分或与之意见相合的部分倾听，拒绝倾听其他部分。③隔绝性倾听：与选择性倾听恰好相反，此时倾听者会忽视、忘记他们希望避免听到的特定信息。④自恋地倾听：倾听者会不断中断、阻碍沟通，并试图将沟通的焦点转移到自己身上。

培养这方面的技巧需要有意识的训练，在训练过程中我们可以试着提出以下问题：

1. 我是否认真聆听对方所使用语言的实际用意？

倾听者希望对方所说的和对方实际所说的经常不一致，你要做的是祛除你自己的主观意愿，仔细听对方说的内容，包括听取他的"话内之音"和隐藏在背后的"话外之音"。

2. 当聆听别人谈话时，我是否关注自己将要说什么，以致不能集中精力地听他实际上说了什么？[1]

---

[1] [英] 戴安娜·特赖布：《法律谈判之道》，高如华译，法律出版社2006年版，第87页。

如果是,这将会使你看起来漫不经心,使当事人觉得你对他不够重视而降低对你的信任度,更糟糕的是你很可能丧失了收集发言者重要信息的机会。如果你的目的是要了解说话者的意思,那么你就要避免自私地抢夺说话者的舞台或者一味地转换话题发表自己的想法。当然少说话并不表示你应该保持绝对的沉默。给出反馈是你澄清理解和获取新信息的重要方式,问题是我们大部分的人在真正需要倾听别人的时候仍然说了太多的话。

3. 对方长篇大论时,我是否会感到厌烦或不能集中精力?

我们很容易对一个夸夸其谈的说话者失去耐心,因为我们似乎很难抓到他说话的重点,但大部分人说话还是有一个中心思想的,因此我们应该充分利用自己的思考速度比对方说话速度更快的能力,这样我们就能从听到的一大堆无序信息中摘录出核心的意思。而且有些关乎调解成败的重要信息可能就隐藏在"长篇大论"中,比如纠纷背后的隐情等,你要保持警觉性以"抓捕"这些信息,实在必要的时候你也可以用"你刚才的意思是否是……"这样的提问来打断对方的发言,以帮助对方更有条理、更简短地进行诉说。

4. 我是否在对方多次表述间相互矛盾时,或者在对方口头语言与身体语言互相矛盾时不知所措?

如果是,请小心,因为对方可能就是矛盾的。此时你需要加强分辨和确认所收到信息的训练。确认所收到的信息就是对方发出信息的一个有效办法就是:在当事人结束一段陈述而你心里存有疑惑时(你的疑惑可能来自对方互相矛盾的口头语言和身体语言,也可能由于对方表达不清等原因),重申或解释你认为对方所说的内容。你可以说:"好,我想确认一下我是否理解了你的想法,你的意思是……对吗?"

5. 我是否在对方未表述完整时就已经对某人、某事产生了评判?

众所周知,我们不应该在完全理解别人说话的意思之前过早下评判,但这样的错误依然很难避免。比如,人们总是倾向于根据第一印象去评估别人,作出的判断可能是仓促而不合理的。又比如,当你不赞同当事人的说法、做法时,直斥其非是一个强有力的方式,但试着去了解当事人这么说、这么做的原因后再做判断其实对你更有利。

6. 我是否在听取对方谈话时注意了记录?

当听取对方谈话时,记录谈话的内容非常有用。但一定要注意:不要沉浸于记录之中而不能成功地保持正确的倾听状态,你所要做的是记录重点以便事后能回忆补充出谈话全貌,而不是一字不落地记下对方的每一句话。有时,有一位助理专门记录将会有所帮助,但事后要及时确认记录的内容是否与你听到的和理解的内容一致。

操作训练九

【训练目的】
通过训练,使得学生了解倾听的两个目标,以及亲身体会如何达成这两个目标。

【训练步骤】
步骤一:让学生二人一组自行组合,每个小组都准备一个3分钟的诉说,诉说内容可以是对某件事的看法，也可以是刚度过的假期情况等。在发言前记下诉说要点。

步骤二：通过抽签将两个小组构成一个倾听、诉说大组，一个小组（A小组）的代表用3分钟的时间向另一组（B小组）的成员讲述他们准备好的诉说内容，B成员只需认真听，不需发表看法。然后让B小组的成员尽可能准确地复述刚才听到的信息。

步骤三：由A小组的成员对B小组的倾听练习进行点评，点评内容有二：

1. 对照着发言前记下的诉说要点对B小组的复述内容进行点评，以帮助B小组检查其在倾听过程中理解和记下了多少诉说组的意思；

2. 点评B小组倾听时的表现（包括身体语言、言语等方面）是让自己有诉说的欲望还是让自己觉得对方不耐烦了？

步骤四：将A、B小组的角色互换，重复进行步骤二和步骤三。

步骤五：将全班同学集中在一起进行讨论：

1. 倾听者的哪些表现会让对方觉得你对他很关注并且鼓励他把重点都说出来？

2. 倾听者的哪些表现会让对方觉得你已经不想听了？

3. 阻碍真正理解诉说方的意思和需要的因素有哪些？在倾听的过程中应如何克服？

步骤六：在分组训练过程中，教师巡回观察各组的训练情况，在学生结束讨论以后由教师进行总体点评和总结。

（二）语言技巧

同样的意思、不同的人去说，或者同一个人用不同的词语、顺序表达出来，效果会有很大差别。语言技巧有很多，下文我们将重点介绍询问技巧、总结技巧和重组技巧来提升我们的沟通交流能力。

1. 询问的技巧。询问的目的首先是了解更多信息、确认相关信息，但如果把这作为询问的唯一目的，调解员就丧失了一个可以促成调解成功的重要工具。

通过询问技巧的运用，调解员不仅要从当事人口中获得更多更真实的信息，而且应引导当事人把导致困惑或矛盾的深层原因呈现出来，同时也帮助当事人看到当前矛盾的未来意义或背后的深层意义，使其看的范围更大、更宽、更高，从而化解诸如"我是绝不可能原谅对方""我是绝不可能和对方合作"之类的片面认识，帮助当事人调整思考方向，探讨其他积极可行的解决方案。

在开始询问之初，调解员就必须了解调解员不是侦查人员，因此询问关注的焦点不是已发生纠纷的事实细节，而是何种解决方案可以为双方当事人所接受。调解员对于过去事实的调查只是为了未来的纠纷解决，对未来的解决没有帮助的"过去"是没有意义的。

一般而言，措辞良好、计划周密的相关问题将有助于积极地推动调解的进程。在学习询问技巧之前我们先要了解询问的模式。传统上，询问模式可被分为"封闭型询问"和

"开放型询问"两个主要类型。[1] 封闭型问题要求简短的回答，通常是"是"或"不是"，比如，"这事是你干的吗？"一个有技巧的询问者便会利用对方对封闭型问题的回答来操控对方以获得自己想要的答案。开放型问题的回答则不太容易预测，并且回答的范围不受限制。询问者可能只是试图建立和谐氛围、寻获信息或引导当事人进行有效思考。比如"你为什么要这么做？""你想要什么样的解决方案？"。

我们可以看到，将直接地问"是你干的吗？"变成"你为什么要这么做？"就会鼓励当事人变得友善合作；将"你不同意这个解决方案？"变成"你想要什么样的解决方案？"就有可能带来新的信息和可行的替代方案，也可能会进一步提高发掘新话题的机会。因此，在调解中开放型问题的使用更广泛一些，当然调解员最终设计什么类型的问题还是应取决于调解员询问的目的。

<h2 style="text-align:center">操作训练十</h2>

【训练目的】

通过训练，使学生理解开放型问题和封闭型问题的区别和作用。

【训练步骤】

步骤一：将学生分组，每组三人。一人为提问者，一人为回答者，一人为观察者。

步骤二：假设回答者在一起公路车祸中受伤，回答者和观察者共同设计事故和受伤的具体情节。

步骤三：提问者在3分钟内通过向回答者提问一系列的封闭型和开放型问题以获得相关的事故事实。观察者在整个过程中认真倾听，不能发言，可以记录。

步骤四：观察者核对并总结哪些事实情节提问者没有得出来。

步骤五：三人一起讨论如何设问可以获得全部事故信息。

为了帮助当事人化解局限性认识、找出矛盾症结和获取解决方案，调解员可以尝试使用引导当事人开阔思路的询问技巧，调细焦点、找出症结的询问技巧以及探讨其他选择方案的询问技巧。

引导当事人开阔思路的询问技巧往往用来改变当事人的思考方向，与当事人建立一致的气氛，使得当事人能心平气和地接受调解员的劝说。当事人第一次来到调解员面前时，他所想到的、所看到的大多是对方当事人的"错误"行为，往往觉得自己是正确的而对方是不可理喻的。这时若直接告知他对方当事人是应该被理解的，反而容易引起逆反心理，丧失当事人对调解员的基本信任。因此，调解员此时的适当做法是通过询问来引导当事人自觉改变自己的思考方向，找出对方"负面行为"中的深层意义，而该深层意义往往是当事人本人可以认同和接受的。

---

[1] [英]戴安娜·特赖布：《法律谈判之道》，高如华译，法律出版社2006年版，第20页。

范例：

一位丈夫在单位工作压力很大，回家希望能全身心地放松，对于做家务不积极，也很少主动与妻子沟通，妻子用不断抱怨的方式向丈夫表达需要更多的关注，而丈夫面对妻子的抱怨觉得很心烦，就经常不回家和朋友一起在外喝酒。妻子就变本加厉地抱怨，丈夫无法忍受妻子的抱怨提出离婚，妻子申请社区调委会进行调解。以下是调解员与丈夫的第一次沟通：

丈夫（该当事人姓李，以下简称李）：（愁苦的样子），我在家里一点儿都不快乐。老婆整天唠叨我，我快要精神崩溃了，我想还是离婚算了。

调解员（以下简称调）：嗯。整天唠叨是让人不愉快，我能理解你的心情。你老婆都唠叨些什么？

李：回家的时间、吃饭的多少、洗衣服的方式、看电视的姿势、不关注她的表情……没有她不唠叨的事，如果我反驳她几句，她就更没完没了。

调：嗯，举个例子。

李：上周末上午，她外出买菜，我在家时接到领导电话，让我临时赶去加班，我匆匆忙忙赶去，忘了带手机。我忙到晚上7点才回家，我一进家门，老婆就开始唠叨。我说了句："我累死了，你别再烦人。"结果她唠叨了足足3小时，这日子我真不想过下去了。

调：唠叨什么？

李：她说我出门也不告诉她我去哪里，不回家吃饭也不知道打个电话。简直就是限制我的自由。

调：你老婆为什么总唠叨你？

（注意：此处便是运用了引导当事人开阔思路的询问技巧，使谈话内容的焦点放宽、放大，引导当事人自觉改变自己的思考方向，找出对方"负面行为"中的深层意图）

李：可能想让我和她多说话吧。

调：你很少与她主动说话吗？

李：（不好意思地笑了）应该是的，工作太累，回家懒得说。

调：你告诉你老婆你是去加班了，她还继续唠叨吗？

李：当然，说了足足3小时，否则我也不会忍无可忍了。

调：据我所知，你老婆挺支持你工作的，为啥她知道你是去加班了，还一直唠叨你？

（注意：此处也是运用了引导当事人开阔思路的询问技巧）

李：我出门那么久也没打电话，她担心我的安全。

调：你老婆对别人唠叨这些吗？

李：不唠叨。

调：说明什么？

（注意：此处再次运用了引导当事人开阔思路的询问技巧，使谈话内容的焦点放宽、放大，引导当事人找出妻子唠叨这一"负面行为"中的正面意义，使当事人自觉改变自己的思考方向，化解其对妻子的片面认识。）

李：她在乎我。唉，其实说起来我也能理解她。不过，真的不喜欢她唠叨太多。

调：有什么办法能减少她的唠叨？

李：如果我主动和她多说说话，多关注关注她，估计她的唠叨就会少些。

调：瞧！你这不自己想出解决办法来了吗？结婚也快两年了，我听着你们双方说话觉得你们也挺有感情基础的，哪能说离就离啊？当你理解了你妻子，其实原先觉得受不了的东西就会变得不再那么沉重。对于妻子的言语举动，我们要想一想有没有可能赋予一种新的诠释，可能是无心之过，也可能是出于善意，但方法用错了，总之，尽量用正向的方式解释它。

李：经您这样开导，我也觉得我过去只要求她理解我，很少想到要去多理解她。我老婆也不容易，我以后也多为她想想，尽量多和她沟通。您也帮我劝劝她，让她也改改，她这样一直唠叨是个男人都会受不了。

调细焦点、找出症结的询问技巧往往用来实现以下三个主要目的：①弄清楚当事人内心的意思，澄清当事人言语的意义；②帮助当事人理解自己的真实意思，打破一些当事人自设的局限性思想，增强其清晰思考的能力；③掌握导致冲突的症结所在。有困扰的当事人，说话中总有很多模糊概括的词语，如果我们不把他的需要弄清楚一点，往往无法着手把事情解决。因此，调解员需要在当事人说过的内容里面调细焦点，把其中的某些部分放大，使之清晰，就像用一只小镊子把内容不清晰的资料捡出加以鉴定，继而引导当事人看到自己的概括化词语或感受背后的具体内容，从而进行客观判断，得出正确结论。

范例：

调解员在调解夫妻纠纷过程中与妻子的一段对话。在以下对话中调解员就是运用了调细焦点、找出症结的询问技巧。

调解员："是什么促使你想到了分手？"

妻子："他不好。"

调解员："他怎么不好？"

妻子："他对我不好。"

调解员："他对你怎样不好？"

妻子："在家里对我不好。"

调解员："在家里对你怎样不好？"

妻子："他从不温柔地跟我说话。"[1]

调解员："从不？即便在刚结婚的时候？"

---

[1] 以上对话改编自李中莹：《NLP简快心理疗法》，世界图书出版公司北京公司2003年版，第99页。

妻子:"他换了工作以后就不和我好好说话了。"

调解员:"你们结婚几年了?他啥时候换的工作?"

妻子:"结婚5年了,去年7月换的工作。"

调解员:"现在是2月份,依照你的说法,在5年的婚姻生活中他有半年不对你温柔说话?5年和半年相比,不能称为'从不'吧?"

妻子:"嗯,他以前对我还不错的。"

调解员:"他换了工作之后,即便你生病了,他也不和你好好说话?"

(注意:此范例中的以上设问运用的是调细焦点、找出症结的询问技巧,引导当事人看到自己的概括化词语或感受背后的具体内容,从而进行客观判断,得出正确结论。也帮助调解员和当事人共同发现导致冲突的症结所在。)

妻子:(表情尴尬)"那倒不会。可我大多数时间都不生病的啊!"

调解员:"他不和你好好说话有没有可能是因为新工作压力大?"

(注意:此设问运用的是引导当事人开阔思路的询问技巧,引导当事人找出丈夫不好好说话这一"负面行为"中的深层原因,使当事人自觉改变自己的思考方向,化解其对丈夫的片面认识。)

妻子:"有可能。但即便是这样,他也不能把工作压力转嫁到我身上啊?"

调解员:"把工作压力带回家确实不应该。不过,能同床共枕5年也是得千百年才能修来的缘分。除了和他离婚之外,还有没有什么办法能解决这个困扰你的问题?"

(注意:此设问运用的是下面将要讲到的"探讨其他选择方案的询问技巧")

探讨其他选择方案的询问技巧往往用于引发当事人的思考能够达到同样意义和目的的更多可能性,引导当事人找出其他更有效、更能为对方当事人接受的行为方法,从而达成在调解员的引导下当事人自己想出一些更有效的纠纷解决方法的目的。该询问技巧通常可用"除了……还有……"或"如果……那么……"句型。它是谈话过程中沟通受困时有力的解决方案。

范例:

张某是某外贸公司的总经理,李某是某出口代理公司的负责人。2010年的某一天李某驾车实线变道与张某驾驶的刚买来5天的宝马车发生碰撞,导致张某的宝马车后部严重损伤。两人对事故的发生情况及事故的责任认定均无异议,但两人就赔偿的数额意见分歧较大,主要分歧在于张某要求李某赔偿因新车大修以后产生的车辆折旧费5万元。李某申请调解。

调解员在调解过程中了解到张某的外贸公司(以下简称张某公司)近期出口业务办理不畅,导致上百万的经济损失,张某作为公司的总经理目前在工作上最大的困难是苦于找不到合适的出口代理商。而由李某任负责人的出口代理公司(以下简称李某公司)在出口运作方面有着很丰富的经验，而且其公司在国内、国际上都具有一定的知名度。了解了这些情况以后，调解员先和李某进行了私下沟通，大概介绍了一下张某公司的情况，然后从李某公司的长远利益和李某个人利益等方面着手试探李某对于与张某公司合作的可能性。李某很爽快地表了态："我在商言商，如果和他公司合作能带来利益，我当然愿意和他合作，但这不表示我愿意赔他5万元车辆折旧费。"于是调解员与张某进行了私下沟通：

调解员："张总，我听你的司机说你平时为人慷慨，在钱上从不与人计较，现在为了5万元的赔偿已经耗费了你大量的时间和精力，你在意这5万元到底出于什么考虑？"

（注意：这样的设问可以帮助调解员找出当事人做某一件事背后的动机，而凭着不断地找出动机背后的动机，我们就可以找出当事人之所以坚持某些行为的深层需要。）

张："我一辆新车才买了5天就被他撞了，多晦气的事！从被他撞了车子以后就没有顺心的事，公司里好几笔生意都没谈成，我一定要他赔偿5万元除除我染上的晦气。"

调解员："才开了几天的新车被别人撞坏心里肯定不舒服，但对方赔了你5万元以后你的晦气就一定能除去了？"

张："不知道，但可以试试。"

调解员："除了让李某赔偿5万元的车辆折旧费，还有什么事可以使你觉得你身上没有晦气了？"

（注意：此处运用探讨其他选择方案的询问技巧，引导当事人思考能够达到同样意义和目的的更多可能性。）

张："公司业务迅速好转。和你说这个没啥意义，你还是帮我尽快想办法要到5万元的车辆折旧赔偿才是正事。"

调解员："我们正在讨论的话题可能比5万元赔偿更有意义。我了解到李某公司在出口运作方面有着很丰富的经验，如果李某的出口代理公司愿意和你的外贸公司进行长期合作，并给予你们公司更多的合作优惠条件，你觉得是否可以放弃5万元的索赔要求？"

（注意：此处运用探讨其他选择方案的询问技巧，引导当事人找出其他更有效、更能为对方当事人接受的纠纷解决方法。假设问题可以用来改变当事人已阐述的立场，探讨并检验有关调解新方案的可行性。）

张：（明显眼睛一亮）"哦？真的有这种可能？那倒确实很值得考虑。"

调解员："我已经和李某初步沟通过，他认为你们两个公司合作的可能性还是很大的。你看，塞翁失马焉知非福？他撞你车不是给你带来晦气，而是要给你带来转机啊。你看我安排一次你们面对面的沟通怎么样？"

张："好。"

张某和李某通过面对面沟通达成了业务上的合作协议，同时，针对交通事故的赔偿问题，张某主动放弃5万元的车辆折旧赔偿费，还主动降低了其他合理部分的赔偿要求，李某则爽快地同意了张某的要求。

2. 总结的技巧。所谓"总结技巧",是指调解员用自己的话对当事人的陈述或调解建议以准确的口头纲要形式进行重述。[1]

一般来说,调解员使用总结技巧是为了达到以下目的:

(1) 向当事人证明自己确实听见并理解了他们所说的,使得当事人觉得自己被关注和重视;

(2) 确保当事人已经理解对方当事人阐述的内容以促进当事人之间的交流;

(3) 当当事人的表述模糊不清或互相矛盾时,帮助当事人理清思路,进而确认调解员是否正确地理解了当事人的真实意思;

(4) 提醒当事人已经取得的调解进展从而鼓励当事人继续推进调解协议的达成;

(5) 标志着一个阶段程序的终结。

总结技巧主要使用的情形包括但不限于以下三种:

(1) 双方当事人做完开场陈述后。在该情形下使用总结既标志着一个阶段程序的终结,又可以帮助双方当事人互相理解对方的所需、所求。

(2) 调解的每一阶段终结时,调解员一般会总结至今已取得的进展以鼓励当事人继续良好协商。为了同样的目的,在有些前期调解顺利,后期陷入僵局的情形下,调解员有必要总结和确认已经达成的共识,为打破僵局做铺垫。经常使用的句型是:"双方经过良好协商和慎重考虑,到现在为止,在……这几点上双方的意见是一致的,是这样的吧?"

(3) 当调解员觉得需要确认所收到的信息就是当事人发出的信息时,一般先总结后澄清,经常使用的句型是:"我想确认一下我是否理解了您说的。您的意思是否是……是这样的吧?"如果当事人对调解员的总结并不完全认同,那么调解员需要继续认真倾听当事人的更正,然后再总结。

操作训练十一

【训练目的】

通过训练,使学生体会认真倾听与正确总结之间的联系,并进一步提高倾听能力和总结能力。

【训练步骤】

步骤一:将学生分为五人一组自选主题辩论。辩论的目的是互相找到共识,而非击败对方。五人中二人(甲和乙)是辩手,其余三人是观察员。

步骤二:每组的甲说话时,乙倾听;甲发表自己观点后由乙进行总结,只有当乙的总结得到甲的认可时,乙才可发表自己观点。

步骤三:乙发表自己观点后由甲进行总结,只有当甲的总结得到乙的认可时,甲才可

---

[1] [英]迈克尔·努尼:《法律调解之道》,杨利华、于丽英译,法律出版社2006年版,第43页。

再发表自己观点。如此类推，甲乙各发表五次观点。

步骤四：请观察的三名同学对以下问题进行回答：

1. 总结和一字一句地重复对方的讲话有何区别？
2. 为了达到最好的总结效果，总结时语速应该加快还是稍慢？
3. 总结对方的观点是更易使得双方找到共识还是相反？

步骤五：请甲乙双方讨论以下问题：

1. 在训练过程中，你体会到的倾听与总结之间的关系是什么？
2. 当你听到对方完全正确地总结出你的观点时，你内心的感受是什么？

（三）重组语言的技巧

重组是将当事人陈述的语言或内容稍加修改从而正面加以表述的技术。这是一种调解员用来逐渐向正确方向推动当事人前进的技术，即从冲突转向和解。[1] 许多时候重组技巧要通过运用调细焦点、找出症结的询问技巧来实现。

在调解过程中运用重组技巧可以达成多种不同的目的，我们通过案例来举例说明重组技巧在交流中可以起到的作用。

案例一：

X和Y是合伙人，合伙协议约定：Y主要负责出资，X主要负责经营。现在Y认为X工作不积极导致生意日益减少。

当事人Y："如果X不停止磨洋工，做到尽职尽责工作，我们将失去更多客户。"

调解员："你关心的是X必须履行他作为合伙人的职责以避免将来的商业损失？"

重组的目的：澄清Y所真正关心的问题，并且去除"磨洋工"等轻蔑用语。[2]

案例二：

X和Y是夫妻，男方X已经两次因为赌博借高利贷。在男方第三次被放高利贷的债主逼要赌债时，Y提出离婚，X向Y道歉，表示以后决不再赌博了，但Y仍坚持离婚。X申请调解。

当事人Y："我根本不可能再相信X会信守他的承诺。"

调解员："你是在说你想得到一些确保X将会信守他承诺的保证吗？"

重组的目的：将一个纯粹负面的主张转变为一个更加正面、具有前瞻性的讨论点。

案例三：

Y是汽车出售方，在购车合同中有如此担保条款：若在3个月内汽车非因人为因素出现质量问题，给予退车。X是购买方，买了新车立即用于远途出差，在出差过程中，新车

---

[1] [英]迈克尔·努尼：《法律调解之道》，杨利华、于丽英译，法律出版社2006年版，第43页。
[2] [英]迈克尔·努尼：《法律调解之道》，杨利华、于丽英译，法律出版社2006年版，第44页。

出现问题，X在没有告知Y的情况下即在外地修理，X拿着外地的修理记录要求退车。

当事人Y："除非X当时将车开过来让我修理，否则我是不会遵守担保条款。"

调解员："你的意思是，作为出售者，你希望首先有机会检查并且确定车辆的问题所在吗？"[1]

重组的目的：软化一方当事人的立场阐述从而使得对方当事人较容易接受。

操作训练十二

【训练目的】

通过训练，使学生能够掌握重组语言的技巧，同时了解重组在调解中的作用。

【训练材料】

案例一：

父亲在年轻时有外遇并且经常赌博，对妻女缺少照顾，并时常打骂。女儿工作后将母亲接回自己家，一年也不回去看望父亲一次。现55岁的父亲过着单身生活，88岁的爷爷瘫痪在床无人照顾，父亲找到调解委员会，申请调解，希望妻子能回家，希望女儿能常回家看望并照顾自己和爷爷。

调解员先主持了女儿和父亲的调解。

调解员问女儿："你毕竟是女儿，一年也不回家看望一次父亲是否说不过去？"

女儿答："他做的事哪一点像长辈？他不像长辈我为什么要回家看他？"

讨论问题：如何重组女儿的话？如此重组能达成什么样的目的？

案例二：[2]

男：她总在我工作的时候给我打电话，影响我的工作。我们吵翻了，她非常生气，但我不会因为她放弃我的工作。上周因为她的原因我不得不提前下班，单位因此扣了我半天的工资。她应当从我的生活中消失并且赔偿我的损失。

女：谁都不理他的时候他利用我。我给了他住处、鼓励他参加职务培训，现在我发现他变了，忘恩负义！我把他撵出去，他应该得到教训，他不能那样对待人。

讨论问题：如何重组男女双方的话？如此重组能达成什么样的目的？

案例三：[3]

工人：你是一个不守信用的老板，你雇我铲雪说每次给我50元，而你只给了我25元。雪下面的冰我当然没办法。你欠我25元。

老板：你才不守信用。你这也算干完了？你没有看到两侧的冰？我真该庆幸我的顾客没有摔倒。你还当众跟我争吵，还从没有人这样跟我吵过，特别是在顾客面前。

讨论问题：如何重组工人和老板双方的话？如此重组能达成什么样的目的？

---

[1]［英］迈克尔·努尼：《法律调解之道》，杨利华、于丽英译，法律出版社2006年版，第44页。

[2] 李傲主编：《法律诊所实训教程》，武汉大学出版社2010年版，第199页。

[3] 李傲主编：《法律诊所实训教程》，武汉大学出版社2010年版，第200页。

【训练步骤】

步骤一：把全班同学分为三个大组，每个大组再分为二个小组。

步骤二：每个大组讨论一个案例题，每个大组讨论的具体案例题由抽签决定。

步骤三：同一大组中的两个小组分别独立完成同一道案例题的讨论，然后派代表上台汇报讨论结果。由其他两个大组在两个小组中选出优胜组，并请大组组长说明理由。

（三）非语言沟通技巧

非语言沟通，即通过与语言无关的途径所呈现的信息，包括经由无语言含义的声音所传达的信息，如叹息声、笑声、鼻嗤声等，也包括沟通情境、沟通者彼此间的距离、交流时长等抽象因素，而其中最重要的非语言沟通形式是人们所采用的身体语言。语言学专家阿伯克龙比（Abercrombie）说过："我们用语言器官说话，但是我们用我们的整个身体交谈。"[1]，强调了身体语言在交流中的重要作用。由于人们说的往往和他们想的或者感受的不一样，而一个人试图有意制造虚假的身体语言比他通过语言来撒谎要困难得多，因此姿态、手势、眼神以及面部表情等身体语言可能会给有经验的调解员提供有关当事人的真实态度、想法和情感的重要信息。同时，调解员在与当事人沟通交流过程中也应当留意自己身体发出的信息，应学会运用正确的身体语言来建立与当事人之间的信任关系以推动调解的达成。

姿势，即身体姿态。姿势是非语言沟通中传达含义较为明确的一种。在一个研究中，被试者面对电脑绘图设计出的176种人体姿势模型，被要求将特定情绪分配给这些人体姿势模型。在分配"生气""悲伤""快乐"等情绪时，超过90%的被试者达成了一致。此外，紧张与放松的姿态也是较为容易辨认的，如身体僵硬、紧握拳头一般代表情绪紧张，而身体打开、斜靠椅背一般代表情绪放松。

手势，即手或手臂的运动。它主要有以下三种作用：一是表征，如摆手在特定语境下可能代表"不""再见""你好"，竖起大拇指则表示"赞扬""支持"。二是强调重点，如在情绪激动时，发言者可能会挥舞双手来强调"听我说""我现在说的内容很重要"。三是调节动作，即无意识的身体动作对环境做出回应，如双手抱胸一般被认为是防御姿态，搓手、卷头发、抠指甲一般代表放松，以手触摸面部在有的情况下可能代表当事人在有意隐藏一些信息。

微表情，即瞬间闪现的、能揭示人的真实感情和情绪的面部表情。例如，人们在高兴时的面部动作包括嘴角翘起、面颊上抬起皱、眼睑收缩、眼睛尾部会形成"鱼尾纹"等；伤心时的面部特征包括眯眼、眉毛收紧、嘴角下拉、下巴抬起或收紧等；害怕时的面部特征包括嘴巴和眼睛张开、眉毛上扬、鼻孔张大等；愤怒时的面部特征包括眉毛下垂、前额紧皱、眼睑和嘴唇紧张等；厌恶时的面部特征包括嗤鼻、上嘴唇上抬、眉毛下垂、眯眼

---

[1] [英]戴安娜·特赖布：《法律谈判之道》，高如华译，法律出版社2006年版，第18页。

等；惊讶时的面部特征包括下颚下垂、嘴唇和嘴巴放松、眼睛张大、眼睑和眉毛微抬等；轻蔑时的面部特征包括嘴角一侧抬起、作讥笑或得意笑状。

在调解实践中，我们通常需要分辨"积极的身体语言"与"消极的身体语言"。"积极的身体语言"即表示合作或者对你所言表示认同的身体语言，反之，"消极的身体语言"则表示不赞同、抗拒、否定、防御等。那么常见的积极身体语言和消极身体语言有哪些呢？我们先来做以下的操作训练。

操作训练十三

【训练目的】

通过训练，使学生直观感知常见的积极身体语言和消极身体语言。

【训练步骤】

步骤一：把学生分为四人一队，每队再分为A、B两组，每组两人。

步骤二：先让A组的同学思考什么样的动作、姿态或表情表示认同，然后让他们表演出该身体语言，如果B组同学认为该动作或表情属于积极身体语言就记录下来通过该动作可以接收到的信息。

步骤三：让B组的同学思考什么样的动作、姿态或表情表示不赞同、抗拒、否定、防御等，然后让他们表演出该身体语言，如果A组同学认为该动作或表情属于消极身体语言就记录下来通过该动作可以接收到的信息。

步骤四：让所有的A组依抽签的顺序派代表上台用模拟身体语言的方式汇报自己这队总结出来的2个消极身体语言，然后全班同学一起讨论看到该消极语言时内心的感受和该动作可以传达的信息，总结出典型的消极身体语言。后登台的A组不能重复前面已经表演过的动作。(如果有条件，在汇报过程中录像，以方便对有争议的身体语言进行事后讨论)

步骤五：让所有的B组依抽签的顺序派代表上台用模拟身体语言的方式汇报自己这队总结出来的1个积极身体语言，然后全班同学一起讨论看到该积极语言时内心的感受和该动作可以传达的信息，总结出典型的积极身体语言。

操作训练十四

【训练目的】

通过训练，使学生能判别常见的积极身体语言和消极身体语言。

【训练材料】

请学生在以下表情或动作中找出表示"NO"的消极身体语言：

1. 双手置于膝上，两肘支起，两手的大拇指对在一起；

2. 紧握拳头；

3. 点头、微笑；

4. 低头；

5. 用社交目光与调解员经常注视；

6. 皱眉头、嘴角向下；

7. 交叉双臂、跷起二郎腿；

8. 东张西望；

9. 手放松，没有用力握着；

10. 两手抱在脑后；

11. 在你说话时，他在玩圆珠笔；

12. 身体前倾，双手张开放在桌子上；

13. 摸着下巴；

14. 手指按在额头正中；

15. 双手撑着下巴；

16. 手指轻轻敲着桌子。

正确地解读身体语言应遵循三大规则：[1]

规则一：连贯地理解

我们在学习身体语言之初，往往会将一连串的动作分解成孤立的姿势、表情或单个动作，然后对这些单个身体语言元素进行分析，总结出哪些元素属于消极身体语言，哪些元素属于积极身体语言。这些单个的表情或动作就好比一个单词，从学习单词开始学习一门外语也不失为一种好方法，但若以为掌握单词就可以学好外语就大错特错了。因为每一个单词的含义都不是唯一的，只有当你把一个单词放到句子中，配合其他词语一起理解时，你才能彻底弄清楚这个单词的具体含义。同样的道理，如果你想正确解读身体语言，就应该连贯地来观察他人的肢体语言，而不能将每个表情或动作分离开来，在忽视其他相联系的表情或动作以及大环境的情况下，孤立、片面地解读他人的肢体语言。

规则二：寻找一致性

如果调解员在沟通交流的过程中发现，当事人通过身体语言所传递的信息与他的话语表意相吻合，那么调解员基本可以确定得到了真实的信息。但是，如果当事人口头上表示赞同你的话，而他通过身体语言所传递的信息却并非如此，那么，当事人很可能在撒谎。比如，当事人一边承诺他一定会虚心接受你的建议，一边却又将自己的双臂环抱于胸前（以示防御），并且下巴微沉（批判、充满敌意的象征），那么他的说辞是否出于他的内心就非常值得怀疑。

注意身体语言与有声语言的一致性能够帮助我们正确解读无声语言背后的真正含义。

规则三：结合语境来理解

对所有动作和表情的理解都应该在其发生的大环境下来完成。例如，如果在一个寒冷

---

[1] [英]亚伦·皮斯、芭芭拉·皮斯：《身体语言密码》，王甜甜、黄佼译，中国城市出版社2007年版，第12~15页。

的冬天，你和当事人坐在没有暖气的调解室里，当事人听你说话时，双臂紧紧环抱于胸前，双腿也紧紧地夹在一起，这个时候，你就应该知道，他之所以摆出这种姿势，很有可能是因为他很冷，而并不是因为他对你的话持否定态度。

操作训练十五

【训练目的】

通过训练，使学生能识别常见的积极身体语言组和消极身体语言组。学会寻找身体语言与有声语言的一致性。

【训练步骤】

步骤一：播放一段调解视频，要求该视频中当事人身体语言较丰富。

步骤二：让学生回忆在该段视频中当事人有哪些消极身体语言，有哪些积极身体语言。

步骤三：让学生回忆在该段视频中当事人是否存在身体语言与有声语言不一致的地方。

步骤四：再播放一遍视频，在出现消极身体语言或积极身体语言处暂停，并要求学生结合当事人当时的有声语言对该身体语言进行解读。

步骤五：再播放一遍视频，在这次观看中要求学生认真观察调解员的身体语言，在结束观看后，要求学生对调解员的身体语言进行点评，点评内容包括：在整个调解过程中哪些身体语言是恰当的？调解员希望通过这些恰当的身体语言向当事人传递什么信息？哪些身体语言是不恰当的？为什么不恰当？

讨论与思考：

如何用身体语言表示你确实在听？

如何用身体语言鼓励说话者以同一模式继续？

如何用身体语言让说话者感到尴尬和不自在？让说话者知道你已经不想听？

学习单元六习题

学习单元七　调解的基本程序

【知识目标】

掌握调解的一般程序；掌握调解启动、准备、实施、终结程序及后续工作的具体内容。

【技能目标】

能按照调解的一般流程进行操作；能布置调解现场；能在每一个调解阶段运用适当的方式技巧与方法技巧。

【素质目标】

认真负责的职业精神；平等对待各方当事人的职业态度。

一、调解的启动

调解的启动，即纠纷的受理和程序的开始。根据纠纷类型和调解机构的不同，调解程序的启动也有不同的方式，实践中有如下几种情况：①当事人申请调解。包括当事人双方共同申请，或一方当事人申请并经对方同意接受两种情形。如当事人可以以口头或书面形式向人民调解委员会提出调解申请。②法院建议、指令或委托调解。如《最高人民法院关于进一步发挥诉讼调解在构建社会主义和谐社会中积极作用的若干意见》中规定，法院征得当事人同意可委托人民调解组织进行调解。③调解机构主动进行调解。行政执法中的附带性调解具有主动性，如社区警察进行的家庭纠纷、邻里纠纷调解，劳动监察部门进行的劳动争议调解，工商管理部门进行的消费纠纷调解等。倘若当事人不拒绝，则调解具备自愿性基础；若当事人拒绝，则不能径行开展调解。④强制调解。为了提高纠纷处理的效率和社会效果，建立了特定类型的纠纷诉前强制调解制度。如法院依职权应当对婚姻纠纷案件，收养纠纷案件，抚养、扶养、赡养、继承纠纷案件，相邻关系案件，适用简易程序审理的案件进行调解。

各类调解制度的主体虽然有别，但其遵循的调解基本程序大体相同。本书将主要以人民调解为例，对调解的程序作分步讲解。

步骤一：接待当事人或与当事人接触。

《人民调解法》第17条规定，当事人可以向人民调解委员会申请调解；人民调解委员会也可以主动调解。当事人一方明确拒绝调解的，不得调解。第18条规定，基层人民法院、公安机关对适宜通过人民调解方式解决的纠纷，可以在受理前告知当事人向人民调解委员会申请调解。由此可见，人民调解委员会受理纠纷，分为当事人向人民调解委员会申请调解、人民调解委员会主动调解、接受人民法院委托或公安机关移送三种。

《人民调解工作若干规定》第23条规定，当事人申请调解纠纷，可以书面申请，也可以口头申请。对于当事人的调解申请，调解员应当热情接待，耐心倾听，了解该纠纷的基本情况。

调解处于初发阶段的纠纷和容易激化的突发性纠纷，调解委员会发现该纠纷后，毋庸当事人申请，就应主动、及时地前往调解，迅速地将纠纷化解于萌芽状态。对于双方正针锋相对的情形，应采取适当的方法进行冷处理，使矛盾得到暂时的缓和，再了解纠纷情况。对于由于矛盾即将激化而欲采取违法行为尤其是暴力手段达到个人目的的当事人和群体性事件的当事人，应及时呵止，必要时通知其他相关部门的人员到场，维持正常的社会秩序。

对于初次打电话咨询的当事人，调解员可在电话中简明扼要地接受其咨询，对于有必要进行调解，有可能通过调解的方式解决纠纷，且当事人愿意进行调解的，可建议其到所属辖区的人民调解委员会进行调解。

步骤二：了解纠纷基本情况，审查当事人的申请，决定是否受理纠纷。

对于当事人提出的要求调解的申请，调解员接待当事人的同时应进行仔细审查。审查的内容主要包括当事人是否明确、是否有具体的调解要求、是否有提出调解申请的事实依据，以及申请调解的纠纷是否该由人民调解组织管辖。

1. 审查当事人是否明确。纠纷当事人在向人民调解委员会提出申请时，应当说明个人情况以及与其发生纠纷的对方当事人，即被申请人的情况，包括姓名、性别、住址、工作单位等。如果被申请调解人是法人或其他社会组织，则应当说明其单位地址、法定代表人姓名等基本情况。

2. 审查是否有具体的调解要求。申请调解的当事人要说明请求调解所要解决的问题和要达到的目的，如相邻关系纠纷的申请人要求被申请人将其堆放在自己所有或使用的土地上的物品搬走，要求被申请人允许和容忍自己装修时利用对方的部分土地或建筑物、对方物品，要求对方允许自己埋设管线时经过其房屋或土地，或要求被申请人补偿自己在对方利用己方土地而给自己带来的损失等。

3. 审查是否有提出调解申请的事实依据。申请人应当提出申请调解所根据的事实，即纠纷的事实，包括纠纷发生时的事实情况及相应的证据，如能证明申请人的财产受到损害的照片，与纠纷无利害关系的其他邻居的证人证言等。

4. 审查纠纷是否该由人民调解组织管辖。申请调解的纠纷必须属于《人民调解工作若干规定》第 20 条规定的人民调解委员会受理的范围，并应当由该人民调解组织受理。

步骤三：制止侵权行为或排除妨害，缓解疏导纠纷。

根据《人民调解工作若干规定》第 24 条第 2 款的规定，对于当事人申请人民调解组织调解，经过审查又不符合受理条件的纠纷，人民调解委员会应当告知当事人按照法律、法规规定提请有关机关处理或者向人民法院起诉；随时有可能激化的民间纠纷，应当在采取必要的缓解疏导措施后，及时提交有关机关处理。另外，《人民调解法》第 25 条规定，人民调解员在调解纠纷过程中，发现纠纷有可能激化的，应当采取有针对性的预防措施；对有可能引起治安案件、刑事案件的纠纷，应当及时向当地公安机关或者其他有关部门报告。为防止纠纷当事人的损失进一步扩大或矛盾激化，对存在侵权行为或严重潜在危险的行为应及时制止。至于纠纷发生后，一方当事人觉得吃了亏，采用报复手段，纠集亲朋好友剑拔弩张的行为则要即刻制止。因房屋拆迁，土地、山林、坟地的使用，劳资纠纷等大型复杂纠纷的一方或双方当事人人多势众，且可能牵涉众多政府部门，采取果断措施缓解疏导纠纷，预防好此类纠纷的激化，显得尤为重要。

步骤四：由当事人填写调解申请书。

对于有必要将调解申请形成文字记录的，应由申请人填写调解申请书，说明当事人（自然人姓名、性别、年龄、民族、职业、单位或住址，法人及社会组织的名称、地址、法定代表人姓名和职务），纠纷事实及申请事项，书面声明特申请某人民调解委员会予以调解，并由申请人签名，签署登记日期。

步骤五：进行纠纷调解介入登记。

对于人民调解委员会受理的纠纷，无论当事人是口头提出还是书面提出的，调解员都要进行登记。对于口头申请，调解人员应认真听取当事人对纠纷情况的陈述，并按陈述的内容进行纠纷登记。进行纠纷登记应遵循实事求是的原则，严肃认真地将当事人的原话、原意记录在案，切不可加入调解人员的主观想象与分析判断。对于一些可以即时调解的简单的纠纷，也可调解后补办登记，但补办登记必须及时，以免由于时间一长有调解员记忆模糊，登记不够准确的现象发生。

调解员填写纠纷调解介入登记书，主要包括以下内容：①当事人（自然人姓名、性别、年龄、民族、职业、单位或住址，法人及社会组织的名称、地址、法定代表人姓名和职务）；②纠纷事实及介入理由；③经某人民调解委员会研究决定介入调解；④该调解委员会盖章；⑤登记日期。

二、调解前的准备

对于是非明确、情节简单、事实清楚、法律关系一目了然的小纠纷，调解员可在受理之后即时进行调解；一般的纠纷均要在调解前做好细致的准备工作，如确定好调解员、调解时间、调解地点，调查案件事实，拟定调解方案等。

现以人民调解为例，对调解前的准备程序作分步讲解。

步骤一：确定调解员。

1. 确定调解员。调解员的确定一般有两种方式，一种是由人民调解委员会向当事人提供调解员名册，包括基本信息和调解资质等，当事人可自行协商选择；另一种是在没有调解员选择程序或在当事人不愿或难以作出选择等情况下，由人民调解委员会根据纠纷具体情况指定合适的调解员。纠纷可由一名或数名调解员进行调解，如果是比较重大复杂的纠纷，根据需要可以指定若干人民调解员参加调解，组成合议庭，指定首席调解员。

2. 审查是否存在调解员应当回避的情形，决定是否调换调解员。调解人员对与本人有特定关系的纠纷不应承担调解任务，以维护人民调解的公正性。有下列情形之一的，调解人员应自动回避或者根据当事人的申请回避：①调解人员是当事人的近亲属；②调解人员与该纠纷的处理结果有利害关系；③调解人员与当事人有其他关系，可能影响该纠纷的公正解决；④有其他正当理由的。对于当事人提出回避请求的，人民调解委员会应另行指定调解人员调解，或由当事人提名、双方都同意的调解人员主持。

步骤二：调查研究。

1. 与双方当事人接触，了解与核实纠纷情况，明确纠纷性质，必要时进行现场走访与实地勘察。独任调解员或合议庭接到人民调解委员会指派后，调解员应及时与被申请人接触，全面了解纠纷事实，不可偏听偏信。必要时再与申请人进行纠纷情况的核实，通过双方当事人的阐述互为补充，了解纠纷产生的前因后果，双方当事人的争执焦点，明确纠纷的性质，证据和证据的来源，并在与当事人接触的过程中掌握当事人的性格、气质特征，了解和引导当事人对纠纷的态度。

相邻关系纠纷、婚姻家庭纠纷等纠纷往往存在"双向型纠纷"的特点，而侵权损害赔偿纠纷（尤其是双方互殴所引起的人身损害赔偿纠纷）中"混合过错"的特点比较普遍，上述纠纷一边倒的现象很少，往往被申请人也会像申请人那样提出维护自身利益的主张，调解员也应记录在案或做到心中有数。

在与被申请人接触的过程中，调解员应了解该被申请人是否愿意接受调解。若被申请人愿意接受调解，可直接进入下一环节。若被申请人不愿意接受调解，调解员要向其说明情况，包括纠纷申请人提出调解的要求，其权利主张及其合理性，法律与政策的相关规定，若被申请人不接受调解而通过其他途径解决纠纷可能遇到的后果，等等，引导被申请人接受人民调解。如果被申请人只是由于情感上的一时对立而拒绝选择调解，调解员可以通过"冷处理"或者适当地说服、劝解，通过缩短当事人之间人际关系的距离，取得双方当事人的同意后，再主持调解。但当事人一方明确拒绝调解的，不得调解。[1]

大部分纠纷需要调解员通过现场走访与实地勘察来了解纠纷事实，获取第一手资料。以相邻关系纠纷为例，相邻损害防免关系纠纷因不动产相邻而产生，无论是申请人自诉楼上业主的水渗漏到自家的天花板造成损害的纠纷，还是楼上业主声称楼下不当安装防盗窗而引起的纠纷，或者是相邻一方由于另一方建筑施工而引起己方墙体开裂的纠纷，通常都

---

[1] 参见《人民调解法》第17条。

属于"眼见为实"的情形，调解员应根据调解纠纷的实际需要，亲自到相邻损害防免关系纠纷发生地，向纠纷当事人收集第一手材料，必要时向纠纷发生地附近的群众调查了解纠纷情况，弄清纠纷的事实真相。对不同身份的人提供的材料，都要仔细分析、查对和核实。调查过程中，调解人员应把调查的情况作出详细的笔录，必要时可由被调查人写出书面材料。相邻关系纠纷所涉及的不动产及其损害往往需要现场勘察，对调查情况和结果，应当制作笔录。

2. 了解相关法律、政策与行政机关的行政行为，分清是非。广大基层的人民调解员往往拥有丰富的社会经验，并在本辖区内有较高的威望。对那些有较高法律素质和政策水平的精英型调解员，完全可以在初步接触当事人的时候就对当事人的行为作出合法性评价，并对当事人进行法制宣传教育，说服其放弃不合法不合理的主张，缩短纠纷化解的进程。但目前拥有扎实的法律基础与较高政策水平的调解员毕竟还是少数，绝大部分调解员对于法律法规并不精通甚至一知半解。所以在与双方当事人进行接触，了解核实纠纷情况的同时，调解员应通过各种渠道了解该纠纷所涉及的法律与政策，掌握调解该纠纷所采用的法律、政策、社会公德、当地的习惯与民间风俗等依据。对涉及行政机关审批而当事人又对此不予认可的纠纷，应向作出具体行政行为的行政机关或其他行政主体了解情况，明确该具体行政行为的合法性与合理性。必要的话与有关部门沟通，表达希望对方配合人民调解的愿望。当然，无论是人民调解委员会还是人民法院，都不具有替代行政主管部门行使其具体行政职权并作出具体行政行为的权限，不能代行行政权。

只有了解了上述调解依据，调解员才有可能在接下来的调解过程中占据主动，在掌握原则的基础上分清纠纷当事人孰是孰非。而只有分清是非，才能对当事人的行为和主张作出正确的评价。对于双向型的加害行为所引起的纠纷，往往纠纷双方都有过错，互为侵权行为人，在实施调解之前必须将双方的过错或加害行为均调查清楚，做说服教育工作时才能更有把握，并为赔偿数额问题的解决奠定基础。

步骤三：拟订调解计划。

1. 分析材料。对于所占有的材料，调解员应运用各种分析方法，通过分析调查获得的有关纠纷的材料，理清头绪，判明是非，辨别真伪，为拟订具有针对性的调解计划奠定基础。

2. 拟订调解计划。针对纠纷与当事人的实际情况拟订调解计划，必要时将计划形成文字材料。在调解计划中提出对调解可能达成的协议的基本设想，如什么样的赔偿额是双方当事人都可以接受的？应采取哪一种方式消除危险或排除妨碍，又不影响当事人的正常生活？等等。

根据分析材料的结果确定工作重点，如解决纠纷的关键人物，需要解决的关键问题，可以借助的第三方力量等。

确定其他调解参与人。根据《人民调解法》第20条的规定，人民调解员根据调解纠纷的需要，在征得当事人的同意后，可以邀请当事人的亲属、邻里、同事等参与调解，也可以邀请具有专门知识、特定经验的人员或者有关社会组织的人员参与调解。人民调解委员会支持当地公道正派、热心调解、群众认可的社会人士参与调解。

确定调解的方式、方法技巧。如婚姻家庭纠纷多采用法律宣教法、道德感召法、情感融合法等调解方法技巧，相邻关系纠纷多采用换位思考法、利弊分析法等调解方法技巧，合同纠纷多采用法律宣教法、利弊分析法等调解方法技巧。涉及当事人隐私的纠纷多采用不公开调解、背靠背调解等调解方式；大型复杂纠纷可采用座谈会调解、联合调解等方式。

运用时间、地点等要素，确定在何时何处实施调解有利于矛盾冲突的化解。

步骤四：送达调解通知书。

通常在每一次面对面调解正式实施前，调解员将调解通知书送达纠纷当事人，告知其该案的调解时间、调解地点等，要求其准时到场，每一份调解通知书均应有存根留底，上有当事人的签名、调解员的签名，以及该人民调解委员会盖章等。

步骤五：调解现场的布置。

调解现场的布置直接关系到当事人与其他调解参与人在调解现场的心理活动，在一定程度上影响着调解工作的实效。适当的现场布置能拉近调解员与当事人，以及当事人彼此之间的心理距离，调适当事人与其他诉讼参与人的心理压力，营造良好的调解氛围；反之亦然。因此，调解现场的布置不可小视。

调解现场的布置主要通过选择与纠纷调解方案相适应的现场以及调解现场环境布置来实现。调解的方式有面对面调解与背靠背调解、座谈会调解或联合调解等，调解组织应选择与上述调解方式相适应的现场，如选择圆桌式调解、会议式调解、庭式调解等。不同的调解现场有不同的功能，且各有利弊。如近年来倍受推崇的庭式调解是纠纷的双方当事人在调解员的主持下，仿照模拟法庭的程序与现场布置形式，就矛盾纠纷发生的原因后果及双方当事人的责任过错进行举证质证的调查后，对双方当事人的争议焦点进行调解处理。"庭式调解"具有程序规范、制度严格、依法调解、可信度高等特点，对于防止调解员徇私舞弊，及时化解矛盾纠纷，防止矛盾激化，减少党委政府的信访压力均起到重要作用。但庭式调解对调解员的法律素养和技能要求（如会操作电脑、能整理案卷归档等）高，资金投入较大。传统的会议式调解则既体现了双方当事人之间不同的利益诉求、调解员的中立的立场，也适当地拉近了对立的当事人之间的心理距离，适合于面对面的调解等。

除了调解工作室，一个相对封闭的、能在里面举行私人会议、隔音设备良好的小会议室与调解休息室也是十分必要的，适用于当事人休憩的间隙与背靠背调解一方当事人私下探讨。值得注意的是，很多谈判的突破都是在离开调解会议桌经过一个富有"创意"的休憩之后达成的。[1]

目前，全国各地的人民调解委员会纷纷建立以首席调解员或其他优秀调解员的名字命

---

[1] [英]迈克尔·努尼：《法律调解之道》，杨利华、于丽英译，法律出版社2006年版，第74页。

名的工作室，并逐渐重视调解室的环境布置。广大的人民调解组织与调解员创造性地发明了 T 字形圆角调解桌、三角形圆角调解桌等各种新型的调解桌，并恰当运用色彩、光线、装饰等各种元素营造适应调解工作需要的现场氛围。

调解现场的布置没有定规，基本原则是现场形式的原则适应纠纷类型、当事人的特点，有利于调解方案的实施和调解协议的达成；工作人员应善于运用各种元素营造良好的调解工作现场环境。如有人认为使用暖色调的装饰或粉红色的桌布更有利于平和当事人的情绪，顺利化解矛盾与纠纷；绿色植物或盆栽、鲜花等装饰品赏心悦目，有利于纠纷当事人心平气和地达成协议。

三、实施调解

实施调解的过程并无严格的程序步骤要求，一般而言，调解过程会包括以下环节：①调解员的说明与引导。调解员应当告知当事人其权利义务、调解规则、调解效力等基本内容，引导当事人及其他参与人诚信、友好、合作地进行磋商。②当事人陈述与事实调查。调解一般无须复杂的举证质证程序，通常将当事人陈述、辩论和举证、质证等环节放在同一过程交叉进行，事实认定主要依靠调解员的审慎、经验和良知。③面对面调解、背靠背调解及混合式调解。在这一环节中，调解员应保证各方当事人的平等和自愿，坚持中立和公平调解原则，促进当事人达成和解，满足程序保障的基本要求。④调解方案的提出与形成。经过前面的调解环节，双方当事人之间争议差距逐渐缩小。在此情况下，调解员带着各方的要约和反要约往返于双方之间，或是双方重新坐在一起互相交换意见。最终，若双方同意协议草案，调解员会及时主持他们重新确认对解决方式的理解，并补充细节，签订一份正式的调解协议。[1]

现以人民调解为例，对实施调解的程序作分步讲解。

步骤一：履行告知义务。

1. 向当事人出示人民调解告知书，根据《人民调解工作若干规定》的规定，将人民调解工作有关需要当事人了解的内容告知纠纷当事人。需要告知的内容有：①人民调解委员会的性质。②调解的原则。③人民调解协议的法律效力。④当事人在调解中所享有的权利和应承担的义务。

调解中纠纷当事人享有的权利有：选择或者接受人民调解员；接受调解、拒绝调解或者要求终止调解；要求调解公开进行或者不公开进行；自主表达意愿、自愿达成调解协议。[2]

调解中纠纷当事人承担的义务有：如实陈述纠纷事实；遵守调解现场秩序，尊重人民调解员；尊重对方当事人行使权利。[3]

2. 问当事人是否清楚以上所告知的内容，对当事人不清楚的问题予以解答。出示人

---

[1] 范愉主编：《ADR 原理与实务》，厦门大学出版社 2002 年版，第 353 页。
[2] 参见《人民调解法》第 23 条。
[3] 参见《人民调解法》第 24 条。

民调解告知书,并由当事人仔细阅读后,问当事人对以上所告知的内容是否清楚,对其不清楚的问题应予解答,对不具备阅读能力的当事人应予耐心讲解。当事人确定自己已清楚的,在人民调解告知书上写明。

3. 问当事人是否愿意接受调解。在正式开始调解之前,需要进一步确认当事人是否愿意接受本调解委员会的调解,并由当事人在人民调解告知书上写明。对当事人明确拒绝调解的,不得调解。

4. 当事人签字并写明日期。当事人确认无误后,应当在人民调解告知书上签名并写明日期。

在第一次面对面调解开始之时,调解员通常需要一个简短的开场陈述。调解员的开场陈述在整个过程中起着不容小视的作用,主要作用有:①为后续的调解创造一个平静却积极的氛围;②让当事人了解调解的主要特征;③尽可能取得当事人对调解员的信任;④让当事人对调解是如何进行的有大致了解;⑤确认参加人是有权决定调解结果的人。

通常调解员开场陈述的主要内容包括:①调解员的自我介绍;②宣读本次调解会议的目的;③承诺调解员公正公平主持;④告知人民调解委员会的性质、人民调解协议的效力、当事人权利义务等;⑤强调会议的发言礼节;⑥确定参加会议的代理人是否得到当事人的特别授权;⑦要求一方当事人作开场陈述;等等。调解员也可在刚与当事人做背靠背的接触,需要获得当事人关于同意调解的承诺时,便告知其人民调解委员会的性质、人民调解协议的效力、当事人权利义务等事项,而在第一次面对面调解的开场白中主要告知当事人调解的规则,如当事人应尊重调解员与对方当事人,不得在调解会议中随意打断调解员与对方当事人发言等。对于上述工作步骤与规则,调解员可根据纠纷发展的进度与纠纷解决的实际需要,灵活掌握。

步骤二:听取双方当事人的陈述,进行说服教育,劝导工作。

根据《人民调解法》第22条的规定,人民调解员根据纠纷的不同情况,可以采取多种方式调解民间纠纷,充分听取当事人的陈述,讲解有关法律、法规和国家政策,耐心疏导,在当事人平等协商、互谅互让的基础上提出纠纷解决方案,帮助当事人自愿达成调解协议。

1. 引导当事人进一步讲清纠纷的事实真相,并在当事人陈述的过程中进一步查明事实,分清双方责任。如上文所述,在面对面调解开始阶段,调解员确认所有的准备工作都已完成,并确认所有的当事人已经到场,且没有多余的人,调解员应作出简短清晰的开场陈述,引导当事人自己作开场陈述,并作准确的笔记。调解员应给予当事人充分的时间以他们自己的方式来解释他们的利益和感受[1]。在当事人陈述时调解员应积极地倾听,并要求对方当事人不要打断发言。在战略上,调解员应与当事人之间建立信任关系,并令当事人对调解的正当性和结果树立信心;在当事人陈述期间开始仔细洞察纠纷的性质和诱

---

[1] [英]迈克尔·努尼:《法律调解之道》,杨利华、于丽英译,法律出版社2006年版,第92页。

因。在当事人陈述结束时，调解员应总结每个当事人的声明，为各个当事人的陈述做综述，重新说明和理清问题，并分清这些问题的轻重缓急。通过当事人的进一步陈述，可查明事实，分清双方责任，并确认争议问题。

2. 说服劝导当事人转变思想，互相谅解。这是正式开始实施调解的关键环节。调解员可在上阶段查明事实，分清责任，确认争点的基础上，列出一个包含双方谈判必须涉及的中心议题的大纲，引导当事人从一个适当的议题开始谈判，让当事人表露自己的感受，说出自己的需要，彼此交换信息。调解员应按照纠纷调解计划的设计实施调解，同时应根据矛盾发展变化的情况随机应变调整调解计划，采取灵活多样的方式方法对当事人进行法制宣传教育和伦理道德教育，开展耐心细致的说服疏导工作，晓之以理，动之以情，帮助其统一认识，消除敌意，努力寻找双方的共同点。

需要指出的是，对积怨甚深的当事人可采用背靠背的方法进行疏导，先将双方当事人分开做思想工作，分别倾听双方当事人陈述，让其说出产生怨恨的历史原因，摸清其真实意图。比如某单元楼上楼下的两户住家数年来摩擦不断，但两家在接受调解以后都不愿说出纠纷的起因，调解员数次开导，追根溯源，才发现是八年前楼下住户装修时安装的音箱噪音过大，引起楼上住户的不满，但双方没有正确对待各自的诉求，你来我往，越闹越僵。在了解了纠纷产生的前因后果后，调解员再从"远亲不如近邻"的角度轮番做双方的思想工作，劝说双方尽弃前嫌，以和为贵，并将双方的共同利益作为切入点，劝说不考虑邻人利益的纠纷当事人将目光放得远一些。待时机成熟时实施面对面的调解。

在面对面调解的中间阶段，调解员应在战略上注意以下技巧：①鼓励当事人采用积极合作的态度有效解决问题；②将当事人争执的焦点从过去转移向未来，当事人容易因纠缠于过去的纠纷事实而陷入漫长的争论并延续过去的不满情绪，调解员应引导当事人将争执的焦点转移到更富有建设性的，能解决问题的调解方案上；③发现各方当事人利益关系的核心，寻找对双方互利的问题；④发现和了解各方当事人的承受极限。

3. 提出纠纷解决方案，或引导当事人提出纠纷解决方案。在谈判过程中双方当事人必定都希望探明对方的"底线"，调解员需要探明双方当事人的"底线"，并为此重新营造一个"底线"。调解员应尽可能占有、收集与调解相关的事实、数据、推论以及法律理由等信息，本着互利互助，公平合理的精神，综合考虑法律的规定，公序良俗，双方当事人各自的过错程度，经济状况，彼此的关系，经济纠纷的实际情况等因素，提出双方都能接受的调解意见。或者引导一方或双方当事人提出解决问题的方案，并引导双方向一个彼此均可接受的合意点靠拢，促成协议的达成。

这是一个技巧性很强的过程，调解员应注意掌握以下技巧：①对期望过高的当事人，调解人员应在查明事实分清责任的基础上冷静分析，击碎其幻想，告知其若不放弃非常之念谈判只能陷入僵局，劝说其放弃幻想直至以中止调解或终结调解相威慑；②不要轻易相信当事人所说的底线是其真正的承受极限，了解当事人的最终要求，对不松口的当事人可告知其谈判已陷入僵局，促使当事人让步；③妥善处理"离席威胁"，真诚地劝说当事人忍耐一二，或休庭，将面对面调解改为背靠背的私下会议，上述方式都不合用时可视情况告诉作出离席表示的一方当事人将终止调解；等等。

4. 达成调解协议。在当事人逐渐向合宜点靠拢并基本达成共识时，调解员应当趁热打铁，将双方召集在一起，主持调解协议的达成。在调解人员主持下，由当事人双方自行协商，达成解决纠纷的协议。对多次做思想工作仍不具备达成调解协议条件的，不应久拖不决，应及时终止调解。

四、调解的终结

调解的终结有两种情形，即调解失败和调解成功。

调解失败，即当事人拒绝调解、提前终止调解或者当事人未能就调解协议达成一致。在法院调解的情况下，相关争议可直接转入诉讼程序；在人民调解、行政调解的情况下，调解员应告知当事人可以依法通过仲裁、司法等其他合法途径维护自己的权利。调解成功，即当事人之间达成调解协议。在某些情况下，达成调解协议并不意味着调解程序的终结，如法院调解中，除无须制作调解书的案件，在当事人达成调解协议之后，法院还须以此为依据制作调解书，调解书经双方当事人签收后具有法律效力。

现以人民调解为例，对调解的终结阶段作分步讲解。

步骤一：决定结束调解，对达成调解协议的制作调解协议书；对达不成调解协议的，在民间纠纷受理调解登记表上说明情况。

根据《人民调解法》的规定，人民调解员调解纠纷，调解不成的，应当终止调解，并依据有关法律、法规的规定，告知当事人可以依法通过仲裁、行政、司法等途径维护自己的权利。这里所说的调解不成，主要有两种情形：一是纠纷不属于人民调解的范围；二是由于当事人拒绝调解、提前终止调解或者当事人未能就调解协议达成一致。

经人民调解委员会调解解决的纠纷，有民事权利义务内容的，或者当事人要求制作书面调解协议的，应当制作书面的调解协议。在首部写明编号、当事人情况；在正文写明纠纷简要情况，协议的内容，履行协议的方式、地点、期限，该协议一式几份，当事人、人民调解委员会各持一份；尾部由当事人签名或盖章，由调解员签名，由人民调解委员会盖章，最后写明日期。该调解协议书以人民调解委员会名义，发给双方当事人各一份，再由人民调解委员会归档一份。对即时调解的简单纠纷，当事人达成口头协议即可，可不必达成调解协议书。

虽经多方工作，但达不成调解协议的，可在民间纠纷受理调解登记表上说明因何调解不成，并在调解终止时告知当事人可通过哪些途径维护自己的权利。

步骤二：对调解委员会处理的纠纷进行登记。

制作民间纠纷受理调解登记表，在首部写明纠纷类别和编号以及当事人的基本情况，在正文写明纠纷简要情况、调解协议达成的时间和协议的主要情况、协议履行情况。调解不成的亦在此说明。尾部由登记人签名，并写明登记日期。

五、调解的后续工作

在调解结束之后,需进行一些后续工作,以使调解的功能切实发挥到最大。如调解信息的梳理、汇总与分析,调解协议履行情况的追踪与回访,调解协议的司法确认等。

现以人民调解为例,对调解可能存在的后续工作作详细讲解。

后续工作一:引导当事人就不能即时履行、有民事权利义务的调解协议进行司法确认。

调解是以当事人之间的合意作为立足点的,因此,一旦调解成功,绝大多数调解协议都能够在当事人自愿的基础上得到履行。不过在现实生活中,难免会出现当事人达成调解协议后又反悔的情况,由于人民调解委员会并不具备强制执行调解协议的权力,纠纷当事人最终往往不得不诉诸法院来执行调解协议。而调解协议若被随意撕毁,既浪费了社会的调解资源,也容易徒增讼累,因此人民调解员应引导双方当事人自调解协议生效之日起30日内,共同向调解组织所在地的基层人民法院或者人民法庭申请司法确认,经确认的调解协议将具有强制执行的效力。

后续工作二:重新调解及调解协议的变更。

根据《人民调解法》第33条和《人民调解工作若干规定》第37条的规定,调解协议的变更情形,一是调解人员在回访中发现原来的协议有错误或不当之处而提出变更;二是当事人认为原调解协议有不当之处而要求变更;三是人民法院依法确认调解协议无效的,当事人可以通过人民调解方式变更原协议或者达成新的协议,也可以向人民法院提起诉讼。

无论是哪种情况,都要尊重当事人的意愿,在取得双方当事人同意的基础上,进行重新调解。经重新调解,对调解协议进行修改或者撤销原调解协议,达成新的调解协议并进行登记。人民调解协议的变更,主要包括协议双方权利、义务的变更,即标的的种类、品种、规格、数量、质量等的变动,以及履行协议的时间、地点、方式或者其他权利、义务的变更。

后续工作三:回访纠纷当事人,督促纠纷当事人履行调解协议。

当事人应当自觉履行调解协议。调解人员有义务督促当事人履行协议。例如,自我检讨、赔礼道歉、保证改过等内容的协议,可以在达成协议的现场当即履行。对于需要一定时间才能完成的协议内容,如返还原物、恢复原状、赔偿损失、提供劳务等,能当日履行的尽量当日履行;如不能当日履行,当事人必须做出承诺,保证在一定期限内履行。人民调解委员会应当对调解协议的履行情况适时进行回访,并就履行情况做出记录。[1]

当事人不履行调解协议或者达成协议后又反悔的,人民调解委员会应当按下列情形分别处理:

1. 当事人无正当理由不履行协议的,应当做好当事人的工作,督促其履行。

---

[1] 参见《人民调解工作若干规定》第36条第2款。

2. 如当事人提出协议内容不当，或者人民调解委员会发现协议内容不当的，应当在征得双方当事人同意后，经再次调解变更原协议内容；或者撤销原协议，达成新的调解协议。

3. 对经督促仍不履行人民调解协议的，应当告知当事人可以请求基层人民政府处理，也可以就调解协议的履行、变更、撤销向人民法院起诉。[1] 对当事人因对方不履行调解协议或者达成协议后又后悔，起诉到人民法院的民事案件，原承办该纠纷调解的人民调解委员会应当配合人民法院对该案件的审判工作。[2]

【相关法律法规】

《中华人民共和国人民调解法》

《中华人民共和国民事诉讼法》

《中华人民共和国行政诉讼法》

《中华人民共和国刑事诉讼法》

《最高人民法院关于审理涉及人民调解协议的民事案件的若干规定》

《人民调解工作若干规定》

《最高人民法院关于进一步发挥诉讼调解在构建社会主义和谐社会中积极作用的若干意见》

操作训练一　综合练习

【训练目的】

能根据纠纷具体情况布置调解现场。

【训练材料】

丁某在一次聚餐醉酒后，像往常一样骑着电瓶车回家，岂料天黑路暗，加上酒劲上来，丁某不慎一头撞上了停靠在路边的一辆大卡车，当场身亡。丁某离世后，留下了一笔百万元的遗产。由于丁某和妻子并未生育子女，按照法律规定，这笔遗产就应由丁某妻子及丁某的父母继承。然而，平日里就有矛盾的婆媳为此闹得不可开交。丁某妻子认为，作为合法配偶，自己可以全权处理丈夫的遗产。这个想法遭到了代表丁某父母出面的小叔子小丁的强烈反对。后经调解员调解，丁某妻子和丁某父母同意等份额继承遗产。经多次调解，双方最终同意了调解员的方案。眼看纠纷就要平息了，事件却出现了令人意外的转折——调解员从村委会得知，丁某其实还有个20多岁的聋哑女儿，只是女儿与丁某一家早已断了联系。原来，丁某与妻子是二婚。丁某与前妻原本感情和睦，然而聋哑女儿的出生让夫妇俩矛盾不断。丁某的父母希望小两口能再生一个健康的孩子，但前妻却一口回绝，最终夫妻俩不欢而散。离婚后，丁某前妻带着女儿搬了出去。虽然与丁某的住处相距

---

[1] 参见《人民调解工作若干规定》第37条。

[2] 参见《人民调解工作若干规定》第38条。

不过几十公里,但母女俩与丁某一家从此一刀两断,20年来未曾谋面,也没有任何联系。丁某前妻和女儿的现身,让调解现场一下子混乱起来,丁某一家先是震惊,继而愤怒。"这么多年都没见你们露过面,一听说我哥没了,你们倒立马出现了,这是想来分我哥的遗产吧,告诉你们,没门。"小丁说。

【训练要求】

根据教师提供的原始案例,布置调解现场(包括面对面调解现场与背靠背调解现场)。没有良好实训室条件的,可做文案设计式的训练。

操作训练二 分步练习

【训练目的】

掌握面对面调解的一般流程以及每个阶段应当运用的战略或技巧;培养学生作为调解员应当具备的应变能力、表达能力等基本能力。

【训练材料】

原告小赵身材瘦削,体弱多病,见很多人通过运动达到了强身健体的效果,也颇为心动。某次,他收到一份健身工作室的传单,被其地段、价格、设备和专业度吸引。该健身工作室为钱某个人投资经营,了解到钱某从事健身行业多年,且拥有中国健美协会专业健身教练证书后,小赵立即购买了1年的私教课程。训练前,钱某询问了小赵的运动习惯和身体状况,小赵称自己此前并无训练基础,且正在进行控糖节食。而后钱某又为小赵进行仪器测试,结果显示,小赵的体重和肌肉含量均在标准范围的较低位置。2021年7月6日,小赵在钱某的指导下进行了多组手臂训练,其间因感到疲累,部分动作未能完成。随后两天,小赵又分别进行了腿部和核心训练,训练中未见异常。

7月8日训练结束后,小赵发现自己的尿液呈褐色,便发微信告诉钱某,钱某回复:"赶紧去医院,可能是横纹肌溶解症,会得急性肾衰竭的,不要拖。"小赵立即前往医院就诊,并被确诊为横纹肌溶解症,后因症状较重被转入ICU。出院后,小赵与钱某协商赔偿事宜未果,于是将钱某起诉至法院,要求其赔偿各项损失共计8万余元。

小赵认为,钱某作为专业健身教练,理应根据客户身体条件、状态提供个性化、有针对性的健身指导,但钱某为用短期训练效果吸引客户,违规安排了明显超过其身体承受能力的超强度训练,致其身体严重损伤。但在法庭上,钱某委屈地表示,他为小赵制订的私教课程都是"入门级"的,训练强度低,安全系数高,一般学员包括女生在内都能接受。小赵身体素质欠佳、饮食作息不规律,训练中明知身体不适却未主动叫停,首次训练后也未提出休息,仍主动参加后续两天的训练,所以其自身也存在责任。

【训练要求】

根据训练材料作以下分步练习:

第一步:将学生分为若干4~5名成员构成的小组。

第二步:由1名同学扮演小赵,1名同学扮演钱某,2~3名同学扮演调解员,模拟调

民间纠纷调解

解过程，并录像记录。

第三步：采用录像回顾法，由表演的学生自身找出刚才调解中程序上的错误；或者由教师扮演调解员，让学生找出调解员组的学生有什么需要改进之处。

学习单元七习题

学习单元八　调解协议

【知识目标】
了解调解文书的基本类型；理解各类调解协议的效力；掌握调解协议书的主要结构。

【技能目标】
能制作调解协议。

【素质目标】
严谨规范的工匠精神；法律职业素养。

一、调解文书概述

在调解工作流程中，每一个环节都离不开规范的调解文书。调解结案之后，更需要按照规定将卷宗文书归档保管。调解文书及卷宗贯穿调解程序的始终，撰写严格规范的调解文书并制作卷宗，是调解工作中必不可少的工作。

（一）调解文书种类

1. 人民调解法律文书种类。人民调解法律文书可分为简单民间纠纷调解文书和一般民间纠纷调解文书。简单民间纠纷调解文书，适用于案情简单、可当场解决、达成口头调解协议的民间纠纷。对于达成口头调解协议的简单民间纠纷，人民调解委员会仅需要制作人民调解口头协议登记表。一般民间纠纷调解文书适用于非口头调解协议的纠纷，2010年12月31日颁布的《司法部关于印发人民调解文书格式和统计报表的通知》规定了人民调解申请书、人民调解受理登记表、人民调解调查记录、人民调解记录、人民调解协议书、人民调解口头协议登记表和人民调解回访记录7种人民调解文书。

2. 法院调解法律文书种类。法院调解文书主要包括调解协议书和调解书两种。根据诉讼程序不同，调解文书格式也有相应的变化。需注意的是，并非所有的诉讼程序都可适用调解。以民事诉讼为例，第一审普通程序、第一审简易程序、第二审程序、庭外调解、再审程序、小额诉讼程序、公益诉讼程序、申请撤销劳动争议仲裁裁决案件可以适用调解，《人民法院民事裁判文书制作规范》《民事诉讼文书样式》《关于印发〈民事诉讼程序繁简分流改革试点相关诉讼文书样式〉的通知》对具体的文书样式作了相应的规定。

3. 行政调解法律文书种类。由于行政活动的广泛性及复杂性，行政调解所涉及的调解主体、调解程序、纠纷类型种类繁多，加之行政调解的专业性与职能性较强，我国在行政调解法律文书方面并无统一的规范。一般而言，行政调解法律文书可能涉及：行政调解申请书、口头申请行政调解笔录、行政调解受理通知书、行政调解不予受理通知书、行政调解终止通知书、行政调解交办通知书、行政调解告知书、行政调解协议书等。

（二）调解协议

调解协议，即纠纷各方当事人依照国家的法律、法规、规章、政策和社会主义道德，就争议的权利义务关系，在调解员的主持下，对纠纷的解决自愿平等达成的一致意见。调解协议书就是在达成合意基础上形成的纠纷解决的法律文书，调解协议书时常被简称为调解协议，本书后文也将以调解协议指代调解协议书。

调解协议是调解法律文书中最重要的一种，甚至可以说，调解的最终目标就是达成调解协议。无论是人民调解、法院调解还是行政调解，非口头调解即时履行的纠纷的解决都涉及调解协议的撰写。调解协议确定了各方当事人的权利义务，具有法律约束力，也是最终是否能达到案结、事了、人和效果的关键。

二、调解协议的效力

调解协议的效力是调解制度的关键内容，直接关系到调解的实际效用。我国现代调解制度按照一定的标准可以分为人民调解、法院调解、行政调解等，其达成的协议效力不尽相同。

（一）人民调解协议的效力

对于人民调解协议是否具有效力，理论上历来有肯定说和否定说这两种相左的观点存在。

肯定说认为人民调解协议具有法律效力，其主要理由有：

1. 调解协议实质上是传统民法上的和解合同，是一种无名合同，与《民法典》合同编中规定的19种有名合同一样，是平等主体之间设立、变更、终止民事权利义务关系的协议，不能因为有调解员主持参与就改变其法律性质。调解员不是仲裁员，更不是法官，当事人在调解员居间调解下，处分的是自己的私权，所达成的协议应具有合同的法律效力。

2. 调解协议是对当事人之间存在的法律关系的重新确定，是当事人真实意思的表示，因此达成的协议是一种合法的法律行为，应具有法律约束力。

3. 调解委员会作出的调解协议如不具有法律效力，势必影响调解机构职权的行使。

否定说认为人民调解协议不具有法律效力，持否定意见的理由是：

1. 如果人民调解协议具有法律效力，实际上等于把执法的权能授予了一个群众性自治组织，在理论上说不通，且有损于法律尊严。

2. 调解协议是建立在当事人自愿基础上的，如果强求当事人履行协议，必然同人民调解工作的本质特点与基本原则相悖。

3. 多数调解人员文化水平较低，法律知识欠缺，调解协议内容的合法性存疑，如果强迫当事人履行，势必损害法律严肃性。

4. 人民调解协议与《民法典》所调整的合同存在着诸多不同之处：①人民调解协议所涉及的纠纷的范围已超出了《民法典》所调整的合同的范围。人民调解协议是当事人之间就已发生的民事纠纷而自愿达成的协议，其不仅是解决民事纠纷方面的协议，而且还有非民事法律关系的、纯属道德问题方面纠纷的协议，甚至有些属于轻微刑事违法行为引起的纠纷的协议。而《民法典》所称的合同，是民事主体之间设立、变更、终止民事法律关系的协议。②一般民事合同一旦被撤销，或被宣告无效，其法律后果是返还财产或赔偿损失，而人民调解协议一旦被撤销或被宣告无效，原纠纷依然存在，当事人仍可就原有的争议的法律关系向人民法院提起诉讼。③一般民事合同的标的是基于一定的民事法律事实所产生的民事权利义务，其目的在于设立、变更或终止民事权利义务关系。而人民调解协议的对象，是一定法律关系所生之争执，故争议法律关系是调解协议客体，其目的在于解决彼此争端，从而达到确定民事权利义务的目的。④从法院管辖的确定来看，一般的民事合同争议由被告住所地和合同履行地法院管辖，而调解协议一旦发生争执，基于人民法院对调解组织的指导和监督，当事人只能向调解所在地人民法院提起变更或者撤销之诉。⑤作为解决争议的一种形式，与仲裁委员会作出的裁决书、法院作出的调解书等一样，人民调解协议也是经过一定程序合成的结果，不宜将其视为一种民事实体法律关系。⑥作为一种民事合同，从纠纷解决的角度而言，当事人的民事权利义务只是暂时确定了，时刻有引发纠纷的可能，将人民调解协议视为一种民事合同，有违效率原则。基于上述理由，有学者认为将人民调解协议视为一种民事合同是不妥当的。

但在实践中，由人民调解委员会主持经双方当事人自愿协商达成的调解协议在过去被视为无效协议，缺乏法律强制力的保证，其履行有赖于诚实信用的道德原则和社会舆论的压力，当事人可以任意反悔，不履行协议而向人民法院起诉，这给当事人、人民调解委员会乃至整个社会造成不良影响，也增加了人民法院的负担。据统计，在20世纪80年代，调解与诉讼的比例约为10∶1（最高时达17∶1），到2001年却降至1∶1，与法院案件的快速上升以及世界ADR纠纷解决机制的蓬勃发展形成了鲜明的对比。其中的一个重要原因是，法律对于人民调解协议的效力缺乏明确规定。根据我国《民事诉讼法》和《人民调解委员会组织条例》的规定，人民调解委员会依照法律规定，根据自愿原则进行调解。当事人对调解达成的协议应当履行，不愿调解、调解不成或者反悔的，可以向人民法院起诉。这一规定导致普通公民乃至法官对人民调解协议采取否定的效力评价，将其视为只能约束"君子"，不能约束"小人"的"君子协定"，如果纠纷当事人不顾社会信誉，对调解协议予以反悔，不按调解协议方式履行义务，调解人员进一步做工作又无效，调解组织和调解人员以及对方当事人都无能为力，后者只能向人民法院提起诉讼以解决争议。这就动摇了当事人对调解组织的信任，致使许多纠纷久拖不决。

正是基于上述背景，最高人民法院于 2002 年 9 月 5 日通过了《最高人民法院关于审理涉及人民调解协议的民事案件的若干规定》，首次明确了人民调解协议具有民事合同的性质。该规定第 1 条规定，"经人民调解委员会调解达成的、有民事权利义务内容，并由双方当事人签字或者盖章的调解协议，具有民事合同性质。当事人应当按照约定履行自己的义务，不得擅自变更或者解除调解协议"。最高人民法院的这一举措，赋予人民调解协议以一定的法律效力，初步实现了人民调解制度和诉讼制度的对接，在当时具有积极意义。为了引导公民在自愿的基础上慎重地处分权利，使调解协议得到有效履行，《人民调解法》第 31 条第 1 款规定，经人民调解委员会调解达成的调解协议，具有法律约束力，当事人应当按照约定履行。这一规定明确了人民调解协议在法律上的效力，即履行调解协议不仅是当事人的道德义务，也是其法定义务。显然，立法者认为调解协议并不等同于民事合同，而且其效力应高于民事合同，因此没有在《人民调解法》中规定人民调解协议属于民事合同。

根据上述规定，人民调解协议的法律效力主要体现在以下两个方面：

1. 人民调解协议具有法律约束力。当事人应当按照协议内容履行自己的义务。一方当事人不履行的，对方当事人可以要求其履行，也可以请求人民调解委员会督促其履行。在确认当事人无不履行协议的正当理由后，人民调解委员会应当对不履行调解协议的当事人进行说服教育，告知其相关法律法规、关于当事人应当自觉履行调解协议的规定，并说明不履行协议的利害关系，要求当事人履行协议。

2. 人民调解协议不具有强制执行的效力，但经司法确认，由人民法院依法确认调解协议有效的，该调解协议即具有强制执行的效力。必须指出的是，《人民调解法》第 31 条第 2 款规定，人民调解委员会的职责仅限于对调解协议的履行情况进行监督，督促当事人履行约定的义务，如果当事人仍然拒绝履行，人民调解委员会不能强制当事人履行，而只能根据《人民调解法》第 32 条的规定，建议另一方当事人向人民法院提起诉讼或以其他方式解决纠纷。

此外，人民调解协议所涉及的债权债务若适于强制执行，可在公证机构办理公证，只要公证的债权文书能反映真实合法的债权债务关系，且债务人在文书中有若未履行债务则自愿接受强制执行的意思表示，则该经过公证的债权文书可以向法院申请强制执行。

（二）法院调解协议、调解书的效力

根据《民事诉讼法》第 101 条的规定，调解和好的离婚案件、调解维持收养关系的案件、能够即时履行的案件及其他不需要制作调解书的案件在达成协议后，无需制作调解书，以双方当事人达成调解协议结案。除无需制作调解书的案件外，其他案件经法院调解的，法院需制作调解书。也就是说，法院调解达成合意后，可能存在两种情况，一种是以调解协议结案，另一种是法院制作调解书结案。法院调解书是人民法院制作的，记载当事人所达成的调解协议内容的法律文书。调解书以调解协议为依据，既是当事人对调解协议的确认，也是人民法院确认调解协议的法律文书。

1. 生效时间。

（1）调解书的生效时间。《民事诉讼法》第 100 条第 3 款规定："调解书经双方当事人签收后，即具有法律效力。"这一规定包括两个方面的要求：一是调解书必须送达双方当事人签收。据此，调解书应当直接送达当事人本人，不适用留置送达和公告送达的方式。二是调解书必须经双方当事人签收后才能生效。如果一方或双方当事人拒绝签收的，应当视为调解不成立，调解书不发生法律效力。无独立请求权的第三人参加诉讼的案件，人民法院调解时需要确认无独立请求权的第三人承担义务的，应经其同意，调解书也应当同时送达其签收。无独立请求权第三人在签收调解书前反悔的，人民法院应当及时判决。

（2）记入笔录的调解协议的生效时间。根据《民事诉讼法》第 101 条第 2 款的规定，不需要制作调解书只记入笔录的调解协议，由双方当事人、审判人员、书记员签名或者盖章后，即具有法律效力。

2. 法律后果。法院调解书和只记入笔录的调解协议生效后，可以产生以下几个方面的法律后果：

（1）结束诉讼程序。法院调解是人民法院的结案方式之一。调解协议生效，表明人民法院最终解决了双方当事人的纠纷，民事诉讼程序也因此而终结，人民法院不得对该案继续进行审理。

（2）确认当事人之间的权利义务关系。调解协议生效后，当事人之间的权利义务关系在调解协议中得到确认，民事争议已得到解决，当事人不得对此法律关系再发生争议。

（3）不得以同一诉讼标的、同一事实和理由再行起诉。调解协议生效后，民事纠纷已依法解决，当事人不得以同一诉讼标的、同一事实和理由，向人民法院再次提起民事诉讼。但是，对于调解和好的离婚案件或者调解维持收养关系的案件，原告如果有新情况、新理由，在 6 个月届满后，还可以第二次起诉，请求法院审理解决。

（4）不得对调解协议提出上诉。调解协议是在双方当事人自愿的前提下达成的，当事人一旦接受调解协议，就意味着放弃了上诉权。因此，无论是在一审、二审还是再审程序中达成的调解协议，均不能提起上诉。

（5）有给付内容的调解协议书具有强制执行力。调解协议是双方当事人在人民法院主持下自愿达成的，一般情况下当事人都能自觉履行。如果具有给付内容的调解协议生效后，负有义务的一方当事人不履行义务时，对方当事人可以向人民法院申请强制执行。

3. 行政调解协议的效力[1]。根据法律规定，行政调解书经双方当事人签字，即具有法律效力。经行政机关调解后达成的具有给付内容的协议，当事人可以申请公证机关依法赋予其强制执行效力。债务人不履行或者不适当履行具有强制执行效力的公证文书的，债权人可以依法向有管辖权的人民法院申请执行。据最高人民法院 2009 年 7 月公布的《关于建立健全诉讼与非诉讼相衔接的矛盾纠纷解决机制的若干意见》第 8 条第 2 款规定：

---

[1] 廖永安主编：《调解学教程》，中国人民大学出版社 2019 年版，第 121 页。

"行政机关依法对民事纠纷进行调处后达成的有民事权利义务内容的调解协议……经双方当事人签字或者盖章后,具有民事合同性质,法律另有规定的除外。"第 11 条规定:"经《中华人民共和国劳动争议调解仲裁法》规定的调解组织调解达成的劳动争议调解协议,由双方当事人签名或者盖章,经调解员签名并加盖调解组织印章后生效,对双方当事人具有合同约束力,当事人应当履行。双方当事人可以不经仲裁程序,根据本意见关于司法确认的规定直接向人民法院申请确认调解协议效力。人民法院不予确认的,当事人可以向劳动争议仲裁委员会申请仲裁。"对于具有合同效力和给付内容的调解协议,债权人可以向有管辖权的基层人民法院申请支付令。此外,因支付拖欠劳动报酬、工伤医疗费、经济补偿或者赔偿金事项达成调解协议,用人单位在协议约定期限内不履行的,劳动者可以持调解协议书依法向人民法院申请支付令。

三、调解协议制作

(一)调解协议的主要结构

一份完整的调解协议可能包含标题、编号、纠纷各方的身份及授权、关键词定义、纠纷主要事实与争议事项、声明与保证、具体权利义务条款、权利放弃条款、违约条款、担保条款、见证条款、生效条件条款、管辖条款、调解协议的持有方及份数、清洁文本条款、签订时间和地点等内容。根据纠纷的性质和复杂程度、纠纷主体的身份和关系的不同,并非每个项目都为必需,可根据具体情况予以取舍。接下来,我们将以人民调解为例对调解协议中的几个重点内容进行详细介绍。

1. 首部。

(1)编号。按有关规定或各人民调解委员会自定的办法填写。目前,司法部对于人民调解文书的编号没有作统一要求,但在实践中填写方法主要有两种:第一种填写方法为:调委会简称+文书性质简称+制作年份+序号。填写标准为:①乡镇(街道)调委会制作的协议书。编号内容依次为县(区)简称、乡镇(街道)简称、文书性质街称、制作年份、序号。②村(社区)调委会制作的协议书。编号内容依次为乡镇(街道)简称、村(社区)简称、文书性质简称、制作年份、序号。③企业调委会制作的协议书。编号内容依次为所在行政区划简称、调委会所在单位简称、文书性质简称、制作年份、序号。第二种填写方法为:制作年份+调委会简称+文书性质简称+序号。表示为"(年度)××调字第××号"。第二种填写方法与第一种填写方法的不同主要表现在编号中各部分排放顺序以及括号类型,具体要素的填写并无差别。

(2)当事人。当事人为自然人的,应当填写当事人的姓名、性别、民族、年龄、职业、单位或住址、联系方式等;当事人为法人或社会组织的,应当填写法定代表人的姓名、性别、民族、年龄、联系方式、职务,"单位或住址"栏填写法人或社会组织的地址。如果纠纷涉及三方以上当事人,另加附页载明其他当事人的基本情况。如双方当事人为多人的按主次填写。相应的身份证件需复印作为调解协议的附件。订立调解协议时需注意核实参与方是否具有就该纠纷进行调解、作出承担义务或放弃权利的实质性意思表示的能力及权限。法定代理人或委托代理人参与调解时，需记明代理人身份资料和授权权限。如有独立的授权委托文件，需与身份文件一并作为调解协议的附件。起草调解协议时需格外注意核对指代的一致性，以免在权利义务条款中因混淆而造成争议。

2. 正文。协议内容是协议书的核心部分，要求具有可操作性，真正起到解决纠纷的目的。

（1）纠纷主要事实、争议事项。应对纠纷简要事实（当事双方产生纠纷的主要原因、过程）、争议事项、各方请求进行明确叙述，以避免发生调解后权利方再重复主张，或义务方推脱协议是因其他事由而订立等情形。视情况不同，此部分叙述繁简宜有所区别。有的纠纷不宜在此部分详叙经过，以免双方因对经过细节争持不下而导致协议无法签订，如离婚协议；而有的调解协议只是纠纷的部分解决，则可在此部分尽量明确事实甚至细节，为后续程序如诉讼等减少争议。在这里需要特别说明的是，调解相比别的纠纷解决方式更注重增进群众之间的团结、消除纷争，因此在制作人民调解协议书时，应避免使用过于激烈或尖锐的语言，并且使当事人都能够接受，只有这样才能起到更好的疏导矛盾纠纷、化解纷争的作用。

（2）达成协议的内容。应载明各当事人的权利义务，填写内容较多时可附页。这是人民调解协议最关键的部分，也是调解活动获得成功的具体体现。协议内容是当事人在互谅互让、平等协商的基础上，形成解决纠纷的一致意见。因此，在调解协议书中，当事人双方应当享有什么样的权利，承担什么样的义务，必须清楚、明确和具体，不能含糊其辞、权责不明，以免在实际履行过程中产生争议，影响和削弱调解效果。协议内容为多项时，应分项写明。

（3）履行协议的方式、时限。履行调解协议的具体方式有许多种，具体适用哪一种或哪几种都要在协议中写明。同时，调解协议的履行地点、具体期限要在调解协议中加以明确，避免因方式、地点、期限不明导致协议无法得到实际履行，当事人的权益无法得到及时保护。

3. 尾部。调解协议制作完成后，必须由纠纷各当事人签名或盖章，表明双方当事人对该协议的认可，该协议内容是双方真实的意思表示。主持调解的人民调解员应在协议上签名，并加盖人民调解委员会印章，表明该调解协议是在人民调解委员会的主持下达成的。为了避免一方私自篡改调解协议，可在调解协议的每一页均签名、捺印或盖章，条件允许时可加盖骑缝章。由于调解协议的订立时间可能涉及诉讼时效，当事人在调解协议上签名、捺印或盖章后还需注明订立时间，也可注明订立地点。当事人不能到场签字的，可以委托他人签字，但是必须有明确的授权或委托手续。调解协议书制作完成后，由纠纷当事人各执一份，人民调解委员会留存一份。

人民调解协议书参考样式如下：

人民调解协议书

编号：_____

当事人姓名_____ 性别_____ 民族_____ 年龄_____
职业或职务_____ 联系方式_____
单位或住址_____

当事人姓名_____ 性别_____ 民族_____ 年龄_____
职业或职务_____ 联系方式_____
单位或住址_____

纠纷主要事实、争议事项：_____
_____
_____
_____

经调解，自愿达成如下协议：_____
_____
_____
_____

履行方式、时限_____
本协议一式_____份，当事人、人民调解委员会各持一份。

当事人（签名盖章或按指印）_____人民调解员（签名）_____
当事人（签名盖章或按指印）_____记录人（签名）_____

（人民调解委员会印章）

____年____月____日

（二）制作调解协议书的注意事项

调解协议中最核心的部分就是调解协议书的内容，也就是调解协议书的条款部分，而条款部分也是最容易出现问题、最有可能会出现争议的一个部分。因此，我们在日常制作调解协议书的时候，尤其是在撰写协议书的内容、写作协议书条款的时候，特别需要注意其合法性、规范性、可操作性，并注意可能会出现的一些问题。

1. 合法性是调解协议有效的前提。拟定调解协议时，需确保协议不存在侵害国家利益、社会公共利益和他人的合法权益的情形，不存在违反法律、行政法规的强制性规定的内容，亦不应违背善良风俗和社会公共道德。在合法性的把握上，应特别注意以下几点：

（1）避免出现无效条款。以人民调解协议书为例，《最高人民法院关于审理涉及人民调解协议的民事案件的若干规定》（以下简称《若干规定》）第4条规定："具备下列条件的，调解协议有效：（一）当事人具有完全民事行为能力；（二）意思表示真实；（三）不违反法律、行政法规的强制性规定或者社会公共利益。"以上三项条件必须全部满足，调解协议书方得有效。相应地，对于调解协议书无效的情形，《若干规定》第5条规定："有下列情形之一的，调解协议无效：（一）损害国家、集体或者第三人利益；（二）以合法形式掩盖非法目的；（三）损害社会公共利益；（四）违反法律、行政法规的强制性规定。人民调解委员会强迫调解的，调解协议无效。"以上五种情形，只要出现其中之一，调解协议即无效。例如，在实务中很多人民调解协议中会出现类似"乙方收到上述款项后，放弃向甲方提起诉讼的权利"的表述，而诉权为法定权利，放弃法定权利的约定一般被认为是没有法律效力的，即乙方在收到上述款项后，仍然有向甲方提起诉讼的权利。只是乙方起诉后，如双方的调解协议没有出现无效或可撤销的情形，则其实体权利将得不到法律的支持，也就是乙方的诉讼请求将不会得到支持，但其诉权仍然存在。又如"无论乙方伤情如何变化，甲方均不再承担任何责任"的表述，如果乙方在签订调解协议时对自己的伤情存在错误认识而使调解协议存在可撤销的情形时，则乙方在行使撤销权后，当然还可以要求侵权人重新承担侵权责任，该条款"不再承担任何责任"对当事人无约束力。

（2）避免出现调解协议书被撤销的情形。以人民调解协议书为例，《若干规定》第6条规定："下列调解协议，当事人一方有权请求人民法院变更或者撤销：（一）因重大误解订立的；（二）在订立调解协议时显失公平的；一方以欺诈、胁迫的手段或者乘人之危，使对方在违背真实意思的情况下订立的调解协议，受损害方有权请求人民法院变更或者撤销。当事人请求变更的，人民法院不得撤销。"比如在人身损害赔偿纠纷中，有些伤者缺乏相应的职业技能和专业知识，对自身的伤势程度不能正确地认知和预见，致使其在签订赔偿协议时对其伤势程度存在错误认识，即受伤者是在不清楚自身受伤程度的情况下签订的调解协议，可以认定为重大误解。又比如，有的受伤者伤情比较严重，但调解时没有将伤残的因素考虑到，受伤者以为自己没有达到伤残程度但实际上已构成伤残的，或者受伤者对伤残等级认识错误的，则其所获的赔偿金额与其应当得到的赔偿金额差距都将是巨大的。在以上情形中，从保护受伤者合法权益的角度出发，此类赔偿协议可以因重大误解或显失公平而被撤销。

（3）当事人要准确合法。调解协议书中的主体应是纠纷当事人，这里的当事人必须符合我国法律关于法律关系主体的规定。对于未成年人、精神病人等无行为能力人或限制行为能力人，应由其法定代理人代为行使民事权利。具体而言，在制作调解协议书时，仍应将涉案的无行为能力人或限制行为能力人列为当事人，同时应将法定代理人信息增列于当事人的下一行。实践中应认真审查当事人，不能出现家庭人员互代现象，如父代子、夫代妻等。

2. 规范性是调解协议顺利履行的重要保障。在规范性方面我们应当注意：

（1）协议内容要完整规范。调解协议应具备必要的事项，否则调解协议的效力或作用将受到影响。以人民调解协议为例，其必备事项包括：双方当事人基本情况，简要纠纷事实，达成协议的内容，履行协议的方式、地点、期限，当事人、调解员签名或盖章，人民调解委员会印章。

（2）协议用语力求准确精炼。日常使用的词汇含义往往是不确定的，加之广义与狭义、术语与俗语等分别，极易出现不同解释。比如"货款共1万，至某月某日还欠款3千"这样的表述就可以有完全不同的理解，因为"还"是一个多音多义字，结合语句即可以理解为"已经偿还"，也可以理解为"还有"；又比如"2024年之前"这个日常表述，有时意指2024年12月31日之前，有时意指2024年1月1日之前，在一方缺乏履行诚意的情况下，语词含义不明很可能导致新的纠纷。

（3）尽量采用打印形式，避免涂改。因手写文件易于增删添改，调解协议最好以打印件形式订立，并可在协议中加入清洁文本条款，声明本协议为清洁文本，一切手写增改删减无效。各方协商一致对调解协议作出改动时，应另行订立补充协议。不采用清洁文本条款的情况下，各方对调解协议协商一致作出改动时，改动处须由各方签名、捺印、盖章予以确认。

3. 调解协议的条款应当具有可操作性。履行时间、履行方式、违约责任等问题应当是具体的、明确的、清晰的、全面的，防止因调解协议书中约定的内容不清晰而导致履行时出现对协议内容理解上的分歧，如"如甲方未在2023年12月31日前付清上述款项的，一切法律后果由甲方承担""双方应严格履行本协议，如一方违约，另一方有权根据法律规定追究其违约责任或按《民法典》合同编执行"等表述，对于保障协议的履行和弥补受害方的损失是起不了任何积极作用的。因为按照《民法典》合同编的有关规定，合同违约的，违约方当然要承担违约责任，这都是法律规定的义务，不需要当事人在合同中约定。在协议当中需要约定具体的赔偿标准、损失的计算标准、违约金的具体金额或其计算方式等。如果协议中没有具体的关于违约责任的约定，就会对守约方追究违约方的责任造成很大的障碍。我们以一例来对可操作性作具体说明。假设甲方同意归还乙方一笔钱，情形一为一次性付清：我们在撰写协议时至少应当明确款项的性质、款项的金额、何时归还、是否有利息等内容，参考表述如下：甲方自愿于2022年10月31日前归还当乙方借款本金100 000元，并支付利息5000元。情形二为分期付清：此时我们在情形一的基础上，还需要明确分几期、每期截止日期、每期还款金额，此外由于分期履行涉及数个还款期限，因此我们还需要考虑某一期的还款义务未能履行时的强制执行问题，参考表述如下：甲方自愿归还乙方借款本金100 000元，并支付利息10 000元，合计110 000元。该款分期支付：于2023年10月31日前支付50 000元，于2023年12月31日前支付60 000

元。若甲方未按上述第一项约定按期足额履行还款义务的，则乙方可就剩余未履行款项一并申请强制执行。此外，为促使协议及时履行，我们还可以加上敦促履行条款，参考表述如下：若甲方未按上述第一项约定按期足额履行还款义务，则其应当另行向乙方支付利息1000元（可以写具体的金额，也可以写计算方式：利息自2023年11月1日起以未还本金为基数按照年利率12%计算至实际履行之日止），且乙方可就剩余未履行款项及加付的利息一并向人民法院申请强制执行。

操作训练一　综合训练

【训练目的】

掌握调解协议的制作方法。

【训练材料】

方女士与丈夫顾先生于2019年登记结婚，并于2022年11月产下顾小宝。由于方女士与顾先生是经人介绍认识，婚前相处时间较短，感情基础薄弱。婚后，方女士发现其和顾先生在价值观、人生观上有很大的分歧。于是，在2023年5月，方女士决定和顾先生离婚。而顾先生也认为继续生活下去对彼此都无益，遂同意离婚。但是双方都坚决要与顾小宝一起生活，因此争执不下，并要求当地的人民调解委员调处该纠纷。

调解员对双方当事人进行了释法说理：我国《民法典》第1084条第3款规定，离婚后，不满2周岁的子女，以由母亲直接抚养为原则。如果双方无法达成调解协议，通过诉讼程序解决，法院会根据具体情况而定。而此时顾小宝才6个月大，还在母乳喂养阶段，并且方女士收入较高，工作自由度也较高，所以孩子由方女士抚养更有利于孩子的成长。不过虽然离婚了，顾先生仍然是孩子的父亲，对孩子仍然有抚养和教育的权利。

当事人对调解员的说法表示认同，并当达成合意如下：顾小宝由方女士抚养，顾先生可以随时看望孩子，方女士应该给予方便。顾先生承担每月1000元的抚养费。

【训练要求】

以小组为单位，根据方女士与顾先生达成的合意，制作人民调解协议书。

学习单元八习题

学习单元九　婚姻家庭纠纷调解

【知识目标】

明确婚姻家庭纠纷的概念和特点，掌握婚姻家庭纠纷调解的要点，熟悉处理婚姻家庭纠纷常用的法律法规。

【技能目标】

判断某一民间纠纷是否属于婚姻家庭纠纷；掌握婚姻家庭纠纷调解的要点及流程；能运用纠纷调解的技巧对婚姻家庭纠纷实施调解。

【素质目标】

尊老爱幼、男女平等的社会主义道德风尚；同理心。

一、婚姻家庭纠纷概述

（一）婚姻家庭纠纷的概念与特点

婚姻家庭纠纷指的是由婚姻家庭关系方面的人身关系、财产关系而引起的各种纠纷，包括婚约财产纠纷、离婚纠纷、离婚后财产纠纷、离婚后损害赔偿纠纷、同居关系纠纷、婚姻无效纠纷、撤销婚姻纠纷、夫妻财产约定纠纷、抚养纠纷、扶养纠纷、监护权纠纷、探望权纠纷、赡养纠纷、收养关系纠纷、分家析产纠纷等。家庭是社会的基本细胞，婚姻家庭不仅起着调节两性关系的重要作用，而且担负着实现人口再生产、组织经济生活以及教育的职能。婚姻家庭的稳定与和谐，直接影响着全社会的稳定与和谐，而婚姻家庭纠纷又是基层法务中常见高发的纠纷，处理好婚姻家庭纠纷，有利于当事人子女的身心健康，有利于家庭和睦，减轻社会压力，降低未成年犯罪及遗弃老人的犯罪行为，也有利于引导情趣高尚的社会风气，促进社会的文明进步。

1. 与其他的民间纠纷相比，婚姻家庭纠纷具有其显著的特殊性。

（1）当事人之间社会关系的特殊性。主要体现在以下四个方面：

第一，婚姻家庭纠纷的当事人之间有着血缘关系、亲情关系、恋爱关系、婚姻关系等特殊的人身关系，或曾经存在特殊的人身关系。如离婚纠纷的当事人之间存在着婚姻关系；离婚后财产纠纷或离婚后损害赔偿纠纷的当事人之间曾经存在过婚姻关系；婚约财产纠纷的双方当事人之间曾经建立过恋爱关系；同居关系析产、子女抚养纠纷的当事人之间存在着共同生活的经历甚至育有共同的子女；赡养纠纷和分家析产纠纷的当事人之间往往存在着很亲近的血亲关系，彼此之间或是父母子女关系，或是兄弟姐妹关系等。

第二，婚姻家庭纠纷时常涉及多方当事人或者第三方的利益。如赡养纠纷或分家析产纠纷常涉及所有存在着法律上的赡养义务的多方当事人甚至是被赡养人的孙子女或外孙子女。又如离婚纠纷、同居关系析产、子女抚养纠纷、监护权纠纷或探望权纠纷等婚姻家庭纠纷的处理结果和调解员调处上述婚姻家庭纠纷的艺术，直接关系到子女的利益，尤其是关系到未成年子女的健康成长。

第三，婚姻家庭纠纷所涉及的社会关系往往并不单纯，可能是各种关系的杂糅，比如一起离婚纠纷可能同时涉及夫妻关系、婆媳关系、姑嫂关系、妯娌关系、翁婿关系等多个家庭成员之间的关系或姻亲关系。又如有些离婚纠纷同时伴随着家庭暴力和侵权行为。

第四，婚姻家庭纠纷所涉及的社会关系往往是建立在人身关系基础之上的、财产关系与人身关系的复合体。这种人身关系可能是一种血亲关系，也可能是姻亲关系、恋爱关系、同居关系等。

（2）引发纠纷原因的多样性与复杂性。如引起离婚纠纷发生的原因有婚前感情基础差，婚后未建立起深厚的感情；夫妻一方有不良恶习；第三者介入；性格不合或生活习惯严重背离；夫妻一方双方因哺育小孩、赡养老人、料理家务等家庭琐事产生严重分歧；夫妻双方因家庭经济开支不合理而矛盾不断；夫妻一方身患疾病或没有生育能力；夫妻一方犯罪被判刑；等等。有些婚姻家庭纠纷的产生原因不止一个，有些婚姻家庭纠纷的产生原因埋藏得较深，"冰冻三尺非一日之寒"，如有些离婚纠纷是由于婆媳之间长期不和导致夫妻矛盾所引起的。

（3）总体上看婚姻家庭纠纷更适合调解，而不是优先考虑审判。由于当事人之间特殊的人身关系的存在，婚姻家庭纠纷宜优先考虑调解而不是优先考虑审判。

（4）婚姻家庭纠纷的调解难度大。虽然有些婚姻家庭纠纷事实清楚，法律关系明确，却因当事人之间的关系特殊，矛盾积累年深日久，涉及多方当事人或关系到关系密切的第三人的利益而难以简单划一地解决。

2. 近年来婚姻家庭纠纷的发生与发展产生了一些新的特点和趋势。

（1）恋爱婚姻家庭纠纷呈现持续上升的趋势。婚恋自由、以爱情为基础的自主婚姻和男女平等、文明和睦的家庭已成为当代中国婚姻家庭的主流。改革开放后西风东渐，由于社会转型时期伦理观念的变化，人们权利意识的加强，对生活品质的日渐重视，以及家庭财产总量的不断增长等原因，婚姻家庭纠纷呈现持续上升的趋势。

（2）婚姻家庭纠纷在广大农村地区的民间纠纷中所占的比例尤高。随着社会流动性增强，农村出外打工的青壮年越来越多，夫妻双方长期分居感情转淡，或因收入状况、社会地位与眼界的改变而产生外遇，因此而引发的婚姻家庭纠纷也逐年增加。以离婚率的增加、老人的赡养和孩子的抚养问题为民间纠纷的热点问题，由索要彩礼、家庭暴力和虐待老人、妇女、儿童所引起的纠纷也为数不少。

总之，婚姻家庭纠纷的上述特点直接关系到婚姻家庭纠纷的调处艺术。准确理解上述特点，把握近年来婚姻家庭纠纷的新的趋势，有助于调解人员防治解决上述纠纷。

(二) 婚姻家庭纠纷调解的要点

恋爱婚姻家庭纠纷产生的原因比较复杂，实践证明对此类纠纷应以预防为主，对于已经发生的婚姻家庭纠纷，则应积极调解，及时使可能激化的矛盾得到缓解。婚姻家庭纠纷调解应注意以下事项：

1. 调解员的调解要以促进家庭和睦为目标，注意调解的方式方法，灵活使用多种方式方法实施调解。不同类型的婚姻家庭纠纷，所适用的调解技巧亦应有所侧重。但首先应当以法律为依据调解婚姻家庭纠纷。例如，对婚约财产纠纷，可依据我国《民法典》及司法解释的相关规定对是否应当返还婚约财产的问题进行把握；对于赡养纠纷中的赡养义务人，应当明确指出对于离婚纠纷中那些因违背一夫一妻原则的过错行为而引起离婚纠纷的过错方，应严肃指明当事人的行为不仅是悖德行为，更是违法行为，要承担相应的法律责任；对于施行家庭暴力的纠纷当事人，调解员应当予以批评训诫，使其认识到自己的施暴行为是一种应当承担法律责任的违法犯罪行为；等等。人民法院对婚姻家庭纠纷的调处，更应遵守法律规定，依法进行调解。例如，对离婚案件的审理，要注意对婚姻合法性进行审查，对于无效婚姻应根据《民法典》的相关规定进行处理；对于财产分割，侵犯国家、集体及第三人利益的协议，法院不予支持；不能强行调解；等等。除了法律宣教法，调解员还应同时结合情感融合法、道德感召法与利弊分析法等调解方法，以亲情感人，以情理服人，以利害关系警醒人。

2. 调解婚姻家庭纠纷还应多使用换位思考的方法，一方面人民调解员自身应富有人情味，设身处地为当事人着想；另一方面让当事人以诚信的态度进行换位思考，学会从别人的角度出发，取得他人的理解、支持和谅解。

3. 调解婚姻家庭纠纷抓主要矛盾，有些调解婚姻家庭纠纷是由父母、兄弟、姐妹等其他关系人引起的，而这些人往往在纠纷中起着举足轻重的作用，做好这些人的工作，能起到事半功倍的效果。如果调解组织只重视做当事人的工作而不重视做其他关系人的工作，效果就大受影响。应根据情形多适用第三方协助法，尤其应对家庭中有威信的成员启发开导，让其协助做思想工作；可联合当事人所在单位及妇联等组织积极做好调解工作。与此相适应，调解婚姻家庭纠纷尤其应注意方式技巧的灵活运用，可根据案情较多适用座谈会调解的方式。

4. 调解员调处婚姻家庭纠纷应以疏导教育、解决思想问题为主，但对一些涉及实际困难所引起的婚姻家庭纠纷，调解员应及时施以援手，积极与有关部门联系，在可能的条件下帮助解决。

5. 调解婚姻家庭纠纷还应该多使用苗头预测的方法，使矛盾消弭于萌芽状态。同时婚姻家庭纠纷涉及当事人的情感与生活着落等问题，对于已经受理的婚姻家庭纠纷不能久拖不决，以避免矛盾激化。

6. 调解婚姻家庭纠纷时调解员应当多采用引导宣泄法，对于遭受家庭暴力、严重精神创伤或情感上的伤害的当事人，应积极倾听，多安抚其情绪，使其体会到同情与安慰，在语言技巧的使用上要特别注意平等与亲切，少说官话，少打官腔。

7. 调解婚姻家庭纠纷还应注重环境要素的选择。如婚姻纠纷往往涉及当事人的隐私或面子问题，不适宜当众调解，有经验的调解员很少当众调解婚姻纠纷，而是选择在当事人家中或在办公室个别调解。又如赡养纠纷中的老人一般不愿与子女或孙子女对簿公堂，而且赡养纠纷案件中的老人多半年老体衰，行走不便，甚至一部分人无生活来源，丧失劳动能力，卧病在床，要他们拖着体弱多病之躯亲自到法庭起诉、取证举证、参加开庭审理，来回奔波，自然力不从心。显然，赡养案件更适宜就地调处，非公开调解。

8. 调解婚姻家庭纠纷要注意在不背离法律原则的基础上保护弱势的当事人的利益，如各种婚姻家庭纠纷中遭受家庭暴力的妇女的合法权益、赡养纠纷中没有劳动能力和生活来源的老人的合法权益、离婚案件中的妇女和儿童的利益等。

【相关法律法规】

《中华人民共和国民法典》

《最高人民法院关于适用〈中华人民共和国民法典〉婚姻家庭编的解释（一）》

二、婚姻家庭纠纷调解范例解析

范例：

浙江省某偏远山村男青年丁某与邻村女青年李某于2015年初经人介绍相识，2016年登记结婚。婚后仅仅3个多月，丁某因负债太多以及感情方面的原因，于一天晚上服农药自杀身亡。丁某亡故后，其妻李某便返回娘家居住。丁某的父母悲伤过度，两人的身体状况都出现了问题，没法正常生产劳动。当初为儿子成家及举办婚宴借了不少钱，留下的债务无法清偿，生活陷入困境。丁某与李某谈婚论嫁时，依传统习俗给付了李某及其父母4万元彩礼，其中有2万元是借来的。后丁某父母多次到李某父母家，要求返还3万元彩礼用于清偿债务。因双方意见不一，言语不和，每次都是不欢而散。

丁某的父母又多方咨询，想打官司要回彩礼，均被告知胜诉可能性不大。之后，丁某之父丁某海多次到李某父母家闹事，并声称要以生命为代价讨说法。为此，当地派出所曾多次介入，因系经济纠纷不便处理，均无结果。派出所建议双方通过人民调解委员会调解解决此事。于是丁某海找到镇调解委员会，希望调委会为自己主持公道。人民调解委员会对这起纠纷十分重视，召开了面对面的调解会。在调解会上首先对双方进行劝解疏导，劝说李某父母作为受益方，应换位思考，体谅对方存在的困难。同时指出丁某父母为了要回彩礼多次到李某父母家闹事的行为是错误的，这不仅不利于事情的解决，还会造成矛盾升级。调委会要求双方以诚相待，依据公平诚信的原则协商解决这件事。可当时因双方意见分歧较大，无法在这一次面对面调解中达成一致意见。

经过这一次面对面调解，调解员觉得双方在情绪上对立还很严重，在双方都剑拔弩张的情况下，双方当事人根本听不进调解员的意见；且在面对面调解，中即便双方觉得调解员说得在理因顾及面子等因素而不愿意认同。调解员于是选择了背靠背的调解方式。调解员先找到了李某的父母，李某父母对丁某父母找人来闹事的举动非常愤怒，调解员并没有急于打断李某父亲的诉说，而是适当让其进行情绪宣泄，待他情绪稍稍稳定了以后，调解员开了口："李大伯，丁父亲带人闹事的行为确实不对，给你家带来的麻烦我也能理解。我今天来就是希望通过调解能够避免这样的事情再一次发生。在困境中的人有可能做一些过激的错误行为，如果你是丁某的爸爸，面对上门逼债的债主，看着儿子的遗像，想着本来借债是为了让儿子过好日子，如今连儿子都没了，会不会也伤心欲绝呢？丁某的爸爸固然不对，可人家毕竟刚失去了儿子，基于这点您能原谅他的行为吗？""我原谅他，他放过我吗？一再闹事的是他又不是我。"李某爸当即回应道。

调解员不急不躁地问："我听说他们当初给的4万彩礼中有2万元是借的？"李某爸说："彩礼钱是不是借来的我们不清楚。彩礼也不是我们强要的，他们家自愿给的，我家在结婚当时也给了不少陪嫁的，算起来也有个万把元，再说我家闺女也嫁过去了，本想一心和丁某过日子，没想到丁某一点也不念及新婚妻子，自顾自喝了农药，让我家闺女成了寡妇。我闺女年纪轻轻的，这以后咋办啊？他家还好意思找人来我家理论，要我说啊，要找人理论就得找他们自家的自私儿子。"调解员见李某爸爸还只想着自家的理，就耐心地展开了法律宣教："李大伯，人死了再有什么错处也没必要提了，再怎么说，轮上谁家，死个孩子都是接受不了的事。你刚才提到李某死了丈夫也是受害者，这点我同意。不过，我国的婚姻法司法解释中有规定，一方婚前给付彩礼并导致给付人生活困难的，给付彩礼的一方当事人是有权要求返还的。说明白一点就是，丁某海夫妇现在身体垮了，没法劳动赚钱了，他们确实没能力还因彩礼而借下的外债，他们现在的生活困难是因给付彩礼而起的，因此他们向你家提出返还彩礼也是有法律依据的。"李某的爸听完调解员的话，自顾自低声嘟囔了一句："这法还能这样规定？"虽然还是不服气的神情但明显没了刚才的怒气。调解员于是趁热打铁道："李大伯，我知道你也是顾及面子的人，不会愿意上法庭。再怎么说你们两家也是亲家，为了这点彩礼钱闹上法庭还不让村里人说闲话？我也知道您主要是不满丁某海带人来闹事，只要好好商量，这两亲家总不至于闹上法庭，是吧？""咋个商量法？"李某爸爸抬头问道。调解员见李某爸态度缓和，就及时提出了建设性调解意见："4万元彩礼毕竟是他家自愿给的，你家李某也已经做了他家的媳妇，这4万元钱都要你家还也说不过去。可他家确实被外债压得透不过气来，我的建议是他家借来的2万元外债您就替他们还上吧，也算您家在亲家困难时帮个忙。您看这样行不？"李某爸思考了一会儿说："这也不是不可以商量，但他丁某海得保证以后再不闹事，还得让我闺女把户口迁回来。"

调解员见李某家基本同意了调解方案，就急忙赶到丁某海家做思想工作。丁某海开始坚持最少还3万元，否则就会让李某父母不得安生。调解员及时批评了丁某海的想法：

"丁大叔，您刚走了儿子，悲痛的心情我可以理解，但您的这种做法我是很不赞同。人死不能复生，再怎么说是孩子自己选择的这路，不是李某家逼的，您把怨气出在李某父母身上是不占理的。您换位思考一下，谁家父母愿意让自家的闺女成为寡妇啊，您死了儿子，李某也死了丈夫，谁的心里都不好受。"丁某海看了调解员一眼，没有反驳。调解员因事前打听到丁某海曾找过律师，想让律师做风险代理却被拒绝，于是明知故问道："丁大叔，您要是想解决这事又不愿调解，我倒建议您不要用闹事的违法手段，可以请律师走法律途径。"丁某海回应道："我们出不起律师费。我们去咨询时律师还说了，丁某已经死了，说是我们父母不一定有原告资格啥的，我也不懂，反正律师说即便我们出了律师费他也不能保证打赢官司。我没法了，逼上绝路了才找人去李某爸妈家理论的。"

调解员针对丁某海的话及时运用了利弊分析法进行了说服："丁大叔，您一再带人去李某家闹事还不就为了她家还钱吗？可照我看来，您的行为会让您得不偿失。您一再闹事，李某父母家也会怨气越来越大，到时也可能召集亲朋好友与你们对抗，万一冲突起来，谁能完全控制好场面啊？要是打伤几个人，到时要被拘留不说，自己伤了要多掏医药费，打伤别人还要赔款，您这可不是去讨回钱，而是打算送出去钱呢。您要是接受李某爸返还2万元彩礼的方案，一来不用再支付律师费、诉讼费什么的来解决问题；二来可以即时还清外债；三来可以让双方都从这件痛苦的事情中早点走出来；四来您和李某家好歹也是亲家一场，如此解决至少还能在场面上留点情分；五来您和伯母也可以静下心来好好调养身体，丁某走了你们更得保重身体，这个家还要靠你们自己撑起来。"丁某海听调解员说完，默默点头，过了片刻，说："让李某家不得再提嫁妆的事，结婚时送来的陪嫁不能再拿回去了。"

调解员见双方基本接受了调解方案，及时组织进行面对面调解，使双方达成了调解协议。协议约定李某出嫁时其父母给予的陪嫁物品全部归丁某父母，再由李某当场给付丁某父母现金1万元，余下1万元在3个月之内支付，此后丁某海不得干扰李某及其父母生活，2万元全部交付后双方一同办理李某的户口迁移手续。

知识要点：

中华人民共和国成立后，我国1950年、1980年、2001年的《中华人民共和国婚姻法》（以下简称《婚姻法》）和案例发生后生效的《民法典》，均未对婚约和彩礼作出规定，且都规定了禁止买卖婚姻和禁止借婚姻索取财物的内容。但目前我国很多地方仍存在把订婚作为结婚的前置程序，并且有订婚送彩礼的习俗。彩礼的多少，随当地情况、当事人的经济状况等各方面因素而定，但数额一般不小。一旦双方最终不能缔结婚姻，或者因各种原因导致婚姻维系时间很短，则彩礼的返还问题往往会引发纠纷。婚约财产纠纷不仅涉及订婚的当事人，而且涉及双方家庭甚至媒人等，处理不好，就会使矛盾激化，甚至酿成刑事案件。因此，调解员受理此类纠纷的调解申请后，如果发现有纠纷激化的可能性，就要及时介入，不能使用冷处理法。在本范例中，虽然第一次面对面调解没有成功，但对于安抚双方情绪、控制事态发展具有十分重要的意义。

方式方法技巧：

在调解彩礼返还纠纷的过程中，要灵活选择调解方式。双方当事人往往在婚约解除时就有了积怨，在给付方讨还财产过程中更有可能加深双方的积怨，因此在调解之初双方当事人大多对立情绪较重，这时宜采取背靠背的方式做耐心细致的说服工作，等双方冷静理智并对解决方案大致认可以后，可进行面对面调解，力促双方达成最终的调解协议。

在调解婚约财产纠纷的过程中，经常运用到的调解方法包括换位思考法、法律宣教法和利弊分析法等。调解员要善于引导当事人做换位思考，让彼此多想想对方的苦衷和难处。在范例中，调解员引导李某爸理解丁某海丧子之痛和因为给付彩礼而造成的生活困难，也引导丁某海认识到李某结婚3个月便死了丈夫她也是受害者，双方的换位思考使得对立情绪得到大大缓解。在运用法律宣教法时，调解员应结合具体的纠纷情况耐心地向当事人宣讲和解释最高人民法院《关于适用〈中华人民共和国婚姻法〉若干问题的解释（二）》第10条的规定，即"当事人请求返还按照习俗给付的彩礼的，如果查明属于以下情形，人民法院应当予以支持：（一）双方未办理结婚登记手续的；（二）双方办理结婚登记手续但确未共同生活的；（三）婚前给付并导致给付人生活困难的。适用前款第（二）、（三）项的规定，应当以双方离婚为条件"。[1]通过对法律的宣讲和解释让当事人了解自己的想法与法律规定之间的差距，从而在内心对诉讼风险做出较为客观的判断，这有助于引导当事人回归理性，也有助于引导当事人按照法律规定的思路寻找纠纷的解决办法。

利弊分析法是法律宣教法的进一步深化和扩展，范例中调解员或耐心或巧妙地向当事人宣讲了法律规定后，提醒他们注意诉讼可能带来的负面效应便是利弊分析法的运用。当然，利弊分析法不限于此，调解员应该帮助当事人对他们一直在采用的解决手段和调解员建议的调解方案进行全面的利弊分析，并在此基础上引导他们做出正确的选择。调解员对丁某海的最后劝说便是使用利弊分析法的较好范例。

在调解婚约财产纠纷中还要注意遵循当地风俗习惯。在传统的乡土社会里，因彩礼而产生的纠纷并不多。人们约定俗成：如果男家解除婚约，彩礼不退；如果女家解除婚约，彩礼就要原数退还。大家都恪守习俗。现在婚约财产纠纷的增加是由于传统乡土社会结构的打破和人们价值观的多元化趋势。彩礼是依附于婚约而发生的，现行法律对婚约问题并没有加以规范，都是依据当地风俗习惯所进行。婚约的成立、存续期间的来往以及解除等事项也都是按照风俗习惯进行的，那么双方为此发生纠纷，当然撇不开风俗习惯在其中的作用。当婚约解除，涉及彩礼返还问题时，也应遵循当地风俗习惯。在调解婚约财产纠纷

---

[1] 该司法解释已失效，目前的相关法律依据为《最高人民法院关于适用〈中华人民共和国民法典〉婚姻家庭编的解释（一）》（法释〔2020〕22号）第5条，当事人请求返还按照习俗给付的彩礼的，如果查明属于以下情形，人民法院应当予以支持：①双方未办理结婚登记手续；②双方办理结婚登记手续但确未共同生活；③婚前给付并导致给付人生活困难。适用前款第2项、第3项的规定，应当以双方离婚为条件。

时，如果所有纠纷都机械地按照最高人民法院的司法解释提出解决方案，就会导致当事人产生抵触心理，特别是涉及给付方有过错而导致婚约解除或者是双方已经同居生活的，甚至彩礼已经用于共同生活的，如果调解员要求接受方全部返还，就与风俗习惯相冲突。对此，调解员一方面要对过错方从当地的风俗习惯谈起，使得这一方当事人在思想上受到约束，使其自觉理亏，从而为调解打下基础；另一方面，对另一方当事人可以进行适度的法律宣讲，使其明白自己在法律规定上的不利之处从而降低期望值。总之调解员应追求双方自愿、符合民俗、既不违反法律又体现公平的解决方案。

范例：

2003年3月，31岁的工程师王某和28岁的护士韩某经人介绍相识。2003年10月王某的父母对王某和王某的哥哥表示：兄弟俩谁先结婚就把位于杭州某小区的一套50平方米住房给谁。韩某得知这一说法后主动表示愿意和王某结婚。2004年1月王某和韩某登记结婚，一年后生育一女儿。

两人共同生活了一段时间后发现双方的家庭背景、个性和生活习惯都不同。韩某家都是韩某妈妈说了算，无论韩某妈说对说错，韩某爸都会照韩某妈的意思办。韩某喜欢规整的生活，对家庭卫生状况要求极高，对家中衣服和物品的摆放都有要求，一旦不满意就会不停地唠叨，而且得理不饶人，非得王某认错并改正才罢。而王某的爸爸是大学教授，妈妈是工厂的女工，家中一切事务都由王某爸决定，家务都由王某妈妈承担。王某从小就生活随意，有乱放东西的习惯，王某个性内向并固执，服软不服硬，遇有不高兴的事情就变得更沉默寡言，非常不善于哄女人开心。

两人在婚后常常出现的情景是：韩某不住地唠叨，王某象征性地按照韩某的要求收拾一下家，而韩某还是不满意，还在唠叨，王某摔门而出，继而冷战一二天，然后因为照顾孩子的需要两人又开始说话。日子在如此周而复始的过程中消逝。2007年的一天，王某父母来儿子家吃饭，在饭桌上韩某一直在唠叨王某没把厨房搞干净，而且声音越来越响，王某父母非常尴尬，一直沉默的王某突然大喝一声："别烦了！"王某的这一声怒喝激怒了韩某，韩某彻底爆发，大声地指责着王某平时的懒散行为，王某扬手给了韩某一耳光。韩某愣了一下说："我们离婚！"然后抱着女儿回了娘家。一周后王某得知韩某已经向法院起诉离婚，王某所在社区的调解员李大妈平日里与王某妈妈很熟，王某妈来到社区调解委员会请求李大妈的帮助。

李大妈来到韩某娘家，看见韩某2岁的孩子在玩电动木马，韩某在边上照看。李大妈先是向韩某夸奖孩子的聪明漂亮，继而话锋一转说："你忍心让这么小的孩子没法和爸爸共同生活？"韩某开始很强硬说："那样的爹还不如没有。"李大妈说："你婆婆来找我劝你，她说你是个勤快能干的媳妇，王某那天打你确实是不对的。但你要说宝宝的爹不如没有，那我是不同意的。你去上夜班的时候我好几次去你家串门，看见王某很耐心地在给小孩喂饭或讲故事，小孩也紧紧地粘着他，我想抱一下小孩，小孩马上紧搂着她爸脖子不放，那样的父女情深咋能说还不如没有呢？说句大实话，你或许有可能换一个更宠爱你的丈夫，但你女儿绝对不可能找到一个更疼爱她的爸爸。小韩，我说的在不在理啊？"

韩某沉默了一会，说："我和她爸过不到一块儿去，她在这样整天不合的家庭也不会幸福的。"虽然态度没转变但说话语调明显没有刚才冲了。李大妈见有松动，赶紧以长辈的身份劝说道："小韩啊，大妈我和你婆婆很熟，对你家的情况也了解一些。大妈知道你俩都是好孩子，虽然两人间确实有不合的地方，可你们其实也没有什么解决不了的大矛盾，问题的根结在于双方性情和生活习惯本就存在差异，再加之缺乏沟通和理解。咱们有问题得解决问题，不能遇上问题就想着撤退，你看看那么可爱的女儿，不能让她的童年和人生是不完整的吧？"韩某听了李大妈的话并没有改变主意："我想过了，我和王某没大矛盾却过不到一块儿去，这就是最大问题。我和他本是两路人，本来想为了孩子勉强过，可他敢动手打我，我也就下决心了。"

李大妈继续劝说道："我刚才说了，王某打你确实是他不对，我一定会让他来向你认错。可你要说两人是两路人，一定过不下去了，我不认可。这世上的夫妻有几对是完全一路的啊？两人从小的生活环境肯定都不同，过了蜜月期还不是靠磨合才能过一辈子。人无完人，每个人都是有缺点的，同时也是有优点的，我们不是常说结婚前你睁大眼，结婚后你睁一只眼闭一只眼吗？你倒好，结完婚生了个这么可爱的女儿之后，反倒是拿起放大镜仔细研究起王某的缺点来，这日子当然就越过越不顺心了。说句实话，王某从小到大就是那么个人，他的随意不爱整洁的毛病从小就有，和你谈恋爱时就没收敛过，倒是和你结婚后在你的唠叨之下改了不少，你同意和他结婚时接受他，怀孕前没想着放弃他，现在孩子正需要爸爸的时候你决定不容忍他的坏毛病了，在我看来，你这是对孩子的责任心不足。""李大妈，您咋能这么说话呢？我不爱女儿不会忍到现在。和王某过了两年发现他一无是处我才下的决心。"韩某又把声音提高八度反驳道。

李大妈赶紧放缓语气劝说道："小韩，我知道你这次受了委屈，有怨气。你平时对你女儿的疼爱你婆婆也常常在我面前说起。可王某真是一无是处吗？去年你爸开刀住院，你上夜班的时候还不是靠他这个女婿陪夜？你爸出院时怎么夸他的，你还能记得起来吗？考虑到你上班辛苦，为了不影响你休息，小孩断奶以后他一个大男人带着女儿睡觉，每晚都要醒来两三次检查你女儿的被子有没有踢掉，这是真的吧？"韩某不再反驳，抱起坐在木马上的女儿。赵大妈见韩某没有立即离开的意思，又劝道："小韩，王某是有缺点，但他的优点也不少的，否则你那么有眼光有远见的姑娘不会嫁给他，更不会为他生女儿，是吧？你也知道王某是个服软不服硬的主，你呢，偏又爱唠叨，你越唠叨越指责他越逆反，两个人都拧着劲较量，这关系咋融洽得起来？""我也知道他是个倔驴，唠叨他没用，可我控制不住。"韩某紧了紧怀里的女儿低声说道。

李大妈见韩某态度有转变，想着这事要一天劝好也是不可能，再加之王某那里也没有去了解过态度，于是就决定先对韩某运用一下冷处理法："小韩啊，还是那句话，人无完人，互相之间多看看对方优点，对对方缺点不要过分指责，要多加宽容。你和孩子出来玩很久了,我今天也不多劝了,大妈也是女人,知道心里的气不是一天能转过来的,你回去再想想。不过,大妈还是想提醒你,没想定之前还是先把法院的诉状去撤了吧,你婆婆说你爸妈还都不知道你起诉离婚的事,你这主意定的也太冲动了吧?你自己也是为人母了,做事多想想父母的感受。无论做什么决定都该和爸妈商量一下吧?那我今天先走了。"韩某对李大妈的反问都没有作答,只是对李大妈说了声:"谢谢李大妈。"

李大妈从韩某处回来就去找了王某,王某打韩某的事已经被自己妈妈批评过,也知道自己打人不对,可得知韩某已经起诉离婚之后,向李大妈表态说:"她要离婚,我也没辙。那天真的不是存心要打她,真是被她唠叨得脑袋发胀,看着我爸的脸色越来越难看,不知咋的我就扬手打了她。"李大妈耐心说道:"一直被唠叨是不好过,不过,你家韩某平时还是很勤快很顾家的吧?"王某很实在地回答道:"嗯,就是受不了她的唠叨。"

李大妈笑一笑说:"你说被她唠叨得脑袋发胀才忍不住打了她,我倒是能理解,可这事在谁面前说都是你的错,男人打老婆到底不该是你这样的知识分子干的事,这赔礼道歉总是必须的吧?何况你老婆还为你生了如此可爱的女儿。"一听到女儿,王某马上抬头说:"离婚可以,女儿我要的。"李大妈赶紧说道:"要女儿更该去道歉,你女儿才2岁,真要离婚了,八成会判给女方,所以当务之急是劝说韩某回心转意,不要离婚。"王某闷声道:"知道了,不过韩某是个得理不饶人的人,我还是等她消消气再去。"

李大妈说:"男子汉做事干脆些,我看你还是明天去吧。"不巧的是第二天王某的女儿发高烧需要住院,王某听到这一消息心急火燎地赶到医院,从韩某手中接过女儿在医院里东跑西颠地办妥各项手续,两人坐在女儿的病床前,王某乘机道歉:"我打你是我错了,我保证这辈子不会打你第二次。我们还是别离婚了,孩子小,无论你一个人还是我一个人都是搞不定的,我再想想办法尽量照你的要求生活,你也少唠叨几句,我俩还是这样过吧。"

韩某看到王某抱着女儿在医院里奔跑着办事到底有点被感动了,又听王某明确道歉就低声说:"孩子一出院我就去法院撤诉。"王某在韩某撤诉后,花钱请了一个长期钟点工,每天来做4小时,王某让钟点工按照韩某的要求干活。随着孩子的长大,家庭事务越来越多,韩某也慢慢降低了自己对卫生等方面的要求,把唠叨的对象从王某一人变成了王某和女儿,王某的受唠叨压力有了分散,再加之女儿越来越可爱,两人就平平淡淡地又过了10年。

2017年的王某已经是单位的小组长,常常有刚毕业的女学生分到他的小组做他徒弟,有两个女大学生性格开朗,爱开玩笑,常常给王某发"师傅,天气冷了,注意身体,您感冒了我会心痛"之类的短信。而韩某又有翻看王某手机的习惯,看到几次就怀疑王某有了外心,而王某面对韩某的指责总是很漠然地说:"我咋会跟这么小的女孩有啥故事,你别无事生非。"韩某再闹,王某就沉默以对了。

2017年9月5日晚上10点,王某的手机上又出现了一条短信:"师傅你在干嘛?我睡不着。"韩某大怒,非要王某说个明白,王某就一句:"小姑娘爱开玩笑,她要发给我我能怎么办？我一律都不回的。你还要我怎么样？"韩某还不依不饶，非让王某说为啥小姑娘单单会发给他这样的短信，王某拎起被子蒙头睡了，再也不理韩某。第二天一早，韩某请了假来到王某单位，找到发短信的女生要求解释和道歉，没想到这个女生显得比韩某还有理，非但不道歉还讽刺韩某，韩某一怒之下打了女生两个耳光，女生父母又找到单位大闹，平时在单位一直显得老实本分的王某一下子出了名，这场纷争应对下来王某觉得心力憔悴。在单位请求换了岗位，回到家向韩某提出离婚，韩某见王某非但不来安慰自己还提出离婚，急火攻心，当着女儿的面就大吵，12岁的女儿听着父母大声嚷嚷着离婚，吓哭了，紧紧地抱着王某的大腿，边哭边叫："我要爸爸我要妈妈，你们别离婚！"

夫妻俩被小孩声嘶力竭的哭声惊醒，王某抱起女儿眼泪哗哗地流，边流泪边说："爸爸真是喜欢你啊，爸爸就是舍不得你啊！"王某抱着女儿哭完以后不再提离婚的事，却把自己的被褥和女儿的被褥换了个位，从此开始与韩某的同屋分居生活。如此过了两年，两年里王某也按时回家，可回家就看报和看电视，除了和女儿有关的话题，两人不开口说话，韩某有时有心找话题与王某说话，王某也爱理不理。

韩某不堪忍受冰窖一样的家庭生活，2020年5月向法院起诉离婚，韩某的要求是女儿归自己抚养，不需王某出抚养费但不许王某探望女儿，要求将结婚用房，即某小区50平方米房子归自己所有，其他的财产对半分割。王某表示同意离婚，但希望女儿和自己一起生活，房子虽然一直由自己居住，但其实产权人是王某的爸妈，所以没法把房子给韩某，其他存款等财产同意对半分割。受理本案的是位四十多岁的女法官，她首先主持了调解，先对双方进行了劝导，主题是没有什么实质性的矛盾，为了小孩能否考虑和好。王某说："我无所谓，等女儿考上大学以后再考虑这事也成。"韩某说："他心里早没我了，这两年我们也是名存实亡的夫妻，现在我回到家就像回到冷库，再熬3年我怕自己疯了，女儿也读高一了，我想她以后会理解我的。"

法官通过多方调查之后觉得双方夫妻感情确已破裂，单纯为了孩子让他们维系夫妻关系对他们也不公平，就决定改做以离婚为内容的调解。于是法官开始就孩子的抚养和财产的分割问题展开了调解，双方就这两个问题起了激烈的争执。法官私下询问了孩子的意见，孩子表示希望法院不要让父母离婚，否则自己谁也不跟。法官电话请求孩子班主任的帮助，希望班主任能一起做好孩子的思想疏导工作，在班主任的一再劝导之下，孩子才慢慢接受父母都是爱自己的，可是他们确实过不到一块去的现实，并表示自己跟谁生活都行，不愿做选择。

法官无奈之下只好回过来再做当事人双方的思想工作，女法官觉得虽然王某很爱女儿，但他自身性格内向不善沟通，而孩子正处青春叛逆期，身边应该有善于引导的家长与之沟通，而且女儿和妈妈一起生活总是方便些，于是将说服的重点放在王某身上，法官紧紧围绕着"如何才是真正地为孩子好"这一命题展开了劝说，让他意识到即便没有和女儿一起生活，血缘还是不会割断的，他可以用其他方式来表明自己对女儿的感情，如果自己纠缠于女儿的抚养问题不让步会让女儿处于两难的抉择，平白增加女儿的痛苦。通过一个多小时的劝说，王某终于松口："只要她保证每周让女儿和我在一起生活一天，我同意女儿由她直接抚养，抚养费我会直接交给女儿。"

　　法官转而做韩某的思想工作，告知韩某，孩子与父母的血缘关系不因父母的离婚而割断，王某作为孩子的父亲是有探望权的，王某的探望权受法律保护，韩某是无权剥夺的。况且女儿也是大孩子了，她想念爸爸了，你不让她去看望，这是平白增加孩子的痛苦，对孩子的成长有百害无一利，从这个意义上讲韩某也剥夺不了王某的探望权。看清这点，还不如做得大度一点，离婚后让他们父女俩每周相聚一天，同时也可以凭借这个让步换取王某更多的抚养费。韩某听着法官入情入理的解释，终于点头同意王某探视女儿的要求。

　　经过法官耐心的调解工作，双方的争执点只剩下房子的归属。法官在查看了房屋的产权证之后，决定将劝说的重点放在韩某身上。法官与韩某进行了私下的沟通，与韩某见面后就开门见山地提出："韩某，从王某提供的房屋产权证来看产权是王某父母的，不是你们夫妻的共有财产，没法在你离婚时对此套房屋进行分割。既然你们对其他问题没有争议了，从法律上看，房子的归属又是有明确答案的，我看一定要让法院判也没有意义，你们还是调解结案的好，你的意见如何？"韩某一听法官说了这话，情绪一下子激动，说："房子不给我我绝不会答应调解的。这是把我往死路上逼。王某父母后来又给他哥买出一套60平方米的房子，他哥出国定居后那房子一直空着，王某离婚以后还有房子住。但如果房子不给我，我和孩子就要流落街头了。没有这样的道理。"

　　女法官冷静地看着韩某："韩某，你不同意调解，那你认为你期望的判决会出现吗？房子既不是你的又不是王某的，法院依据什么在你们离婚时对这套房子进行分割啊？你要是不信任我，可以先回去咨询一下律师。"韩某愣愣地望着女法官，眼泪流了下来，女法官给韩某递上纸巾，柔声说："你妈家能让你过渡一阵吗？或者还是让王某来直接抚养女儿？他其实对女儿还是很疼爱的。"韩某抽泣着说："我弟住在我妈家，我一个人都挤不进去，何况要带着女儿。心狠的时候想想不管孩子了，可你知道吗？王某不可能管好孩子的，他几乎是个生活上的白痴，孩子第一次来月经的时候王某在家，他比孩子还慌张，急急忙忙把我叫回家才搞定的。他心里对孩子是好的，可一天里他和孩子也说不上三句话，孩子跟了他，心理会出问题的。要是他以后再娶个新老婆，已经那么逆反的孩子非离家出走不可。""做女人是不容易的，我理解你，可法官也只能依法判案，不能仅仅因为你需要就把别人的房子判给你。要不你在外面租个房？你的收入应该还能承受的吧？"法官继续柔声劝导道。"护士这工作收入不高，要是租房住，我和孩子的日子就非常非常紧巴巴了。我还想存点钱让孩子受最好的教育呢！"韩某先是低声诉苦，后又把声音提高八度说道："再说，他们家不肯把房子给我也太欺负人了！当初就是因为这套房子我才匆忙决定嫁给王某的，之后我在这套房子里结婚，在这套房子里生下孩子，在这套房子里把孩子养大，这套房子里有我多少心血啊！十几年了，王某的爸妈从来没对我说起过这房子是他们的，现在提起离婚了，王某咋才想起这房子是他爸妈的了？明摆着欺负我，我不甘心！"

　　韩某的说法在法律上站不住脚，可法官并没有急于打断，而是让她适当地宣泄了情绪，待她冷静后法官再次向其解释法律："韩某，你的心情我完全可以理解，可法律上认定房子的归属是看产权登记的，王某他爸妈从来没说过房子是他们的并不等于他们放弃了房子的产权。我认为你作为女人不易才一再劝说你接受调解，要是你不愿调解我也不强求。法官在处理离婚案件的时候是会考虑一定的人情道理，可绝对不能违反法律判案，你刚才所说的王某他哥的房子空着所以王某离婚后有房住，他们家应该把房子给你，这些其实都是你个人的想法，从法律上看王某哥哥的房子、王某父母的房子都和分割你们离婚财产无关。既然你的想法在法律上站不住脚，倒是可以去寻求一下法院之外的解决方法，比如，你自己能否想办法让你公公和婆婆把房子给你？今天我也不多说了，你回去再想想，要是愿意接受法院调解那最好，要是不愿意我也只能判决了。"

韩某冷静下来想想也明白法官说的在理，可要是同意放弃房子确实会造成以后生活困难。女法官最后的话提醒了韩某，韩某从法院出来就直奔社区调解委员会，去那里打听10年以前劝说自己的李大妈的下落。李大妈因年近70已经不再是调解员了，韩某赶到李大妈家去寻求她的帮助。李大妈见韩某真心相求就同意帮她调解调解看。第二天一早，李大妈找到王某妈，王某妈见老朋友到访，又是让座又是倒水。

李大妈开门见山地说："昨晚你媳妇来求我帮忙，她说她和王某是铁定要离婚的了，就是对房子还有争议，你咋想啊？"王某妈一听这话，长叹一声道："唉，这两人终究还是过不下去。我老了也管不了那么多了，他们爱咋样就咋样吧。房子他们结婚的时候就是给他们的，没想过要回来，当初就想着自家人住也没必要去折腾产权证，所以房子才一直是我和老头的名字。可现如今他两人一离婚，韩某也不再是我媳妇了，我这心里总是偏着儿子，咋说也不会同意把房子给韩某。老姐妹，你说是这个理吧？"

李大妈微笑一下说："一听你这话就知道你是实在人，偏向自己的血脉谁能说你错？现在的问题是他俩已经协商好孩子归韩某带，韩某娘家的住房条件你比我清楚，要是你真收回了房子，你家孙女也跟着遭罪啊。"王某妈说："为了孩子就不该离婚。唉，现在说这话也没意义了。退一万步说，我同意，王某也不同意啊。虽说他可以住他哥的房子里，可毕竟不是他名下的。我也心疼孙女，可说句实在话，让王某带着孙女确实不如让韩某带着好，不过也不能因为这个就把房子给韩某啊，要是韩某以后结婚了没准孩子还是要王某带，这房子不就白送给韩某了。唉，我这心里啊，乱糟糟的，没个主意。老姐妹，你有啥好主意吗？"李大妈胸有成竹地说："你担心的都在理。我倒是有个主意：把房子给你孙女，韩某直接抚养着孩子当然也能住在这房子里，要是她再婚了对孩子不好，孩子想跟着她爸过了，那房子自然跟着孩子回来，韩某没继续住在里面的道理。你家送孩子一套房子，孩子长大了也会知道奶奶家和爸爸一直都是很疼爱她的，也可以减轻大人离婚对她的负面影响。你看看这主意行不？"王某妈听了这主意连连点头："这主意听着可行，我再和王某商量商量，明天给你回音。"

李大妈刚回到家，韩某就打来了电话，开始韩某对房子产权证上不写自己的名字不太乐意，李大妈语重心长地劝说道："韩某，法官不是也说依据法律来判这房子肯定是王某父母的吗？你将心比心地想一想，要是你是婆婆，你会愿意把房子送给年轻的前儿媳而不给同样没有房子的儿子吗？我觉得王某妈肯把房子写在孙女的名下，同意你长期居住在房子里已经蛮大度的了。这个主意是我提议的，接不接受由你们双方自己定，不过，要是你不接受这个方案可得考虑清楚利弊啊。大妈知道你这几年不容易，可做人得往前看，向前奔，既然已经看清结局又没法改变就快刀斩乱麻把事情早点结束了吧，再纠缠下去，结果还是这个不让你满意的结果，却白白浪费了你自己的心力和时间。"听得李大妈的一番劝，想着白天女法官的话，韩某也明白这是对自己较好的结果了，于是在电话里对李大妈连声称谢。第二天王某妈也告诉李大妈同意她提议的方案。于是王某和韩某把协商好的解决方案告诉了法官，本案最终调解结案了。

知识要点：

为了巩固和完善婚姻家庭关系，防止轻率离婚，离婚调解一般应按先调和、后调离的步骤进行。有和好可能的，要多做争取和好的工作，促使要求离婚的一方回心转意；夫妻感情确已经破裂，无法调解和好的，则可做调解离婚的工作。对调解员来说，在离婚调解中首先需要找准调解方向，调解方向的确定取决于对婚姻状况的查实，这就要求调解员能够通过现象看本质，通过对双方婚姻过程有个全面的了解，判断双方感情是否存在。一般来说，通过对婚前基础、婚后感情、离婚原因的审查来判断双方感情是否足以维系婚姻关系，双方是否还有和好希望。调解员在调解离婚纠纷时，应该根据离婚纠纷的不同起因、当事人的不同性格特征进行有针对性的调解，调解方式和方法的选择要因人因事而异。无论结局是调和还是调离，只要双方当事人的思想问题和实际问题得到了良好的解决，当事人心平气和地接受了调解方案，那就是一个成功的离婚调解。

方式方法技巧：

在离婚纠纷调解过程中大多会涉及孩子的直接抚养问题和孩子的抚养费问题。对于直接抚养关系的确定，调解员应引导双方当事人放弃自身的怨恨和私心，充分考虑孩子健康成长的需要，要从子女经济保障、生活保障、教育培养以及与父母之间的感情深浅程度等多方面考虑子女与谁一起生活的问题，对已满10周岁的孩子要注意征求子女的意见。正如范例中所示，在孩子的抚养问题上，女法官征求了孩子本人的意见，运用了外力协助法请求孩子的班主任对孩子进行思想开导，充分考虑孩子的性别和年龄特点以真正有利于孩子成长为出发点对当事人进行了有重点的说服。在有些离婚案例调解中，双方当事人还会就抚养费的数额发生争议，争议的出现有时是因为直接抚养子女一方在索要抚养费时，考虑的不只是子女的生活需要，甚至把自己的生活需要也考虑进去。

对于这类争议，调解员对直接抚养一方要运用法律宣讲法，告知其抚养费的法律定性，让其对抚养费的用途有正确的认识，使其放弃不切实际的要求。有时抚养费的争议是因为非直接抚养的一方经济非常紧张，确实难以达到子女需要的要求，这类纠纷的调解难度会较大，作为调解员，一方面要引导非直接抚养方放低姿态，承认自己因不能达到抚养孩子的需要而对孩子有歉疚，以诚恳的态度来换取对方的谅解；另一方面要多做直接抚养方的工作，让其换位思考，理解对方的难处，这样来促使双方就抚养费的给付数额达成统一。

在离婚纠纷调解过程中大多还会涉及共同财产的分割问题。调解员在引导当事人确定具体的共同财产分割方案时应考虑到以下原则：①男女平等公平分割原则；②照顾女方和子女利益，达到现实上公平的原则；③发挥生产资料、生活资料最大功效的原则；④照顾无过错一方，保护无过错一方财产利益的原则；⑤分割财产不损害国家、集体和他人利益的原则；⑥尊重当事人意愿，通过双方当事人协商解决财产问题的原则。

在这类纠纷调解中要特别注意的是：夫妻财产范围的确定是调解离婚财产纠纷的前提。只有将夫妻共同生活时的财产进行区分，确定哪些是夫妻个人财产、哪些是亲属的财产、哪些是他人的财产、哪些是夫妻共同财产，之后才能对所有的财产依据所有权的不同，作出不同的处理。夫妻之间分割的应当是夫妻共同财产，但也不排除双方在协商基础上，夫妻一方将个人财产自愿让与对方的行为。甚至可以在相关各方协商一致的基础上，将亲属的财产让与夫妻一方或者他们的孩子，从法律上看这已经不是共同财产的分割，而是另一个赠与行为，可是如果调解员有能力在各方自愿的情况下促成这样的赠与行为，可以减少双方在共同财产分割时的分歧，达成纠纷的最后解决。

范例中，韩某主张将双方在婚姻关系存续期间居住的房子作为共同财产来分割，法官在查明该房子不属于夫妻共同财产以后对韩某进行了耐心的法律宣讲，在韩某仍然转不过弯来的情况下，法官运用了冷处理法让韩某再去考虑考虑。李大妈在接受了韩某的求助以后，利用情感融合法说服王某妈把房子赠与孙女，从而既解决了对房子归属的争议也解决了韩某离婚后的住处，使得该离婚财产分割纠纷得到了圆满的解决。

在离婚纠纷的调解过程中常常会借用子女因素进行调解。没有哪个父母是不疼爱自己孩子的，因此借用父母对孩子的疼爱进行调解，也是实践中最重要的调解手段。在范例中，2007年韩某提出离婚时，人民调解员李大妈就是通过多种途径充分激发了王某和韩某对他们女儿的疼爱，使得双方从孩子的良好成长环境考虑放弃了离婚的念头，寻找解决双方分歧的新办法。2017年韩某和王某对房屋归属争执不下的情况下，李大妈也是借用了王某和王某妈对孩子的疼爱解决了房子的最终归属，使得双方能心平气和地离婚。

范例：

如果这起案件的特点用几个关键词来概括的话，那么可以这么形容：七旬老人为7间房，和4个子女在4年里打4场官司；7次恳谈商讨7间房归属，2次上门定2份协议，解双方讼忧。诉争房屋系某村64号院，有北房4间和东厢房3间，共7间。原告今年75岁，是一名退休教师。原配夫人于1998年去世，双方共育一女三子，均已成家。2005年原告再婚。2003年，原告召开家庭会议进行了分家析产，因女儿已出嫁，故将65号院分给长子，291号院分给次子，64号院由小儿子与原告居住，对64号院是否分给了小儿子，原告与其小儿子及其他子女说法不一，存在争议。2004年区政府向原告小儿子核发了64号院的集体土地建设用地使用证。

2013年，原告起诉要求其小儿子腾房，被裁定驳回。随后，原告以区政府为被告，其小儿子为第三人提起行政诉讼，要求撤销颁发给其小儿子的集体土地建设用地使用证，被一审法院以超过起诉期限为由裁定驳回。后原告提起上诉，亦被驳回，随后又提出了申诉。2015年9月，再次起诉其小儿子要求确认64号院7间房屋为原告所有，法院追加其他子女为共同被告。这是原告为7间房屋的归属打的第4场官司。

等这个案子转到夏法官手上时，承办人换了3个，在诉讼过程中原告长子患病去世，原告次子又病重入院，两次中止审理，诉争房屋面临拆迁，原告与其子女互相攻击指责，情绪十分对立，原告发誓要将官司打到底。通过阅卷，听取前任承办人及参与过该案审理的法官的意见，从查明的事实和双方的证据看，应当判决驳回原告的诉讼请求。但是夏法官认为如果这样一判了之，虽然法律上说得过去，可并不能真正做到定纷止争、案结事了，于是定下了全力进行调解、实在调不了再判的工作思路。

在了解基本案情之后，夏法官决定首先从感情上接近当事人，取得当事人的信任。第一次登门时，双方当事人都质问夏法官，为什么案子1年多了还没有结果？随后七嘴八舌，各说各的理。夏法官引导当事人依次围绕焦点进行陈述。原告陈述说：64号院是我父兄继承、受赠所得，后由我与长子共同出资进行了翻建。老伴去世后分过一次家产，但没有把64号院分给小儿子，有我当时写的日记为证。小儿子取得土地使用证违法，因为房子是我的，当然要判给我。原告小儿子说：当时召开家庭会议进行分家析产，三兄弟一人一个院，64号院多一间房，原告和我住64号院。分家时还请了3个亲友到场，并提交了其中两人的证言。其他子女说：小儿子说的属实，只要承认他们已经分得的房产，就对64号院不提分产要求，不认可原告的诉讼主张。

耐心倾听之后，夏法官觉得案件的背后应当另有隐情，应调查清楚后再作决定，于是说："大家的话我认真听了，也听清楚了。我想说，原告作为一个父亲，非常不容易，辛苦一辈子，积累了3处房产，每个儿子都有份、都受益，这样的父亲值得你们永远感恩和孝敬。不管官司怎么打，都不能翻脸不认亲，长辈要爱护晚辈，晚辈要孝敬长辈，该照顾的照顾，该走动的走动。今天时间有限，双方都还有话没有说透，回头单独到法庭来或电话找我谈。"

这次登门谈话，让原告很受感动。

于是夏法官趁热打铁，分别给原告和其小儿子打电话，时间较长的通话至少有5次，每次都不少于20分钟，终于揭开了双方矛盾的面纱。据原告称：再婚的后老伴卧病在床、行动不便，子女们对后老伴排斥、迁怒甚至谩骂，对自己忘恩负义，现64号院面临拆迁，为后老伴有生之年有房可住，必须将这场官司打到底，并且，子女误解了后老伴，她并不是想要房产。原告后老伴在电话中也作了类似的表白。而其小儿子则称：父亲再婚后判若两人，为了和继母霸占房产，不惜对簿公堂，长兄过多操劳身体本来不好，家里没完没了的官司，使他气病交加，最后带着失望离开人世，现在二哥又患重病住院，不敢再对他说官司的事，父亲与继母串通就是要分房产，他们坚决不同意。

针对原告的特点，夏法官进行了说服：其一，诉讼有风险，为这房子原告已经打了3场官司，前三场都败诉了，现在是第4场，有无胜算要掂量掂量；其二，原告既然说不是后老伴要争这个房产，就没有理由非把这个官司打到底不可，完全可以撤诉或调解，以证明后老伴的光明磊落；其三，这场官司没有最后的赢家，不论谁胜谁负，在乡里乡亲面前都会抬不起头，矛盾越积越深，这个家庭可能永无宁日；其四，你和老伴年事已高，到了儿孙绕膝、安享晚年的时候，要考虑百年之后给子孙留下点什么，如果执意要把官司打到底，岂不要成为孤家寡人？原告经过激烈的思想斗争，终于表示不同意撤诉，但同意调解。

针对原告子女，夏法官也强调了四点：其一，父辈含辛茹苦养育子女，挣钱盖房分给子女，虽然和子女打起了官司，但仍然是值得子女尊重和感谢的好父亲，要从他的角度想一想他为什么要打这个官司；其二，不论谁胜谁负，这场官司都没有最后的赢家，只会越陷越深，家庭永无宁日，子女也会背上不孝的骂名；其三，子女和父亲、继母在房子问题上存在误解，他们已经作了表白，子女也应当有所表示；其四，即使父亲把他的房子分给了子女，子女们也要保证老人有房可住、有人赡养，这是子女们应尽的义务。

经过反复做工作及再次登门调解，各方当事人终于达成了如下协议：64号院拆迁之前，该院北房从东向西数第一、二、三间及东厢房三间可由原告继续居住，北房从东向西数第四间可由其小儿子继续出租；如对64号院进行拆迁，原告可从拆迁安置房屋中分得一套两居室房屋，该房屋归原告个人所有；其余拆迁安置房屋归其小儿子所有。

至此，该纠纷得到了比较圆满的解决。一家人不停地说着感谢的话，调解过程中，夏法官还特意看望了原告卧病在床的后老伴，使两位老人感动不已。听到一家人发自肺腑的感谢之声，看到老人及其子女们冰释前嫌、重归于好的动人场面，我们对调解的理解有了新的升华。

知识要点：

分家析产是指家庭成员依据血缘、婚姻关系等将一个较大的家庭分成几个较小的家庭，同时对原家庭的共同财产予以分割。也有一些分家析产不仅包含了对原家庭共有财产的分割行为还包含着长辈将个人财产赠与小辈的行为。分家析产直接涉及每个家庭成员的切身利益，关系到家庭成员今后生活安排的问题，理论上应当通过订立分家析产协议书的形式进行，可在实务中存在大量的口头协议，而且在家庭关系和睦的时候当事人均没有保存证据的意识，待到发生纠纷时往往出现各方当事人各执一词的现象，这就给调解这类纠纷带来难度。对于这类纠纷的调解，调解员要注意：①调解员应深入调查，访问每个家庭成员，弄清他们各自的想法、意见和要求，做到心中有数。②抓住纠纷的症结所在，寻找调解的突破口。分家析产纠纷的当事人都是亲人，各方发展到各不相让甚至对簿公堂的地步往往不仅仅因为钱财，而是背后另有隐情，调解员在与各方当事人接触的过程中应注重了解纠纷背后的隐情，从而找到双方矛盾的症结，为化解纠纷寻找到突破口。范例中，原告要确保后老伴在有生之年有房住而被告认为继母要霸占房产就是矛盾的根源，夏法官找到了这个症结，并围绕这个症结对各方当事人展开劝说是达成调解成功的第一步。

方式方法技巧：

在调解过程中巧用模糊处理法。对于发生纠纷与分家这两个时间点相距较远的、双方当事人又都无法举证证明自己主张的分家析产纠纷，调解员应引导双方当事人放弃对过去是非曲直的争辩，而将注意点放在将来，即如何求同存异地获得双方都可接受的解决方案上。如范例所示，在诉讼之初，原告坚持对诉争房屋是否分给小儿子要调查清楚，还事实的本来面目，同时还坚持认为区政府核发土地使用权证是其小儿子与村干部暗箱操作的结果。经过夏法官的一再耐心地劝说，原、被告双方终于接受了对过去事实的模糊表述法，即本案中能查清楚的早就查清楚了，查不清楚的可能再也查不清楚，概不深究，诉争房屋维持现状进行居住，不确定产权归属，仅对搬迁之后的拆迁补偿安置房屋进行处理。

在调解过程中，要积极使用情感融合法和利弊分析法。无论双方当事人之间矛盾有多深，毕竟是有血缘联系的亲人，调解员应抓住当事人之间的亲情关系，通过对过去亲情的细节描述和对固执己见之后果的利弊分析来引导双方作出让步。在范例中，夏法官抓住了原告与其子女、原告与其后老伴之间的亲情关系，用原告对家庭的贡献来唤醒子女对原告的感恩之情，用不论谁胜谁负都可能导致家庭严重失和来警醒双方当事人，用后老伴不愿被误解来激发原告进行调解的决心，用子女应当赡养老人来启发小儿子作出让步，促成双方为维护亲情关系而进行谈判。

范例：

72岁的张老太一直是家庭主妇，没有参加过工作，其丈夫李大伯于2014年因病去世，去世前是杭州某企业的退休职工。1994年李大伯所在的企业分给他一套70多平方米三室一厅的房子，2006年李大伯利用自己的工龄折算花了2万元买下了该房。张老太和李大伯有两个儿子，大儿子李甲1975年出生，中专毕业以后一直在杭州某高校后勤处做电工，结婚后居住在从该高校分得的经济适用房中。小儿子李乙1978年出生，高中毕业后在某服装市场经营着一个很小的童装摊位，2018年市场拆除之后在杭州某小区做保安，没有自己的住房，一直居住在父母的房子里。

2014年李大伯去世前立下遗嘱：房子归张老太一人继承。李大伯去世以后，当时已经66岁的张老太失去了生活来源，与两个儿子商量赡养问题。当时李乙提出若张老太将房子过户到自己名下，自己愿意一次性给母亲2万元，还愿意每月支付给母亲600元的生活费直至母亲离世，母亲同意，大儿子李甲没有表态。

2019年张老太脑中风导致偏瘫，医药费支出增加，而且生活不能完全自理需要请人照顾，每月600元的生活费不足以维持其基本生活，张老太再次向两个儿子提出增加赡养费的要求，两个儿子都拒绝了，张老太委托邻居向所在社区的人民调解委员会申请调解。

民间纠纷调解

调解员小王受理了这个纠纷并负责调解。小王首先打电话给两个儿子了解情况，大儿子李甲说："我妈送给我弟的那套房子目前市场价已达100万元了，所以我妈理应由李乙养。"小儿子李乙说："房子是我花了2万元买下的，我从2014年起每月给我妈600元，我哥一分钱都没出过，他是老大条件比我好，自己不养我妈还指责我，真是没道理。"小王又到张老太的家中了解情况，张老太和李乙的妻子萧某都在家，不过萧某开了房门就走进自己房间不出来了。张老太的床头放着一碗已经凉掉的面条，老太说是萧某为自己做的午饭，因为自己右侧身体瘫痪吃面条不太方便所以没吃。老太的头发黏在一起，一看就很久没洗了。

小王向张老太了解生活情况和调解要求，老太说："我小儿子高中毕业以后找不到工作，小儿媳又没有固定工作，考虑到小儿子家经济条件比较差我又一直与小儿子同住，当初我就同意把房子过户给小儿子了。没想到自从房子改到小儿子名下，大儿子就不太来看望我了，上次中风住院，大儿子来了一次之后就不闻不问，住院期间白天都是小儿媳照顾，晚上请了护工。小儿子付给我的2万元房款在这场病中花光了。日子久了，小儿媳照顾我也有了怨言，现在一日三餐小儿媳还会做给我吃，可洗澡擦身什么的就别指望了。我这病有时还会大小便失禁，这没人照顾真是生不如死啊！我想请个保姆，就让邻居帮忙打听，邻居告诉我像我这种情况请个保姆最少要1200元。老天咋还不取了我的命去，让我解脱呢？"说着说着老太就哭了起来。小王急忙安慰老太说："张奶奶，您别伤心，我会尽最大努力调解的，一定让您活得舒坦些。"老太抹着眼泪说："我也没啥高要求，就希望两个儿子能为我出医药费，再为我请个保姆。"

出了张老太家门，小王就给李甲和李乙打电话，希望他们回母亲家进行面对面的调解，李乙表示没问题，时间可以让哥哥定，但李甲说自己没空不肯来。小王见李乙态度还可以，想着张老太的痛苦表情就决定先找李乙谈谈。李乙走进社区的调解室，一见小王就大呼委屈，他认为自己与哥哥相比已经算很孝顺的了，如今母亲一申请调解，闹得沸沸扬扬，感到很丢面子。听了李乙的一番话，小王先请李乙坐下，柔声问道："你现在做保安工作挺辛苦的吧？"李乙一愣，没想到调解员非但没指责自己反而关心起自己的工作来，于是开始与小王交心："唉，也是没办法啊！我和老婆都没有劳保，原来经营的那个小摊位也不过刚够糊口，没存下什么钱。后来服装市场要拆掉，我那个摊位小，只拿到了7万元的补偿费，就这样我们两口子都没了工作，在家闲了半年，眼见着钱一天天少下去。我家女儿明年就要上大学了，她成绩可好了，老师说她能考上浙大呢，她自己说还要读研究生还想出国，可这得要多少钱啊！为了女儿，我也顾不上面子了，原来好歹也是一个小老板，如今去做保安拿1700元一月的工资，可孩子有出息我再苦也得供她读书啊，我俩老了以后就指望她了。"

小王发现李乙说到女儿时眼中充满了光彩，就及时地赞扬道："李乙，听你这一番话我感觉到你肯定不会是一个不孝之子，你为了女儿能抛弃那么多东西，充分说明你是一个富有爱心和家庭责任感的人。"李乙听了小王的赞扬很受用，情绪不再像之前那么抵触了，小王抓住李乙爱面子的特点，继续说道："听了你的话我也知道你确有难处，可我昨天去看望你妈以后心里不是滋味啊，她老人家辛苦一辈子把你俩拉扯大，如今偏瘫了，有时大小便拉在裤子上都没人收拾，头发黏在一起都有了异味，吃饭也不方便，饥一顿饱一顿的，您这做儿子的再有难处也得想法啊！否则这传出去还不招人耻笑吗？"李乙不服气地说："我妈也不只我一个儿子，我妈住院期间都是我和媳妇照顾的，我哥他来都不来，也难怪我媳妇会有意见，照顾得就不如以前尽心了，再说我妈好面子，大小便的事也没和我媳妇说过。"小王说："或许你说的是事实，你妈没主动说，那你们有没有去主动问过呢？看见你妈没动过筷子的面条你媳妇有没有去问过她为啥不吃？"李乙还是辩驳道："我媳妇粗心。"小王问："那要是你女儿吃饭时没动筷你们会去问原因吗？"李乙低头不响了。

小王语重心长地劝说道："每个人都会老的，老人的今天就是我们的明天，你们夫妻俩现在无私地把所有的金钱和精力都用来培养女儿，要是你女儿在你老后不关心你的冷暖，你会不会觉得心寒呢？一辈学一辈的，父母是孩子最好的榜样。"李乙低声说："我回去和我媳妇说说，让她再细心一点。主要是我哥太不像话了，我媳妇心中有意见。"小王放缓语气劝说道："你哥固然有不对的地方，可毕竟你妈把房子给了你们。你们确实付过2万元的房款，不过你我都清楚即便是在过户给你的2014年，你妈那套房子也值30多万，现如今这套房在杭州更是100万也买不来的了，你哥觉得你妈以前偏心你，所以现在要你多承担赡养义务，从情理上来说也是有道理的。要是你妈当初把这套房子给了你哥，你是否也会和你哥有一样的想法呢？"李乙说："我才不会没拿到房就不来看我妈，我不是计较多出钱。在医院里我们那么辛苦地照顾我妈，他非但不说声辛苦，还指手画脚，好像照顾我妈就该是我一个人的事。"

小王及时地从李乙的抱怨中捕捉到积极信息："拿不到房你也会看望你妈，说明你比你哥道德水平高。你刚才的意思是否是：如果你哥经常来看望你妈，同时对你和你媳妇尽心照顾你妈表示感谢的话，你愿意在你妈的赡养问题上再多出点钱？"李乙面对小王的问题才是一愣，思考一会儿答道："妈把房子给了我，我多尽赡养义务也应该，可问题是我目前确实经济拮据，而我哥工作稳定收入较好，他一分钱也不出，好话也不说一句，这也实在说不过去吧？"小王说："你哥那边我会再去做工作。你是否能先对愿意多尽赡养义务做出个态度？这样我也好到你哥那里说话。""我每月都付600元给我妈难道不是一个态度？"李乙反问道。小王不急不缓地说道："李乙，你是个实在人，我就说句实在话，爸妈并没有把房子超低价卖给子女的义务，也没有让成年子女共同居住的义务，你哥不是自己解决住房问题分开单过了吗？你那每月600元在杭州城里租不到一间房吧？可现在连你女儿都有独立的房间，这对她安心学习是多大的帮助啊！你别老和你哥的不孝行为比较，好像两人比赛着谁更不孝似的，这种比赛说出来多不光彩啊！你一直经济上不如你哥，你爸妈多照顾你一点，这是情理，同样，你妈多照顾你那么多了，现在你多照顾点她，也是情理。你妈说她'生不如死'，我这个外人听着都难过，难道你听着不心酸吗？"李乙听了这番话低下了头，轻声嘟囔着："我现在确实经济拮据，如果咱妈的医药费和保姆费都要我一个人承担我真拿不出来。"小王终于欣慰地看到李乙不再坚持和哥哥比较，而是说起实际困难。

小王思考了片刻，提出一个建议："李乙，你的经济困难我知道。我提个建议，你看看行不行。你媳妇现在也没工作，你回去好好做做她的思想工作，和她说清利弊，让她照顾婆婆再细心周到一点，不仅要给她烧饭还要保证她能吃得下去，每天主动去问问你妈她有啥需要帮忙的，平时勤着点给她换个衣服擦个身啥的。另外你再增加200元，给你妈请个钟点工，每周来一次，给你妈洗澡彻底擦身，一些你媳妇实在不愿意洗的脏衣服也可以让她洗。至于医药费，我再和你哥去谈，你俩平均分摊。你觉得咋样？"李乙点了点头说："我哥要是愿意承担一半医药费，我愿意照你说的办。"

做通了李乙的思想工作，小王给李甲打电话，可李甲一再说没空，到后来只要是小王打过去的电话，李甲就直接掐掉不接。小王无奈之下来到李甲工作的杭州某高校，找到该高校的工会主席说明情况，工会主席打电话给李甲让他到工会办公室来一下，李甲到工会办公室看到小王，表情先是诧异后是气愤再是尴尬。工会主席先开了口："小李，社区的王同志今天来我这里是想和你商量你妈赡养的问题，这事我也不清楚来龙去脉，或者你确有你的道理，可问题总得解决，你老是回避总不对，现在你就坐下来和王同志好好谈谈吧。"李甲不情愿地坐下。小王开门见山道："李甲，我去看过你妈，你妈现在的生活可以用悲惨两字来形容。我已经和你弟谈过了，他现在基本同意平时让你弟媳妇细心照顾你妈，他在600元的基础上再出200元为你妈请一个钟点工，帮她一周来洗一次澡干点其他重活。现在的问题只在于你妈的医药费，你弟希望你能承担你妈以后一半的医药费。我想这个要求不算过分，你如何考虑的？"李甲抬起头，嗓门很大地说："这要求不是过分，而是太过分了！我妈送给他的房子现在100多万了，告诉他如果我妈的医药费生活费等超过100万了，超过部分我和他一人一半。他得懂得权利和义务是对等的，别得了便宜还卖乖！"

小王看到李甲在工会主席面前还理直气壮的样子，心中不免有些生气，加重语气道："李甲，你能说出权利和义务相对等的话来，足见你在这校园里受熏陶久了，是个文化人。既然你说到权利和义务相对等，我倒是想当着工会主席的面问问你，你也是有儿子的人了，你说说你妈把你养大成人得付出多少心血和精力，她尽了多少义务你已经享受了多少权利？如今你又对你妈尽过多少义务？你已经多久没去看你妈了？你妈中风住院期间你去看了几次？你摸着良心问问自己，你做到权利和义务相对等了吗？"李甲面对小王的质问，又注意到工会主席一直盯着自己看，脸上就全是尴尬的表情，低下头不发言了。现场沉默了一阵，小王放缓语气劝说道："李甲，你妈偏心一点你弟，是因为你弟的条件一直不如你而不是因为你妈不爱你，你弟也不是没心肝的人，他已经向我表示愿意多尽点赡养义务，况且你也看到了你妈住院期间和现在一直是你弟家在照顾，尽心尽力地照顾病人可不是单靠钱就能成的事。在亲力亲为照顾你妈这一点上，你弟也是在替你尽孝心，你心里应该对你弟心存感激，而不应该指手画脚。你弟目前的经济条件你也是知道的，如果你妈病情发展再需要医药费，你弟一人确实承担不起的，难不成让你妈因为没钱治而病死？"李甲一直没抬头，盯着自己脚尖低声说："那让我弟把房子卖掉不就有钱给我妈看病了吗？"

小王深吸了一口气以便控制自己的情绪，继续劝说道："李甲，你别钻在房子的牛角尖里出不来。把房子卖了你妈住哪里去？我国《婚姻法》第21条规定，'子女对父母有赡养扶助义务'。也就是说，子女赡养扶助父母是法定义务，并且是无条件的。父母有财产要赡养，父母没有财产也要赡养；分家分得公平要赡养，分家分得不公也要赡养。你妈之前将自己的房子赠与李乙，属于对自己财产的处分，你做子女的不能干涉，也不能以此理由拒绝承担赡养义务。"说完这些，小王看着李甲，等着他的表态，可是李甲还是看着自己的脚尖不抬头。小王等待片刻，继续说道："如果在你妈确实需要你支付医药费的情况下你还一意孤行，社区会想法为你妈争取法律援助，把你告上法庭，我敢肯定法院会支持你妈的主张。你是有固定单位的人，到时法院来强制执行也是十分方便的事。我今天来劝你不是没有其他办法让你支付你妈之后的医药费，而是我觉得你是个讲情感的人，不希望你和你妈、你弟法庭上见，彻底毁了亲情。"虽然小王的一席话不急不慢，但还是震慑到了李甲。李甲抬头说："我又没说过不支付。"

小王松了一口气，赶紧说道："我知道你最终还是个明白事理的人，只是一时转不过弯来而已。既然你也同意承担一半医药费了，是否近日抽空到你妈家去看看她，同时在调解协议上签个名。""可是最近我单位里都比较忙，等我妈要医药费时再说吧。"李甲还是不想去妈家。这时，一直在边上听着的工会主席开了口："李甲，谁也不是从石头缝里蹦出来的，从你妈这身体状况来看，她也是有时日的人了，行孝要早，免得以后后悔。你也该给自己儿子做个榜样。工作要紧，家庭也要紧的，我去给你们小组长说，让他明天放你一天假，你先回家把问题去解决了。真要上了法庭，你脸上无光，我们学校也会觉得不光彩。"见工会主席都表态了，李甲只好点头答应。

第二天，在小王的召集上，李甲、李乙在张老太的床前见了面，双方在小王起草的调解协议上签了字，李乙说他已经联系好钟点工明天上门来给妈洗澡，李乙还主动走到哥哥面前说："哥，我们会尽量好好照顾妈，让妈不发病，这样你我就都可以少出医药费了。"李甲见弟弟主动示好，也放缓表情，多年来第一次拍着弟弟的肩膀说："你让弟媳平日里辛苦点，别让妈再说出'生不如死'这样的话来，免得周围人骂我们是不孝子。"张老太在病床上终于露出了欣慰的笑容。一个月后，小王又到张老太家看望老人，老人的精神和情绪明显比一个月前好，身上和床上也整洁多了，老人一再拉着小王的手表示感谢。

知识要点：

子女对父母尽赡养义务是我国的一项传统，我国法律也明确规定了赡养是一项无条件履行的义务。但随着社会经济的不断发展进步，公民道德水平和法律意识参差不齐，赡养纠纷在实务中还很多见。赡养纠纷的双方当事人都是家庭成员，这类纠纷比其他纠纷更适合调解，调解的成功率也更高。在赡养纠纷的调解中要注意：

1. 了解赡养纠纷发生的真实原因，有针对性地进行劝说。许多赡养纠纷，表面上看是父母生活困难，需要子女经济等方面的帮助，但实质上是子女与父母之间存在矛盾，或者是子女之间存在着矛盾。在实务中常见的有以下三类：

（1）父母对子女不满，父母认为自己辛辛苦苦养大的子女，对自己不孝顺，所以意见很大，因此会要求子女尽赡养义务，或提出一些其他要求。造成这种情况的原因很多，常见的有：子女工作很忙无暇经常看望父母，或只顾自己的家庭而忘记照顾父母，或与父母之间缺乏沟通，使父母感觉不到子女对自己的关心和照顾，甚至对子女产生误解，认为子女不孝等。遇到这类赡养纠纷，关键是：①给双方沟通的机会，如在调解现场让双方说出心里话，使双方能够互相了解对方的内心想法，调解员再从中撮合，使双方化解矛盾。②对于子女不经常看望父母的，可当着父母的面对子女进行批评，使其明白父母将其养大付出了很多心血，父母老了对父母不管不问是没有良知的表现，让其知道父母需要的不仅仅是金钱，还需要子女关心照顾。只要子女认识到自己的错误，并当着父母的面承认错误，父母一般情况下会原谅自己的孩子，从而使双方能够很客观地达成赡养协议。③在一些父母提出过高要求的纠纷调解中，在子女认错的情况下也可引导父母做换位思考，告知父母现代社会生存压力大，子女在重重重压之下对父母顾及不够也是情有可原的，希望父母也能给予子女体谅和关心。

（2）子女对父母不满。这些不满有些确实因父母有过错引起的，比如父母在年轻时没有责任心，对子女未尽抚养义务，年老后要求子女赡养。更大一部分子女对父母的不满是因为有一些子女把市场经济的等价交换原则应用到对老人的赡养上，突出表现在多子女家庭，兄弟姐妹间常常以父母偏心、析产不公或不帮其做家务为借口拒绝、推诿自己应尽的赡养义务。本范例中大儿子不愿出赡养费就是这个原因。还有一些子女不满是因为头脑中的错误观念，比如认为父母再婚以后自己就不需赡养，或者认为在农村嫁出去的女儿就不用履行赡养义务。

（3）子女之间存在矛盾，在赡养义务的履行问题上存在攀比心理。在有些多子女家庭，子女们认为赡养义务应该各子女间平均分担，或者严格按照赡养协议（或是有赡养内容的分家协议）来履行，生怕自己多尽了赡养义务而吃亏。只要有一位子女没负担或没按协议负担赡养义务，其他子女就拒绝承担，导致老人的生活彻底陷入困境。对于子女对父母不满或子女之间互相攀比的赡养纠纷，调解员要耐心地进行法律宣教，要让子女认识到法律规定赡养义务的履行是无条件的。同时也要对其进行道德感召，要让他（她）认识到赡养父母不是做买卖，不能斤斤计较。父母将子女带到世间并且养育成人就已经是最大的恩情，一个不肯对生养自己的父母尽赡养义务的人，无论其有什么样的借口都会遭到社会的谴责和唾弃。

2. 选择合适的调解地点和调解方式。赡养纠纷中的父母一方往往因年老体弱或疾病等原因，行动非常不便，因此调解员应尽量就地调解，可视具体情况，选择到被赡养人家中、村委会或社区等地点进行调解，以方便被赡养人。如有需要也可组织公开调解和座谈会调解的方式，因为子女在当地群众的旁听之下，会有所顾忌，群众也会对纠纷及当事人的人格有一个公平的评价，对赡养人会形成舆论压力，同时还会起到教育群众的作用。

3. 创造良好的调解氛围。赡养纠纷的调解具有明显的道德倾向性，子女在参加调解时心中或多或少会有心理上的劣势感，如果调解员只注重教育和谴责不注意缓和气氛，很容易激发当事人的逆反心理，反而不利于纠纷的解决。调解员要用真情来消除当事人的疑惑和对立情绪，耐心地了解纠纷的起因，对于当事人确实存在的苦衷要及时表示理解，发现当事人的负责任行为要及时给予褒扬，比如本范例中调解员在与小儿子李乙私下沟通时，先从关心他的工作着手让他说出心里话，对于他对女儿负责的行为及时予以褒扬，这就迅速拉近了与当事人的心理距离，气氛的缓和有助于调解目标的实现。

4. 对于已经调结的赡养纠纷，要做好调解协议履行情况的回访工作，尽可能使已经调结的赡养纠纷不再出现新矛盾。

方式方法技巧：

1. 道德感召法。赡养纠纷的调解往往从道德教育入手，教育晚辈当事人，长辈倾注了多少心血才将晚辈抚养成人，如今置老人冷暖不顾是不孝顺不道德的行为。教育晚辈当事人应当遵守社会公德，遵守中华民族尊老爱幼的传统美德，唤起晚辈的良知。

2. 换位思考法。调解员应引导当事人换位思考，使晚辈认识到自己行为的错误。要让晚辈当事人充分认识到每个人都由婴儿、少年、青年而步入老年，这是不可抗拒的自然规律，尊重老年就是尊重自己。可以对晚辈当事人设问："将心比心，如果有朝一日你的子女也用同样的方式对待你，你怎么办？"在少数老人提出过高赡养要求或者对小辈有误解的纠纷调解中，调解员在促成双方充分沟通的基础上，也应劝说长辈体谅晚辈的难处，妥善处理与晚辈的关系。

3. 法律宣讲法。应向当事人宣讲相关法律规定，告知晚辈当事人赡养孝敬老人不仅是中华民族的传统美德，也是每个做儿女的应尽法律义务，履行赡养父母的法定义务是无条件的，子女们不能以父母分家不公、互相攀比等借口而拒绝或少负担赡养义务。同时可以告知他们，若父母无奈之下将不孝子女诉至法院的话，法院最终会支持父母的主张，到时候不仅必须要履行这一法定义务，还会促使周围人对其形成负面评价，让其承受更大的舆论谴责。

操作训练一 综合练习

【训练目的】

通过模拟训练，掌握离婚财产纠纷的调解技巧，练习根据不同当事人的特点采取不同的调解应对之策。

【训练材料】

刘某（男，某私营企业老板）与苏某（女，某工厂职员）于1988年结婚。结婚时，双方约定：婚前和婚后取得的财产全部归各自所有。婚后苏某育有一女刘某某。

由于刘某经常在外面拈花惹草，夫妻感情出现裂痕。2002年，刘某与苏某协议离婚。离婚时，双方约定女儿由父亲抚养。女儿的抚养费用由刘某全部承担。在签署了离婚协议之后，苏某提出，自己所在的工厂效益不好，每月仅能拿到800元的低工资，而刘某年收入近100万元，拥有别墅与轿车等财产，生活条件优越，要求刘某给予经济帮助。刘某认为，自己已经承担子女的全部抚养费用，苏某的收入足以维持生活，无权要求经济帮助。苏某就经济帮助问题向调解委员会申请调解。

【训练步骤】

步骤一：将学生分为8组，对此案例进行小组讨论。讨论要点为：①查找相关的法律规定；②对男方的说服要点；③对女方的说服要点。

步骤二：通过抽签的方式决定4个上台表演组和四个评判组。

步骤三：2个表演组表演对男方的说服，由老师扮演当事人，表演完成后请2个评判组分别对两组的表演进行点评，点评的重点是表演组运用了哪些调解方法，哪些说辞有说服力，哪些说辞说服力不够。

步骤四：2个表演组表演对女方的说服，由老师扮演当事人，表演完成后请2个评判组分别对两组的表演进行点评，点评的重点是表演组运用了哪些调解方法，哪些说辞有说服力，哪些说辞说服力不够。

步骤五：教师进行点评。

操作训练二　综合练习

【训练目的】

通过模拟训练，掌握赡养纠纷的调解技巧。

【训练材料】

王甲现年78岁，其妻为李丁，有两个儿子王乙和王丙。

2005年，两老人所住的老房农居点改造，两老人将自己的宅基地均分给了两儿子，并和儿子达成了赡养协议，协议约定：父亲王甲由大儿子赡养（平时和大儿子王乙居住，生活起居由王乙照顾，生活费、医疗费和丧葬费等均由王乙承担）。李丁归小儿子赡养，平时住在小儿子家。

2009年7月10日，王丙媳妇发现昨天还在自己洗衣服的婆婆没起床，就到婆婆房中探望，发现婆婆已经心脏病发去世。王丙按照农村习俗为母亲举办了丧事，所有支出均自行承担。

2010年1月，78岁的王甲查出前列腺癌，医生认为老年人得该癌症恶性程度不大，预后较好，建议手术治疗。王乙为父亲缴纳了2万元手术费安排其住院手术。王甲的手术还算成功，但得了术后感染，医疗费直线上升，已经欠费2万元，医生估计医疗费至少还要2万元。王乙表示自己一家承担确有困难。于是在王丙到医院探望父亲时，王甲向王丙提出希望其承担一部分医药费。

王丙以当初签有赡养协议，而自己对母亲已经尽了赡养义务为由拒绝承担父亲的医疗费。王甲申请调解。

【训练步骤】

步骤一：将学生分为8组，对此案例进行小组讨论。讨论用时15分钟。讨论的题目是：调解员应如何调解？对该问题的回答包括调解前情况分析（当事人的调解意愿、双方当事人间的主要矛盾等）、调解方式的选择、计划使用的调解方法（针对哪个当事人具体运用哪些调解方法）、调解中的注意事项、作为调解员在了解情况以后初定的解决方案。

步骤二：请一个小组的代表上台汇报讨论结果。通过抽签决定汇报小组。

步骤三：其他小组对汇报组的发言进行补充和点评。

步骤四：教师就汇报组的发言和其他组的补充进行总体点评。

步骤五：由教师扮演王丙，请小组代表作为调解员，模拟表演对王丙的背靠背调解。在表演之前，给予同学们10分钟的小组准备时间。通过抽签决定模拟表演组。

步骤六：表演完成后请其他组对模拟组的表演进行点评，点评的重点是表演组在调解过程中有哪些值得借鉴的地方，有哪些做的不妥当的地方，在整个与王丙的私下沟通过程中运用了哪些调解方法。

步骤七：教师进行点评。

操作训练三　　分步练习

【训练目的】

通过训练，了解一般离婚纠纷调解过程中需要调查的事项，掌握离婚纠纷调解过程中最常用到的调解方法。

【训练材料】

一段真实的离婚纠纷调解录像。

【训练步骤】

1. 在申请人向调解员讲述完纠纷大致情况以后，暂停录像。让学生分小组讨论，讨论用时5分钟，讨论题目为："这时，你认为还要对哪些事项进行调查？"请一个小组代表发言，其他小组补充，教师最后点评。

2. 继续播放录像，观看完录像之后，让学生分组讨论，讨论用时10分钟，讨论题目为：①双方当事人之间存在哪些矛盾使得其中一方提出离婚？②调解员在本次调解中有哪些值得借鉴的地方？③调解员在本次调解中用到了哪些调解方法？④请总结离婚纠纷调解的一般调解思路。

3. 就4个讨论的题目，逐一请小组代表上台发言，其他小组补充，教师最后点评。

学习单元九习题

学习单元十 相邻关系纠纷调解

【知识目标】

明确相邻关系纠纷的概念和特点,掌握相邻关系纠纷调解的要点,熟悉处理相邻关系纠纷常用的法律法规。

【技能目标】

判断某一民间纠纷是否属于相邻关系纠纷;掌握相邻关系纠纷调解的要点及流程;能运用纠纷调解的技巧对相邻关系纠纷实施调解。

【素质目标】

培养互谅互让、团结互助的精神与同理心。

一、相邻关系纠纷概述

(一)相邻关系纠纷的概念与特点

相邻关系是指不动产所有人或使用人,在行使所有权或使用权时,因相互间依法给予方便或接受限制而发生的权利与义务关系。相邻关系从本质上讲是不动产所有人或使用人的财产权利的延伸,同时又是对他方所有人或使用人的财产的限制,反之亦然。这是在不动产相邻双方之间产生的法定权利与义务。然而,当不动产相邻时,如果不动产所有人或使用人皆绝对自由地使用其权利标的,相邻各方极有可能发生纠纷和冲突,其结果不仅使不动产本身不能发挥最大的经济效益,而且也会因相邻各方的纷争而损害不动产的财产秩序。根据我国《民法典》第288条的规定,不动产的相邻权利人应当按照有利生产、方便生活、团结互助、公平合理的原则,正确处理相邻关系。第289条规定,法律、法规对处理相邻关系有规定的,依照其规定;法律、法规没有规定的,可以按照当地习惯。

相邻关系纠纷是基于行使相邻权而产生的纠纷,其性质属于物权纠纷。根据最高人民法院《民事案件案由规定》,我们将相邻关系纠纷分为:①相邻用水、排水纠纷;②相邻通行纠纷;③相邻土地、建筑物利用关系纠纷;④相邻通风纠纷;⑤相邻采光、日照纠纷;⑥相邻污染损害纠纷;⑦相邻损害防免关系纠纷。

当前，相邻关系纠纷呈现出以下特点：

1. 主体扩展。随着我国社会经济关系的变迁，资本集中的趋势明显，不动产的价值趋于增大，不动产已非以往那样纯粹由所有人自己使用，而是以租赁等多种形式将使用权归于他人，而由所有人收取对价。相邻关系的主体也从所有人向其他使用人扩展，甚至出现了业主委员会作为主体提起诉讼的现象，由此带来了主体的扩展。

2. 双向型纠纷增多。相邻关系纠纷往往是由于不动产所有人或使用人相互间因对方侵犯自己的权益而产生。对于妨害的发生，往往是在纠纷当事人的混合过错的基础上产生的。比如高层建筑中建筑物区分所有权纠纷非常普遍，相邻的业主一旦发生纠纷，就可能相互伤害，经常发生楼上的业主往楼下泼污水，楼下的业主弄脏对方晾晒的衣物被单，或者你将过道堵死，我将垃圾倒在你家门口等琐细纠纷摩擦，长年累月纠纷不断，就形成积怨，使得矛盾的化解愈来愈困难。特别是在相邻关系纠纷诉讼化的案件中，一方若提起诉讼，另一方或出于义愤，或是为了报复，或是出于无理取闹，或出于给对方施压以达成妥协等目的，往往也会起诉要求对方排除妨害。这种互为起诉的双向型诉讼，在法院受理的相邻关系纠纷中，也占有一定的比例，双方的矛盾也往往较难调和。

3. 法律关系复合交叉。首先，由于相邻关系与建筑物区分所有权、地役权、业主公约及人格权存在联系，实务中，会出现相邻关系与建筑物区分所有权、地役权、业主公约及人格权等其他民事法律关系的交叉。其次，当相邻一方主张的排除妨害行为经过行政许可时，还会出现相邻民事法律关系与行政法律关系之间的交叉。如建造建筑物、设置移动电话基站、设立广告牌、开设酒楼等引起的相邻关系纠纷，均是以具体行政行为的合法存在为前提。不动产所有人或使用人要求排除该妨害行为，不仅涉及民事法律关系，还涉及与之相关的行政法律关系。最后，相邻关系纠纷往往并不是单纯的6种相邻关系纠纷中的一种，而是多种相邻关系纠纷的复合。

（二）相邻关系纠纷调解的要点

《民法典》第288条、第289条只是规定了处理不动产相邻关系的一般原则，如何把握不动产所有人或使用人行使权利时应予"限制"或"扩张"的度，如何判断一方当事人行使权利的行为是否已超过相邻方应当负有的"容忍义务"，并据此分析责任的承担，是处理相邻关系纠纷的关键。

在处理相邻关系纠纷时，通常处理侵权纠纷的一些技巧都可以适用，但应注意掌握以下几个要点：

1. 调解相邻关系纠纷应理顺法律关系，正确适用法律规范。要正确把握相邻关系与地役权、建筑物区分所有权及物业管理合同这几种法律关系之间的联系和区别，要将因契约产生的地役权纠纷、因建筑物区分所有权产生的侵权纠纷及因违反物业管理合同产生的合同纠纷从相邻关系中分离出去，在处理相邻关系纠纷时，仅根据相邻关系而非侵权或违约的法律关系来适用法律。当然，这并不意味着当事人由于对方行使权利而受到损害的行为就不应得到补偿或者赔偿。

2. 在调解前调解人员必须做好四个方面的准备工作。

（1）勘验现场。相邻关系纠纷仅凭当事人提供的证据及陈述，调解人员难以全面、直观地了解相邻不动产分布的全貌，无法客观地分析一方当事人的权利是否受到限制以及受到多大的限制，并提出妥善解决纠纷的方案，因此这种纠纷的准备工作要求调解人员必须实地走访，勘验现场，全面客观地了解纠纷的相邻不动产的地理位置、分布状况以及相邻不动产一方所有人或使用人的相邻权利得不到切实行使的原因所在。

（2）查找原因。调解人员要充分了解形成相邻关系纠纷的历史原因，从而判断造成不动产使用障碍的责任哪一方大、哪一方小等。

（3）了解民俗。调解人员要了解不动产所在地的民情和风俗习惯等人文环境方面的情况，从中分析当事人的何种主张在法律没有明确规定的情况下可以用情理进行说服、劝导和教育。

（4）确认背景。了解纠纷产生的过程、背景、当事人之间以往的关系，在相邻关系纠纷中，许多当事人往往因存在积怨在产生纠纷后互不相让，调解该类纠纷只有找准纠纷背后的真正原因，对症下药，才能够解决矛盾。

3. 调解相邻关系纠纷一方面在调查研究阶段和劝说教育当事人时要查明事实，分清责任，另一方面在实施调解促成调解协议达成的时候也应善用模糊处理法。由于在绝大多数相邻关系纠纷中对纠纷的形成和邻里关系的恶化双方当事人都有责任，事实清楚、责任明确有利于调解员对纠纷当事人进行批评教育，让当事人心悦诚服地接受"你也有错处"的批评指摘，使得调解深入，而基于当事人之间"低头不见抬头见"的特殊关系，说不定在纠纷发生之前双方还曾经有过良好的邻里关系，为了维持这种特殊关系，促进邻里和谐，该模糊处理的不妨进行模糊处理，只要不违背法律的强制性规定即可。由于相邻关系纠纷往往是各种相邻关系纠纷的综合，一些不典型的相邻关系甚至很难归入最高人民法院《民事案件案由规定》所规定的七类相邻关系纠纷中去，因此不具备条件的调解员可不必刻意分辨究竟该纠纷属于何种相邻关系纠纷，但必须能判断该纠纷是否属于相邻关系纠纷，尤其是应能区别相邻关系纠纷与地役权纠纷、财产损害赔偿纠纷等容易混淆的纠纷。比如，楼上住户的洗衣机出水管脱落，大量的自来水渗漏到楼下的住户家中，导致其部分财产损坏，引起双方的纠纷，从性质上说这个纠纷就属于财产损害赔偿纠纷而不是相邻关系纠纷；但若是楼下的业主天花板漏水，必须利用居住在上一层的业主乙家中的排水设施才能维修时，业主乙不配合，双方于是形成了纠纷，这是很典型的区分所有建筑物的相邻关系。

4. 对积怨较深的相邻关系纠纷，为避免正面冲突，多采用背靠背的方式进行调解，待时机成熟时可采用面对面的方式实施调解。可先将双方当事人分开做思想工作，分别倾听双方当事人陈述，让其说出产生怨恨的历史原因，摸清其真实意图。

5. 对非法不动产所引发的相邻关系纠纷应审慎处理。非法不动产虽然因其违法性没有取得物权，但无论是法院还是人民调解委员会，都不能通过处理纠纷解决其行政管理范畴内的违法性问题。

6. 调解相邻关系纠纷时经常使用的调解方法技巧有：鉴别利害、抓主要矛盾、动用第三方力量、角色互换以及法治与德治相结合等方法。

【相关法律法规】

《中华人民共和国民法典》

二、相邻关系纠纷调解范例解析

范例：

2019年4月15日，调解员小陈上班时接到本社区39幢2单元401室业主王女士的电话，称自己家中与上下左右邻居家中都在漏水，已断断续续持续了一年多，希望社区的同志开个协调会管一管。小陈对此表示同情，但也向王女士说明物业维修是物业公司的职责，并将物业公司的电话告知了王女士。但王女士说本社区物业公司的维修工也曾经去勘察过好几次，说修一下是很简单的事，但最终也总是不了了之，所以这件事一拖再拖，漏水的现象越来越严重，只能向社区调解员求助了。小陈寻思，王女士所说的这一带小区的房子都是某国家机关及其附属单位的房改房，只要有其中的一家住户向省房改办维修部门申请，就没有不受理的道理，不觉称奇：难道这么久了都没有一家人向有关部门提出维修吗？但据王女士所说，2017年就曾经有人到社区反映这一情况，不知为何没有下文，2018年该单元402室与201室的男主人曾陪同省房改办的同志上门勘察，说可以维修，让房改办下属维修部门维修的费用可以申请物业维修基金，也可让其他的物业公司维修。考虑到申请物业维修基金只能解决维修费用，而无法弥补因维修受损害的业主的财产损失，小陈初步判断是各位业主对后者达不成协议，所以物业公司不愿维修，是以此事总是无法解决。小陈就这点疑惑询问了王女士，但王女士说具体情况并不清楚，可以向402室与201室的男主人询问。

结束了与王女士的通话后，小陈先拨通了社区物业公司维修工杨师傅的电话，向他询问本社区39幢2单元漏水的情况，果然，杨师傅所提供的情况与王女士口述的相当一致，杨师傅说："修一下是很简单的事，这事我清楚得很，水是从6楼漏下来的，6楼以下都在漏水。我不想再上门去看了，再看也解决不了问题，现在需要社区将这个单元所有的业主都召集起来，把费用的分摊搞清楚。"杨师傅的说法也证实了小陈的初步判断。小陈紧跟着问了杨师傅一句："你认为6楼漏下来的可能性大还是7楼漏下来的可能性大？"杨师傅说："其实应该是从6楼漏下来的，但6楼的两户业主都不太讲理，自己家不漏就不管别人死活了，可维修是必须打开6楼的墙面对管道进行维修的。"小陈又问："究竟应该打开601的墙面还是打开602的墙面？"杨师傅回答都可以。接着小陈在社区的住户汇总表上面查这两户户主的情况及其联系电话，查到了户主的姓名以及固定电话，且发现602的女主人熊某是该单元的单元长，于是决定先做做她的工作，但电话无人接听。小陈又按照表格上提供的202室男主人的姓名与移动电话号码与之联系，电话接通了，小陈与202的男主人李先生约定晚上7点半左右去李先生家面谈。

当日下班后，小陈来到该小区39幢2单元进行实地调查。在单元楼门口碰到一位骑着自行车刚买菜回来的中年男子，小陈上前打听，原来这位男子是该单元702室的业主，他向小陈反映单元楼漏水的现象愈来愈严重了，今年起连他这个顶楼的业主都遭殃了，因为只要一下雨地下室就积水，取自行车非常不方便，气味也很难闻，还滋长了很多蚊蚋。小陈跟着这位业主去地下室察看，发现情况比他说得还严重，这两天是晴天，但地下室竟然积水未退，气味熏人，蚊蚋成群。可想而知居民室内漏水更甚于此，这已不仅对业主的财产造成了损失，给生活带来烦恼，也给各位业主的生命与房屋安全埋下了隐患。

经过与该单元各住户的沟通，小陈了解到，前年起该单元楼的个别住户就出现漏水现象，其中就包括202室、401室，后来其他的住户也陆陆续续出现同样的现象；去年4月，202室和401室两户向社区的房管站反映此事，房管站告知其向省房改办维修中心联系。2018年4月8日，202室、401室的业主陪同省房改办的工作人员勘察现场，对方答复是下水管道年久破损引起漏水，可以向本部门申请维修，也可让其他的物业公司维修，维修费用可以申请物业维修基金，但必须打开6楼的墙面进行维修，必然产生对该户的损害。401室的业主张先生将该事告知6楼的两位业主，后者均报以沉默，张先生感到很不好意思，无法继续提出进一步的请求，所以事实上从来没有谈到过损害补偿的方案。后来也曾向社区和物业公司分别提出过维修的请求，都因为同样的原因不了了之。家住202室的李先生不堪忍受漏水之苦，自己出资请人作了防水处理，据了解，目前暂时没有水漏出来，但治标不治本，总非长久之计。小陈让李先生带自己去与602室的业主熊某沟通，但602室无人应门。小陈又敲响了601室的门，601室的业主蒋大爷了解了小陈的来意后，声称有住户漏水的情况他也听说了，但水是从701室漏下来的，与自己家无关。见蒋大爷表情生硬，小陈初步断定蒋大爷还是由于不愿意自己家受到损失与打扰，所以对问题的解决采取事不关己高高挂起的漠然态度，以至于影响了纠纷解决的进程，至于水从701室漏下来的多半是蒋大爷的托词。

临走时，小陈问道："蒋大爷，您和楼上楼下的住户都是同一个单位的同事吧？"听到这句话，蒋大爷愣了愣，随之答道："是的，都是市某局以及下属的单位的同事，有些很熟，不过我和他们中的绝大多数人分属不同的单位，不是特别熟。"小陈接着说："不管熟不熟的，邻居这么多年，远亲不如近邻，彼此一定相互很照顾吧？"这时有位老太太站到了蒋大爷背后，满脸不悦地说："这么晚了，还在干什么？"小陈推测这肯定是蒋大爷的爱人，与之打了个招呼，说："今天真是打扰了，谢谢你们这么支持我们社区的工作。大爷，您退休了，有空去邻居家中串串门，这对你们老年人的身心愉悦很有好处，有什么事可以找社区的程大姐，她负责老年人工作，找我也可以，这是我的电话。"小陈给了蒋大爷一张名片，随即告辞。临走前，小陈在无人在家的701室和602室留了张字条，上面写着自己和另一名社区治保委员（兼管人民调解员）小钱的联系方法，并约602室业主熊某去社区与调解员面谈。小陈问及李先生及另一位住在一楼的邻居是否愿意分担因维修下水管道所引起损害补偿费用，这两位业主都回答没有问题。

由于翌日起要出差数日，小陈将纠纷的基本情况告知小钱，小钱于是接受了约谈熊某以及接待王女士等当事人的任务。第二天小陈就接到701室业主赵某的电话，小陈将1楼至5楼漏水的情况告知赵某，并向其求证6楼的蒋大爷的说法，赵某一听立即情绪激动起来："为了这事不是已经打开我们家的墙面修过一次了吗？我们自己贴了好几百块钱重新装修，也没有人给我们补偿。你们要是柿子捡软的捏，那可别来找我们！"小陈没想到以前竟然还有过这样的插曲，赶紧说："大姐，这话从何说起？我不知道以前您已经为这个问题承担过不应该单让你一户承担的责任了，看来您是个很高尚的人，要是你们楼道里每家每户都能像您这样讲讲道理，邻里之间相互尊重，漏水的问题早就解决了。现在1楼到5楼漏水这么厉害，也影响到你们顶楼的安全。您先不要这么敏感，我们要解决这个问题首先要了解这个问题，我只是向您查证核实一下真实情况。我们解决这个问题也需要包括你们7楼在内的配合。至于您的损失，您有权利向其他住户追偿。"赵某沉默了半晌，说几百块钱也就算了，如果社区需要她的配合可以与她联系。

过两天后小钱打电话给正在外地的小陈，说与熊某的初次沟通不太成功。小钱说，只要一提到楼下几户家中漏水的情况，熊某便推说自己不知道这些事情，小钱就说："那你现在不是知道了？现在省房改办的同志和物业公司都认为要从6楼打开维修，你对此事有什么态度？"熊某当即问："从哪里打开？怎么打开？"由于对情况了解不够，小钱一时语塞，只得说："打开的地方不会影响你们以后正常使用的。这样吧，我们帮你们几户人家协调一下，必要的话开一个协调会，具体时间我会通知你们的。下水管道是公共设施，每家每户都有责任维护，不是说家里面不漏水就可以不管不顾了。再说了，这样长年累月漏水下去，房子的安全都成问题，没有1到5楼，哪来你们6楼？你是这个单元的单元长，应该多支持我们的工作，让我们能尽快解决这个问题，保障单元的房屋和生命财产安全。"接着就把熊某送走了。一听是这样的情况，小陈便知还没有谈到纠纷的关键，即损害补偿的承担问题，也没有对6楼进行现场勘察。小陈对小钱说："怪我，工作没做到位，不过他们分属不同的单位，下班又很迟，把十几户召集在一起开协调会有一些难度。"两人在电话中针对纠纷情况，制订了先分摊费用，后与6楼业主谈判，多采用换位思考法，以及解决实际问题法的调解工作计划。

小陈随即前后拨通了202室李先生和401室王女士的电话询问利用6楼哪一家的墙面维修比较方便。李先生回答时间长了不记得了，两家都可以，王女士回答不清楚。但在与王女士的数次接触中，小陈发现这位大姐思维敏捷，口齿流利，且态度和蔼，十分有人缘，让她出面做邻居的思想工作可能会有事半功倍的效果，于是尝试说服她参与调解工作。王大姐无奈地说："如果我们自己能解决，就不会找上社区了。我们见了601和602都说不出口，一个单位的，提强人所难的要求，难为情啊！"小陈趁机说："难为情的不应该是你们啊！在法律上你们对他们享有相邻权，你们有权利要求他们这么做，他们有义务配合管道的维修。""那倒是，法律我不懂，但下水管道是公共设施，大家都有维护的义务，不光是我们漏水的业主的责任嘛！"王女士说道。小陈又说道："从常情常理来推断，同一个单位的应该更好办事,现在竟然情况正好相反,我推测有两个原因,一是601室和602室的业主只是听说你们几家漏水,但不知情况严重到什么地步,否则的话不会这么不配合;二是无论打开哪一家的墙面维修,我们都打扰了他们,而且除了维修费用以外还有其他损失,你们几户并没有说愿不愿意承担。"王大姐说:"可以啊!我们挺乐意承担的,只要漏水的问题能早日解决。"小陈说:"您乐意不等于所有人都愿意啊!为了早点解决问题,您看您能不能帮我一个忙,你们单位下班较迟,上班时间我和你们这些住户约谈不一定约得到,您能不能发动那些相互之间比较熟悉的住户传递信息,做好说服各个用户费用承担的工作?"王女士满口答应。

　　果然,小陈出差回来那天,王女士就和502室的唐女士去社区书面申请人民调解。双方沟通过程中,唐女士对602室的业主熊某表现出鄙夷,认为此人素质低下,自私自利,时常将垃圾袋丢在502室附近,唐女士说过她几次,虽然后来没有再发生类似的情况,但却是不相往来。小陈再次表达了自己对此事的两点推测,认为双方应该相互理解,相互尊重,只有住户们达成了关于损害补偿方案的协议,社区才有与601室和602室谈判的"底牌"。王女士像是想起了什么,对小陈说:"下水管道是公共设施,不漏水的人家也应该承担费用的,702已经答应分摊一些费用了。"小陈将701室赵女士一户以前曾经遭受过损失的情况告诉她,王女士和唐女士立即表示放弃对赵女士的这项要求,并表示无论谁家墙面被打开,遭受的损失由其他各户分摊,且王女士可以负责找工程队进行修补打扫。她们向小陈反映3楼系该市一家著名的饭店的员工宿舍,这几位员工也深受漏水之苦,但多次向单位反映无果。王女士和唐女士很大度地表示,如果这两户确实有困难,可以将原本分摊在他们头上的费用转由其他几户承担。小陈设法与这家饭店取得联系,说明了维修费用应由产权单位承担的道理,并说服该单位领导接受了先由这几位员工垫付费用,再由社区提供相应的证明,由员工向该单位报销的方案。

　　接下来的两个星期中,王女士和唐女士分别征求其他没有表过态的住户的意见,说服他们分摊损害补偿的费用和再装修的费用。其间小陈说服物业公司的修理工杨师傅去该单元楼6楼作了一次现场勘察,杨师傅认为还很难确定具体的漏水点,但602室熊某家被认为可能是漏水点的地方刚好是个柜子。小陈于是向熊某转达了王女士等住户的意思,说明如果需要在她家进行管道维修的话,不需要她承担任何费用,修补与打扫等工作均由他人承担。熊某的态度有明显的好转,答应小陈"考虑考虑"。不久后王女士打电话告诉小陈,熊某的思想已经发生了转变,愿意配合维修管道的工作。但在维修过程中,工人发现还要利用蒋大爷家的墙面进行维修。蒋大爷和他的夫人在强大的舆论压力下,感觉再坚持不让工人进他家的门实在太说不过去了,也就答应了小陈提出的解决方案,工人只花了半天时间就将管道修理完毕。王女士按照协议迅速召集工人为601室和602室进行修补,并把施工现场打扫得干干净净,几乎看不出修补的痕迹。这个单元持续了2年的漏水问题终于解决了。后来3楼的2名出租户在小陈的帮助下也如愿拿到了单位的补偿,这件久拖不决的事终于画上了一个句号。

知识要点：

由于我国城镇中房龄较老的房屋以多层建筑为主，随着这些房屋排、用水设备，墙体与其他设备的老化，因漏水而引起的垂直的相邻损害防免关系与日俱增。而新建的房屋又以高层建筑为主，相邻关系十分复杂，排、用水系统牵一动百，电梯、楼道等为相邻各户等共用，其中一户的设施工作失灵往往引起其他相邻住户的连锁反应，造成邻人的损害，或者需要借助后者的配合才能修理上述设施。因此，近年来城市中的相邻损害方面关系纠纷占相邻关系纠纷总数的比例很大，其中房龄较老的多层建筑因漏水而引起的相邻损害防免关系纠纷尤为多见。对于因漏水而引起的相邻损害防免关系纠纷，调解员必须通过实地勘察和调查研究，找到引发漏水的原因，抓住问题的症结。

简单地说，引发这类纠纷的原因是多种多样的，漏水可能由于排、用水系统的老化而引起，也可能由于下水道堵塞而引起，或者由于野蛮装修而引起，也不排除储水设施质量低劣或防水措施不到位等原因。调解员只有抓住肯綮，找到真正的原因，才能为解决相邻业主或住户之间的争议奠定良好的基础。找出主要原因后，说服住户针对性地采取相应的措施解决实际问题，矛盾即迎刃而解。基于建筑物区分所有而产生的相邻损害防免关系纠纷往往需要采用座谈会形式讨论损害承担问题。

方式方法技巧：

若如范例中所示，由于费用的分摊问题而使矛盾得不到解决，则应多使用换位思考的调解方法，以及法治与德治相结合的方法，向纠纷各方宣传《民法典》的相关规定，以"远亲不如近邻"等人情观打动纠纷当事人，早日化解纠纷，使相邻各方的生活步入正常状态。需要指出的是，若是楼上住户因忘记关水龙头或者洗衣机水管脱落等原因而导致楼下住户产生财产损失的，则应作为财产损害赔偿纠纷来解决，调解员应说服楼上的住户排除妨害，赔偿损失。

范例：

某村章某和何某某系前后屋邻居，章某居前，何某某居后，章某家北正房与何某某院内的东西平房高度相近，章某家北正房后檐墙磉基与何某某家东西平房的南墙磉基之间有30余厘米的空隙供两家排水用。

2015年，章家欲在原基翻建北正房，并于春天在原磉石基础上加高了磉基，当时，何某某家未提出异议。7月初，章某家开始在新建磉基上砌墙，新房的后檐墙比何某某家平房高约1米。在章某家砌墙过程中，何家未予阻止。当章家上好柁、檩并订完椽子铺上苇帘开始封檐子时，何家人发现，章家后檐墙的第三层檐子与自家东西平房的南部房檐的水平距离仅有约5厘米的空隙了，如果再按照一般习惯在瓦房时瓦出5厘米，那么两家房檐之间就没有空隙了。其直接后果是：将来章家正房北坡上的水，大部分都会流到何家东西平房的房顶上。为此，何家急忙阻止了章家继续施工。而章家则认为，自己是在原基上翻建北正房，何家不应干涉。

民间纠纷调解

章、何两家矛盾经村人民调解委员会调解了六七天未能解决。急于瓦房的章某于7月13日找到了镇人民调解委员会，请求对章、何两家的纠纷进行调解。接待章某的两位调解员了解了事情的大概经过后也感到事情很紧急，因为现在正是雨季，如果章某家不能及时瓦上房，那么一旦遇到连雨天，章家的柁、檩等木料就有可能受潮变形，而且墙体也有可能因雨淋而裂缝或坍塌，损失将会更大。

当天下午，两位调解员骑着自行车风风火火地赶到了章、何两家纠纷的现场。经现场勘测，两位调解员认为，两家纠纷的主要焦点应是：一是章、何两家之间的30厘米的空隙的使用权的归属问题；二是章家瓦完房后，下雨时，后坡上的水是否会浇到何家平房的问题。

首先，两位调解员想通过确定章、何两家之间的30余厘米的空隙的使用权来判断谁对谁错。两位调解员让章、何两家出示对两家之间30余厘米的空地拥有使用权的凭证，但两家都拿不出确切的证据来，两位调解员又向两家的邻居和村委会的干部了解此事，也没有得到肯定的答案。两位调解员只得放弃第一个方法，并告诉两家因不能确定两家之间30余厘米的空隙的使用权，所以只能认为这个空隙由两家共同使用。现在，只要两家建房时不给对方造成损害就行了，章、何两家对此都表示了认可。

为了确定章家在现在的情况下瓦房是否会给何家造成损害，两位调解员请瓦匠师傅在正对着何某某家西平房的章家后坡上瓦了两沟瓦，并亲自登上了章某家的房顶，当着章、何两家人的面，用大壶往瓦上倒水，模拟下雨时的情形。调解员用最小的流量向瓦上倒水时，水顺着瓦沟流出时仍浇到了何某某家平房顶上。看到这个结果，章某有些不好意思了，当场表示，一定会采取措施，防止雨水流到何家的平房上，但他也有些想不通：为什么以前的老房上的水不会浇到何某某家的墙，而现在在原基上翻建的房屋上的水却浇得那么远呢？调解员向章某分析了产生这个问题的原因：一是章某过去的老房出檐短，只有两层小檐（约10厘米），现在是三层大檐（约18厘米）；二是章某过去的老房柁短（4.5米），后坡短而缓，这样雨水少而且流得也不急，现在的新房柁长（6米），后坡长而陡，这样一来，雨水不但多，而且流得也急，所以向后浇得就远了。（注：建房时，柁的长短决定了脊的高低，从而也就决定了房坡的长还是短、陡还是缓。）同时，两位调解员指出，造成今天这个局面，章、何两家人都是有责任的，双方都应早就预见到今天这个后果，并采取措施或提出建议，以减少损失。

找到矛盾的症结后，两位调解员将章某、何某某两人叫到一起，从邻里关系（远亲不如近邻）和情理上（人的一生盖一次新房确实不容易）对两人进行了开导，并请两人面对现实（拆房、拆墙都不现实），同时依据《民法通则》有关不动产相邻各方，应当按照方便生活、团结互助、公平合理的精神，正确处理排水等相邻关系，共同协商解决问题的方法。经过这些工作后，章、何两人都表示了对对方的理解，并诚心地开始协商如何防止章某家后坡上的水浇到何某某家平房上。在两位调解员的协商下，章、何两人虽也出现过一些分歧，但最终在晚上7点多初步达成了一个方案：①章某家在北正房现在出三层檐的基础上退回一层檐变为出两层檐，章某在瓦房时，瓦出砖沿不得超过5厘米；②章某瓦完房后15日内，要在自家正对着何某某家东西平房的南房山的后檐墙处做好挡水设施，以保证章某家北正房后坡上的流水不至于大量浇到何某某家的东西平房上，并且，今后章某要负责在挡水设施损坏时，对其进行维修；③何某某要为章某家施工提供方便，包括允许施工人员借用何某某家平房顶进行瓦房，做挡水设施等；④为保证章某能履行协议的第1条和第2条，章某应在签订协议时先拿出2000元人民币做保证金，交由村人民调解委员会保管。章某若按时履行义务，则及时将保证金退还给章某，否则，何某某有权支取保证金采取维权措施。为使章、何两人能充分考虑到方案执行中的各个细节，同时也避免两家其他成员阻拦方案的实施，确保方案的可执行性，两位调解员没有让两人当场签订协议，而是让两人回家后再与家人商量一下，如果没有新的提议就于第二天（7月14日）上午到村人民调解委员会签订协议。

2015年7月14日上午，两位调解员又骑车赶到了村人民调解委员会，章、何两人都表示协议内容得到了家里人的认可。最后，在两位调解员的主持下，章、何两人顺利地签订了协议。

2015年8月9日，两位调解员对章、何两家进行了回访，两家已经顺利地履行了协议的内容。

知识要点：

在农村，相邻土地通行纠纷，用、排水纠纷以及相毗邻的宅基地使用权纠纷等频繁发生，是基层行政工作者与人民调解员经常遇到的矛盾纠纷。除了上述方法与技巧，抓主要矛盾进行调解的方法十分常用。首先，如果纠纷当事人之间存在着数个纠纷，必须先分析在上述纠纷当事人之间存在着哪些法律关系和矛盾纠纷，分清主要矛盾与次要矛盾，有轻重缓急地逐一解决上述矛盾纠纷。有些貌似"一团乱麻"的复杂的相邻关系纠纷，可追溯达数年乃至十余年之久，形成了多种相邻关系纠纷纠缠不清的状态，表面上看可能是此纠纷，深究下去可能是累积了十几年尚未解决的陈年旧账；调解员必须从这一团乱麻之中理出头绪，找出关键性的纠纷，其他次要的纠纷才能迎刃而解。其次，对于关键性的纠纷，应透过现象看本质，从中找出焦点问题，针对性地拟订调解方案并实施。

在上述范例中，两位调解员通过现场勘察，分析出两家纠纷的主要焦点是：其一，章、何两家之间的30余厘米的空隙的使用权的归属问题；其二，章家瓦完房后，下雨时，后坡上的水是否会浇到何家平房的问题。两位调解员抓住了纠纷的主要矛盾，以这两个问题作为调解工作的重点。集中精力解决好这两个问题，就能够找到解决纠纷的最佳方案。在确定第一个问题的解决方案之后，纠纷还没有得到解决，两位调解员采取了实验的方法，使章某看到了自身行为的实际后果，章某在事实面前不得不信服。

矛盾的症结解决后，两位调解员再通过法治与德治相结合的方法，一方面从情理上对当事人进行了道德上的教化，另一方面又宣讲了民法的相关规定，使双方很快达成了协议。由于两位调解员能够抓住主要矛盾集中精力解决关键问题，所以这次调解工作的效率得到了明显的提高。为了对当事人负责，防止矛盾反复，本案中的调解员不仅成功做通了当事人的思想工作，而且还充分注意到协议的执行问题，采取了留足保证金、协议经当事人家人协商同意、回访等一系列措施，以确保协议的依法履行。

方式方法技巧：

1. 农村住宅区。主要特点：以农民为主，以耕地、田地的界线纠纷、宅基地纠纷、生活设施安置纠纷为主，常伴有历史遗留问题，矛盾纠纷会有几代人的传承。要了解清楚原委需要大量的调查走访，同时要充分了解当地的风俗习惯。重要目标：该类调解以就事论事为主，尽量不要扩展到历史遗留问题和其他相邻问题，有些会涉及村委会的问题，要尽量避免牵扯其他事、其他人。主要方法：主要以法律宣讲为主，让当事人知法、守法、不犯法。用利弊分析法，劝导当事人不要激化矛盾，不要扩大损失。

2. 农村拆迁安置住宅区。主要特点：从有天有地的单一住宅到楼上楼下的安置型住宅，邻里关系既有重组，又变复杂，原先纵横的邻里关系，现在要加上上下的邻里关系。由于建筑质量周期的问题，常常导致电梯使用、漏水等冲突，也有公共部位物品放置的冲突和公共区域卫生要求的冲突。同时大量出租房的存在，对于矛盾的激化过程，不可控的因素较多。重要目标：对于出现的矛盾要及时调解，就事论事为主，尽量不拖延，避免二次"感染"和激化矛盾。主要方法：法律宣讲和道德宣讲。

范例：

2014年5月的一天，某市进化镇某村的李老伯在自家山墙旁砌了一个粪坑。第二天邻居裘某发现了此事，认为李老伯的粪坑砌在他家土地上，就动手把粪坑砸掉。为此双方发生纠纷。村调解委员会会同镇有关部门进行协调处理。在协调中双方各执己见，李老伯称，自己山墙外的土地自己应有份，而裘某称那块土地系自己向农户调入，墙外的土地与李老伯无关。调解人员多次到现场调解均无结果，双方矛盾一直僵持着。

2016年初的一天，裘某看到老伯家又把粪管接在他家地上后，即动手把粪管砸掉。这时李老伯的两个儿子赶到现场，双方发生殴打，裘某被打伤后住院进行治疗。

为了防止事态的扩大和民转刑案件的发生，镇调委会立即派员进行调处，多次上门做双方当事人的工作。调解员耐心地向当事人宣讲《民法通则》中关于处理相邻关系的规定，使双方对自己的行为和事件的性质有了正确认识。裘某康复出院后，主动向镇调委会申请调处。见时机已经成熟，镇调委会及时召集双方当事人进行调解，最终使双方达成了以下调解协议：①李老伯的两个儿子一次性赔偿裘某的医药、误工、护理等费用共计人民币10 462.78元。②李老伯家的粪管和粪坑埋设，在不影响裘某出入引路的前提下进行(具体定点定位由镇调委会工作人员和双方到现场处理决定)。③此纠纷作一次性调解处理，以后双方无涉。

事后双方当事人及时履行了调解协议，长达3年之久的纠纷终于画上了一个句号。

知识要点：

上述范例中的人身损害赔偿，归根结底还是由于相邻关系纠纷未得到及时化解而引发的。相邻关系纠纷未得到及时调处，往往会造成矛盾升级。由于纠纷当事人见面机会多，制造摩擦的时机也多，更容易积累负面的情绪，导致肢体冲突和人身伤害，乃至酿成民转刑事件。根据《人民调解工作若干规定》第24条第2款的规定，对于当事人申请人民调解组织调解，经过审查又不符合受理条件的纠纷，人民调解委员会应当告知当事人按照法律、法规规定提请有关机关处理或者向人民法院起诉；随时有可能激化的民间纠纷，应当在采取必要的缓解疏导措施后，及时提交有关机关处理。

方式方法技巧：

由于此类纠纷的一方或双方当事人人多势众，且可能牵涉多个政府部门，采取果断措施缓解疏导纠纷，预防好此类纠纷的激化，显得尤为重要。广大基层的人民调解员往往拥有的丰富的社会经验，并在本辖区内有较高的威望。对那些有较高法律素质和政策水平的精英型调解员，完全可以在初步接触当事人的时候就对当事人的行为作出合法性评价，并对当事人使用法律宣教法，说服其放弃不合法不合理的主张，缩短纠纷化解的进程。

操作训练一　综合练习

【训练目的】

通过模拟训练，掌握调解相邻关系的调解流程与主要技巧。

【训练材料】

家住某市某小区8幢1单元102室的高小姐的厨房天花板出现霉斑以及滴水等现象，并迅速发展到装修不到一年的房屋四处发霉、受潮、墙体表层脱落的程度，厨房里甚至需要用脸盆接天花板上滴下来的水，且水有些难闻，像是混合着洗洁精的生活污水的气味。当高小姐家漏水日益严重的时候，承租202室的哈小姐与连小姐也发现厨房有类似的漏水现象，虽然不像102室那么严重，但厨房靠近客厅的天花板石膏线脱落，着实对两位姑娘造成了惊吓。随即302室的孙先生家出现相应位置的地板往上冒水的现象，尤其是各家做晚饭的时间冒水就更严重，但一到第二天早上地板又干了。102室的业主高小姐认为是因为3楼装修时将原先的厨房改为储藏室时擅自改造水管走向引起楼下漏水，要求孙先生整改，直到不漏水为止。孙先生表示如果真是自己改装水管引起漏水，愿意承担责任，但每次总是4楼做晚饭时自家的地板随后就开始冒水，而自家用自来水时并不冒水，肯定是4楼的水在往下漏；且102室与202室两家渗漏出来的水有洗洁精和生活污水的气味，自己家地板上冒出来的则是干净的自来水，显然楼下漏水与自己家管道改装无关。高小姐又希望402室的小马能让物业过来查一查，小马配合楼下3家的要求又观察了两天，发现确实是自己开水龙头做饭洗碗的时候楼下漏水厉害些，于是打电话给房东白大姐，希望白大姐能解决此事。但白大姐说此房已出租,按照她与中介公司的协议,这些杂务均由中介公司打理。高小姐又打电话给中介公司,对方答复让物业公司来维修即可,如果物业公司现场勘察的结果是4楼漏水,那么中介公司将承担维修费用,否则由其他住户承担一切后果。高小姐无奈,又打了物业公司的电话,物业公司经理答复她,必须先开开墙面才能看清楚究竟是从哪里漏水下去的,但是维修费用如何解决是需要各位业主协商好的。高小姐只得求助于该社区的调解员。

【训练要求】

1. 请你按照调解相邻损害防免关系的步骤为调解员列出思路要点,拟订调解方案。

2. 若查明漏水由于下水道堵塞引起,当调解员回访时高小姐提出要该小区的物业公司承担维护不当的责任,此事应如何解决?调解员可以为此做些什么?

(重点提示:解决由建筑物区分所有权所引起的相邻关系纠纷,往往必须先找到发生不动产损害的原因,采用先简后繁的排除法来进行现场勘验。)

操作训练二 分步练习

【训练目的】

通过分步练习,掌握拟订调解方案的基本步骤,强化处理相邻关系纠纷的基本技巧。

【训练材料】

家住杭州市萧山区临浦镇某村的施某与李某系本村邻居,又是远房亲戚,两家为门道地使用发生相邻权纠纷,双方曾在10年前就为此事发生互殴,矛盾一直未断。2006年5月20日双方又因施某在道地上砌石浇水泥路面发生纠纷,导致互殴。施某头部挨了李某一铁棍,血流如注,随即被送往医院救治。与此同时,施某一方迅速召集亲朋好友欲进行报复,事态即将进一步激化。110民警接警后,迅速赶到现场,采取果断措施,稳定了现场。

施某经医院治疗花去了近7千元的药费,其妻也花去1500多元药费。而另一方李某的母亲及妹妹也花去了500多元药费。临浦派出所民警曾为此纠纷召集双方当事人进行多次协调,但未取得成功。施某及其妻分别向区法院提起人身损害赔偿诉讼,施某的诉讼标的为11 446.63元,其妻的诉讼标的为4366.15元,再加上两起案件的受理费及代理费2000元,施某这一方损失达1.8万元;同时,李某一方也准备另行提起人身损害赔偿诉讼。双方也曾多次找各自的亲朋好友及各种渠道进行调处,但均未获得成功。眼看即将开庭,原告方碍于情面又不便开口,这时被告于2006年10月25日请求临浦镇司法所进行调解。

【训练要求】

1. 试分析本案涉及哪些法律关系和纠纷,其中发生矛盾的根本原因是什么?

2. 分组讨论,试运用抓主要矛盾的方法拟订调解方案,并在模拟调解中现场实施。也可采用其他方法。注意分析每种方式、方法技巧实施时可能遇到的障碍及对策。

3. 各组彼此对实施方案进行比较,体会各自所采用的方案的优劣,总结其可行性。

4. 各组查阅原始案例库,将各自的调解方案与过程临浦镇调解委员会真实的调解方案与过程进行对比,分辨优劣,总结经验教训。

学习单元十习题

学习单元十一　人身损害赔偿纠纷调解

【知识目标】

明确人身损害赔偿纠纷的概念和特点，掌握人身损害赔偿纠纷调解的要点，熟悉处理人身损害赔偿纠纷常用的法律法规。

【技能目标】

判断某一民间纠纷是否属于人身损害赔偿纠纷；掌握人身损害赔偿纠纷调解的要点及流程；能运用纠纷调解的技巧对人身损害赔偿纠纷实施调解。

【素质目标】

依法规范调解的理念、公正无私的法律职业伦理、以和为贵的处事态度。

一、人身损害赔偿纠纷概述

（一）人身损害赔偿纠纷的概念、特点和种类

人身损害赔偿纠纷是指侵权行为侵害公民生命权、健康权、身体权等，造成公民伤害、死亡后果，侵权人依法应当赔偿受害人因此造成的财产损失的纠纷。这类纠纷在侵权损害赔偿纠纷中占有较大的比例，在日常生活中也是常发事件。例如，因交通事故、医疗事故、工伤事故等造成受害人致伤、致残、死亡而引起的损害赔偿纠纷；因打架斗殴致人损害、产品缺陷致人损害、动物致人损害、物件致人损害、环境污染致人损害、未成年人致人损害等损害赔偿纠纷。

人身损害赔偿的性质具有双重性。其一，它是一种债，是一种法定之债。《民法典》第118条第2款规定，"债权是因合同、侵权行为、无因管理、不当得利以及法律的其他规定，权利人请求特定义务人为或者不为一定行为的权利"。在人身损害赔偿法律关系的当事人之间，因人身损害事实的发生，依照法律规定，产生了受害人要求侵害人承担赔偿损失的特定的权利义务关系。其二，人身损害赔偿是一种民事责任，具有民事责任的一切特点。近年来，人身损害赔偿纠纷呈现出以下特点：

1. 人身损害赔偿纠纷类型结构变化明显。交通事故型、医疗事故型和工伤事故型等人身损害赔偿纠纷增多。究其原因主要为：客观上机动车辆的大幅增加导致交通事故数量的增加、外来务工人员向各种用工场合的渗入及用工方式的变化、高数额赔偿金额的驱使使当事人之间利益难以调和等。

2. 人身损害赔偿纠纷法律关系复杂，性质认定具有复杂性。如工伤事故类人身损害赔偿，由于经济的发展，市场用工主体的多元性，导致此类纠纷表现形式多种多样，在责任主体认定上出现推脱，性质认定上存在一定难度。

3. 人身损害赔偿纠纷中当事人情绪对抗激烈。由于人身损害使受害人的生命权、健康权受到了不同程度的损害和损失，不仅给他们造成了身体上的伤痛，也给受害人及其家属带来了精神上的痛苦和创伤，在纠纷解决过程中，受害一方往往容易情绪激动，导致矛盾升温。

4. 人身损害赔偿纠纷中证据的收集和认定比较困难。由于当事人证据意识薄弱，不知道收集证据；或对突如其来的侵权行为，来不及收集证据；或对方当事人拒不提供对己不利的证据；或提供虚假证据，如对病历、诊断证明进行涂改以夸大伤情和赔偿范围等，导致在人身损害赔偿纠纷中证据的收集和认定存在一定难度。

5. 法律适用分歧较大，赔偿结果不具有可比性。人身损害赔偿纠纷类型繁多，有时不同的损害类型适用不同的法律法规，归责原则也不相同；有时同一类型纠纷，由于角度不同、理解不同，在适用法律法规时会存在分歧。并且在实践中，由于地域经济水平差异等各种客观原因的存在，会导致赔偿结果不同，因此纠纷与纠纷之间的赔偿结果不具有可比性。

依据人身损害发生的具体领域、具体致害原因的不同，常见的人身损害赔偿纠纷有以下几种：交通事故人身损害赔偿纠纷、工伤事故人身损害赔偿纠纷、医疗事故人身损害赔偿纠纷、打架斗殴人身损害赔偿纠纷、其他特殊侵权赔偿（如饲养动物致人损害赔偿纠纷、触电伤害事故人身损害赔偿纠纷、环境污染人身损害赔偿纠纷、高度危险作业人身损害赔偿纠纷、物件致害中的人身损害赔偿纠纷、施工致人损害的人身损害赔偿纠纷、防卫过当人身损害赔偿纠纷、帮工人身损害赔偿纠纷等）。

（二）人身损害赔偿纠纷调解的要点

在人身损害赔偿纠纷的处理解决过程中，损害赔偿调解是一项重要的程序工作。赔偿调解的目的在于依法确定当事人的赔偿责任，引导双方当事人协商处理赔偿问题，促成双方达成赔偿协议，从而有效解决侵权行为所造成的损失问题。

由于人身损害赔偿纠纷类型繁多，各种纠纷有其自身独特的特点，调解员在调解过程中会结合纠纷实际情况有侧重的采取不同的调解策略。但总体来说，调解员在调解人身损害赔偿纠纷时，应把握以下一些调解要点：

1. 了解、掌握人身损害赔偿方面的法律适用，依法调解是基础。人身损害赔偿是一项民事责任，该法律关系受一系列法律法规的制约。作为一名调解员，应当增强依法依规调解的意识，充分了解关于该方面的基本法律法规和专门法律法规，会分析、适用人身损害赔偿的归责原则、赔偿标准以及赔偿范围，熟知处理纠纷时所需援引的法律法规及司法解释，并能结合实际纠纷向当事人解读。

2. 查明事实、分清是非，明确责任是做好调解工作的关键。进行调解，不能采取和稀泥的办法，不分清是非责任，草率行事。尤其是在人身损害赔偿纠纷中，责任的认定是调解协商的前提。因此，调解人员必须做好基础工作，经过调查、询问、多方走访等，若是诉讼调解，还应通过双方当事人举证、质证、认证等环节，尽量把事实还原。在此基础上的调解，方能让人心服口服。

3. 应对当事人的心理状态进行分析。当事人在纠纷调解过程中的各种活动一般都是在其心理调节支配下实行的，这就要求调解人员在调解工作中对当事人的心理进行分析，了解其心理状态，把握其心理特征及活动规律，针对性地进行疏导。

人身损害赔偿纠纷在解决过程中，责任明确以后，最关键的问题就是赔偿金额。双方当事人都有一个心理赔偿"底线"，高明的调解人员就需要探明纠纷双方的"底线"，并重新营造一个双方都能接受的"价码"。在调解过程中，调解员根据双方的心理变化，把握调解脉搏，适时调整"价码"，使调解更具针对性和可行性。

4. 调解时要考虑有过错方当事人的经济状况和赔偿能力。调解过程中，在确定赔偿数额时，除了考虑赔偿方的过错程度以外，还应考虑其经济状况，即赔偿能力问题。若提出了一个对方经济能力根本就无法承受的方案，很有可能会吓跑对方，使调解中途夭折；即使调解成功，最后在实际履行过程中也可能会出现不能履行的情况。

5. 善于沟通，掌握一定的语言技巧。在调解过程中，语言运用得巧妙、得体，可成为调解纠纷的有力武器，有助于调解工作的顺利进行。

民事调解的对象绝大部分是普通百姓，纠纷的主要内容也是日常生活和社会交往中引起的人际关系纠纷，根据这些特点，调解语言要能被调解人接受，符合其理解能力和心理特点，一般来说应大众化、明朗化、通俗化。在人身损害赔偿纠纷中，一方当事人因为遭受了身体或精神上的损害，故调解员在调解时语言应温情、善意，让人感觉到亲切和信任，以此拉近调解员与当事人之间的距离。

6. 适时运用联调机制。根据纠纷的性质、类别和难易程度，必要时提出联调意见和方案，根据纠纷的情况，由法院、司法所、派出所、综治办、乡镇、村委（社区）等部门的有关人员参与调解，运用这些部门法、理、情等方面的优势，做好当事人的工作，以便更快速、更高效地解决纠纷和化解矛盾。

【相关法律法规】

《中华人民共和国民法典》总则编、侵权责任编

最高人民法院《关于审理人身损害赔偿案件适用法律若干问题的解释》

最高人民法院《关于确定民事侵权精神损害赔偿责任若干问题的解释》

最高人民法院《关于审理触电人身损害赔偿案件若干问题的解释》（已失效）

二、人身损害赔偿纠纷调解范例解析

范例：

2021年8月18日，陈大爷（67岁）骑着电动三轮车搭载林大妈（61岁）由蒲江县A镇往B镇方向行驶，在一个路口转弯处与王某（雅安某运输公司的员工）驾驶的货车相撞，导致陈大爷、林大妈受伤。事故发生后二人被送往医院住院治疗，产生医疗费近6万元。后经鉴定，陈大爷为十级伤残，林大妈为九级伤残。经县交警大队作出事故认定：王某承担事故主要责任，陈大爷承担事故次要责任，林大妈不承担责任。老两口出院后，欲向雅安某运输公司索要赔偿，但公司认为其已经购买保险，应由保险公司赔偿，不予理会。老两口将诉状递至蒲江县人民法院，法院审查立案材料后当场予以立案。

承办法官接到案件后，先联系双方进行庭前调解，但保险公司表示，若调解，则不认可精神抚慰金，并对某些赔偿项目计算标准予以下调；雅安某运输公司的负责人则表明自己购买了第三者责任险，故所有的赔偿项目应当由保险公司承担，并表示若自己要承担赔偿费用则不同意调解，等一审判决后就上诉。

经过进一步的调查取证和开庭审理，承办法官对案件情况有了更全面的了解，考虑到两原告已经年迈，林大妈本身患有其他基础病，家庭经济负担较重，在本次事故中，陈大爷承担同等责任，如果正常判决，赔偿结果会与原告要求相差较大，且保险理赔款要比较长的时间才能领取，若能尽快领取赔偿款无异于雪中送炭。原告因车祸受伤情绪激动，稍有不慎甚至会引起上访，要使审理结果达到良好的社会效果，最好的方法是调解。

承办法官上门来到原告家中进行慰问，疏导情绪，并邀请交警、社区人民调解员及其成年家属到庭参与调解，在对其身体情况表示关心的同时，也进行了安全警示教育：事故发生时，陈大爷与林大妈均未佩戴头盔，在经过无红绿灯路口转弯时未进行观察，因此要承担事故次要责任，提醒两位老人要提高交通安全意识。同时，承办法官整理了近两年本院及上级法院的生效判决，以案释法，将相关赔偿项目的计算标准和实践处理惯例向保险公司进行充分释明；经过法官劝说，保险公司接受了法院的各项理赔建议，运输公司愿意承担保险公司免赔的自费药品金额，最终各方达成一致意见：由保险公司在30日内向陈大爷、林大妈支付赔偿款12.5万元，运输公司在30日内向陈大爷、林大妈支付赔偿款9000元，纠纷各方均表示满意。

知识要点：

1. 道路交通事故人身损害赔偿纠纷的特点。随着时代发展，当前的道路交通事故人身损害赔偿纠纷呈现以下特点：

（1）道路交通事故人身损害赔偿纠纷数量居高不下。随着社会经济的发展、人们生活水平的不断提高，机动车辆的数量大幅度增加，部分非机动车（电动车）驾驶者及行人安全防范意识淡薄，不依法通行，使得道路交通事故损害赔偿纠纷数量逐年上升。

（2）赔偿主体复杂。目前受理的交通事故损害赔偿案件，被告多为2人以上，肇事驾驶员、车主、车辆挂靠单位都可能是被告。原因是人们在进行机动车交易时未严格遵循过户登记手续，对车辆挂靠、租赁、使用等方面管理亦不规范，道路交通事故发生后，责任主体往往牵涉登记车主、实际车主、借用人或者是承租人、雇佣人等多方人员，因此赔偿主体众多。

（3）赔偿金额较大。由于交通事故造成人员死亡及重伤的较多，医疗费用支出较高，而且伴随经济发展，城镇居民人均可支配收入也有了较大提高。《最高人民法院关于审理人身损害赔偿案件适用法律若干问题的解释》提高了赔偿标准，因此当事人请求的赔偿金额较之前有了明显提高。

（4）当事人情绪易对立。道路交通事故人身损害赔偿纠纷的一大特点是受害一方情绪易激动，双方当事人容易产生对抗情绪，如何在调解过程中使当事人的情绪稳定下来，理智冷静地面对纠纷，真心接受调解，这是调解过程中首先要解决的问题。

2. 道路交通事故人身损害赔偿纠纷调解工作的亮点。道路交通事故人身损害赔偿纠纷，可以申请人民调解委员会调解，可以申请公安机关交通管理部门进行行政调解，也可以通过诉讼调解解决。实践中，道路交通事故纠纷的调解工作有以下特色亮点：

（1）道路交通专业性人民调解组织普遍设立。专业纠纷专业调，方能事半功倍。道路交通专业性人民调解组织一般由所在地的司法局、公安交通管理机关及专业调解人员组成，对所辖区的道路交通事故损害赔偿方面的社会矛盾纠纷进行调解，其专业性更强，调解案件的依据、标准和程序要求更严，能够充分发挥人民调解优势，缩短事故处理的时限，减轻群众的经济负担和诉累，减轻交警的工作压力，取得良好的社会效果。

（2）道路交通事故人身损害赔偿纠纷多元化解机制不断创新。在化解矛盾纠纷中，调解、行政、诉讼等不同解决途径各有优劣，实践中各地不断探索诉调对接、三调联动的多元化解机制，联合法院、交通行政主管机关、人民调解、律师以及保险行业等各方力量，共同化解纠纷矛盾，成为当前道路交通事故人身损害赔偿纠纷调解工作的一大亮点。例如，建立由法官、人民调解员、交通民警及市保险协会人员共同组成的联合调解室，其职能主要为：①诉前调解职能。对发生在本区的交通事故案件，经交警调解后，双方不能就损害赔偿达成一致意见的，由交警引导当事人到调解室进行人民调解，双方当事人达成协议的，出具"人民调解协议书"。②诉讼服务和诉前准备职能。经联合调解室调解未果，当事人决定向法院起诉的，调解室工作人员可指导当事人制作起诉状、赔偿明细、证据副本并协助法院调取相应事故案卷。涉及伤残等级鉴定等技术鉴定事项的，由调解室委托鉴定部门鉴定。③与法院诉讼衔接职能。法院受理交通事故赔偿案调解过程中，可视情况邀请交警、人民调解员、保险业协会专业人员参加调解。这种通过诉讼调解、人民调解、行政调解的三位一体的工作机制解决交通事故纠纷的途径，给群众提供了更加便捷的维权途径，也将使社会更和谐。

（3）互联网+调解的形式快速发展。2020年5月6日，最高人民法院、公安部、司法部、中国银行保险监督管理委员会联合发布《关于在全国推广道路交通事故损害赔偿纠纷

"网上数据一体化处理"改革工作的通知》,即人民法院与公安机关、司法行政机关、保险监管机构以及调解组织、鉴定机构、保险机构形成协同工作新格局,通过建立并利用道交纠纷"网上数据一体化处理"平台,实现此类纠纷责任认定、理赔计算、调解、司法鉴定、法院诉讼、一键理赔等一体化处理,促进道路交通事故损害赔偿纠纷源头治理和公正高效便捷化解。依托全国法院道路交通事故纠纷诉前调解平台,提供道路交通事故纠纷处理一站式便民服务,利用网络科技实现法院、公安、保险公司、鉴定机构等各部门之间的数据信息共享。当事人利用平台可以确定损失、预判赔偿数额、申请一键理赔,还可以享受在线提起诉讼、参与调解、自动生成法律文书等司法服务。

方式方法技巧:

1. 实际问题解决法。范例中,承办法官在调解过程中注重实际问题的解决,即考虑到伤者陈大爷和林大妈年迈多病,家庭负担较重,若走正常的程序,保险理赔款实际到手需要较长的时间,对于这个贫困的家庭来说,尽快领取赔偿款是一个最为实际的问题,从当事人的这一切实需求出发,最后调解取得了实效。因此,调解员在解决此类纠纷时,应当注意在工作中运用解决思想问题和实际问题相结合的方法,通过深入细致的调查,了解当事人的实际困难和需求,并体现出调解员关心当事人的真情和解决问题的决心;同时也一定要做好当事人的思想工作,使他们对实际问题的解决方案心服口服,自觉平息争议。做好这些,调解员应当注意:

(1) 要善于将大道理转化为贴近实际生活的小道理,要注意把道理同当事人的实际生活联系起来;

(2) 调解员在进行思想工作时要富有人情味、情真意切,忌简单粗暴、空泛说教。

2. 情绪疏导法。一般情况下,交通事故人身损害赔偿的计算已经相对模式化,当事人也可以运用一些测算公式提前计算赔偿金额,而让当事人能够接受赔偿金额的关键就在于疏导情绪,引导其积极面对纠纷,如在道交损害赔偿纠纷中,纠纷人对自己应负的责任有时会持不稳定的认可心理,唯恐调解中自己做了让步,会使自己担负了更大的责任。因此,调解员应运用法律知识,分析责任承担问题,保护当事人的合法权益,消除当事人的疑惑或狭隘心理。

3. 多方协助法。范例中,承办法官还运用了动员多种力量协助调解的方法,让社区和人民调解员参与调解,加大了调解的成功率。随着《道路交通事故处理办法》的失效,交通管理部门的调解已不是处理此类纠纷的必经程序,当事人根据意思自治可以选择调解,也可以直接向法院起诉。因此,解决纠纷的途径由调解趋向于诉讼。

4. 法律宣教法。调解人员在运用各种方法对道路交通事故人身损害赔偿纠纷进行调解时,其关键和前提还是依法调解。应依据法律的规定,明确各方当事人的责任。此类纠纷解决时除适用人身损害赔偿所涉及的基本法律规定外,还适用专门的法律法规、司法解释。例如,《民法典》第七编侵权责任中"第五章机动车交通事故责任(第1208条~第1217条)"、《最高人民法院关于审理道路交通事故损害赔偿案件适用法律若干问题的解释》、《中华人民共和国道路交通安全法》、《中华人民共和国道路交通安全法实施条例》、《最高人民法院关于购买人使用分期付款购买的车辆从事运输因交通事故造成他人财产损失保留车辆所有权的出卖方不应承担民事责任的批复》、《最高人民法院关于被盗机动车辆肇事后由谁承担损害赔偿责任问题的批复》（已失效）、《公安部交通管理局关于车辆转卖未过户发生事故经济赔偿问题的批复》（已失效）等。调解员依照法律规定，明确纠纷中的赔偿权利主体和赔偿义务主体，根据公安交警部门出具的交通事故认定书，明确各方的责任，确定赔偿范围和赔偿标准。只有在依法调解下所确认的调解协议，当事人才不会反悔。

范例：

2021年10月15日，湖北籍农民工陈某被青海某建筑劳务公司雇佣到其承建的扎毛水库灌溉工程一标一号隧道从事普工工作。2021年11月4日，陈某在工作时由于驾驶三轮车操作失误，造成头部压伤，经120医生抢救无效死亡。事故发生后，公司通知陈某家属，就陈某死亡一事进行善后处理。死者家属于2021年11月6日到达医院，就陈某死亡一事对公司提出了300万元的赔偿诉求。公司方面认为陈某的死亡系工伤，且单位也为其购买了工伤保险，相关的待遇也应由社保部门支付，但陈某的工亡待遇达不到300万元。公司提出赔偿的方案，保证家属所获得工亡待遇为90万元（包括社保部门支付的待遇），受害者家属不同意赔付的数额，于是向黄南州信访局、同仁市人民政府、同仁市信访局、同仁市劳动监察大队投诉维权，公司向同仁市人民调解中心提出申请，请求同仁市人民调解中心对该案件进行调解。

调解中心受理案件后，认为案情重大，将情况向综治中心汇报，组织相关单位水利局、信访局、劳动监察大队成立调解工作小组，让死者家属意识到事件发生后有人问、有人管、有人谈。工作人员在接受案件后，立即对案件展开调查，认真了解事故发生的经过。在听取双方当事人的诉求后，将双方当事人召至市水利局5楼会议室给予当面调解。调解当日，受害者家属对陈某的意外死亡感到痛心，情绪非常激动并提出高达300万元赔偿要求，公司方面则表示只能按照法律规定赔偿90万元。调解初期，由于死者家属一度情绪相当激动，且双方提出的赔偿金额差距较大，调解几度陷入僵局，死者家属提出300万元的赔偿数额，是基于死者49岁，上有年迈的母亲需要赡养，下有3个未成年的孩子需要抚养，一家人的重担都落在死者配偶一个人的头上，压力重大，故要求赔偿300万元，还扬言在死者死后的第7日如未达成协议就要抬尸闹事。矛盾一时难以调和，调解员采取冷处理的办法，将调解时间延后到第二天，通过"冷静期"尽可能让双方"消消火""降降温"，给当事人创造一个理性思考的空间，使其在理性的思维下接受调解。工作人员首先与死者家属进行了沟通，从感情角度出发，表示很能理解家属所承受的打击和痛苦，希望家属能够节哀顺变，妥善处理后事，但是调解不能突破法律的规定，漫天要价。在工作人员的理性引导和耐心劝说下，受害人家属表示可将赔偿金降为150万元，公司方面提出赔偿100万元，双方当事人就赔偿金意见分歧较大均不做出让步。工作人员建议公司方面依据《中华人民共和国劳动法》（以下简称《劳动法》）、《民法典》《工伤保险条例》等相关法律和法律规定的赔偿标准，在死亡赔偿金、丧葬费的基础上适当增加人道主义帮助。公司方面认为：公司买了工伤保险，即便计算到抚恤金的差额待遇，也很难达到家属提出的150万元诉求。另外，由于陈某的死亡是一起工伤事故。公司这边也愿意承担适当的人道主义帮助，在100万元的基础上，再增加5万元的人道主义帮助金。双方仍然处于僵局的状态，但已逐步拉近双方之间的差距。为此调解员果断对公司提出建议：能否将总额增加到110万元，这样工作人员也好做通家属的工作，而且公司对于职工的操作技能考察和培训，也有一定的疏忽，如公司方面不能达成民事调解协议，受害者家属会再向政府部门投诉，无理取闹，聚众上访，给公司造成不良影响，建议公司采纳调解员的意见。经劝说，公司同意了110万元的方案。调解员将110万元的方案反馈给家属，家属经考虑后原则上同意了该方案，但提出了一项要求，要求公司再适当增加来回的住宿费、交通费等费用。经再次协调，最终公司同意支付一定的交通费用。

经过工作人员连续4天的数轮调解，最终双方当事人就赔偿金额达成一致意见，并当场签订了由公司方面赔付陈某家属陈某的死亡赔偿费、丧葬费、抢救费、交通费、住宿费以及精神损害抚慰金共计110万元人民币的调解协议书。至此，一起意外死亡赔偿纠纷终于化解，双方当事人握手言和，并对中心工作人员调解处理表示感谢。

知识要点：

工伤事故损害赔偿纠纷的特点。工伤事故是指劳动者在工作时间、工作场所内、因工作原因所遭受的人身损害，以及罹患职业病的意外事故。这种事故主要是企事业单位中的劳动者在执行工作职责中发生的导致其人身伤亡的事故，是用人单位与劳动者之间发生损害赔偿权利义务的法律事实。它是一种很常见的人身伤害事故。事故发生后，由于其法律关系复杂，往往出现责任推脱、对赔偿数额难以达成共识等现象，导致该类纠纷极易成为破坏社会稳定的不安定因素。在进行调解时，调解员应了解此类纠纷在实践中呈现出的一些特点：

1. 事故性质认定不一，有观点认为工伤事故是一种劳动保险关系，有观点认为工伤事故是侵权行为关系，还有观点认为工伤事故具有工伤保险和侵权行为的双重性质。对法律关系性质不同的理解导致了在纠纷解决过程中，双方当事人对责任承担、赔偿标准和赔偿数额等的不同理解。因此，在调解时调解员应充分利用法律武器，让当事人明确自己依法应承担的责任，避免一些错误的理解和思想。

2. 纠纷一方当事人，即遭受人身伤亡的一方常为外来务工人员，外来务工人员群体从整体上看是城市里的相对弱势群体，他们的各种利益都很难得到充分的保障。调解时，若让受损失一方觉得自己的利益得不到保护，往往会爆发群体性事件。

3. 遭受人身伤亡的一方当事人往往是家庭经济的顶梁柱，他们的伤亡使本来贫困的家庭更是雪上加霜。因此，调解员应尽快解决纠纷，使赔偿款在最短的时间内到达伤亡者手上或其家庭。

方式方法技巧：

范例中，人民调解发挥了它的"灵活、快捷、方便"的优势，使一起疑难复杂的工伤死亡事故在较短的时间里有了一个圆满的结果，在保护相对弱势群体利益的同时，也让外来务工人员免受"诉讼"之累。调解过程中，调解员们充分利用了以下的方式和方法技巧：

1. 运用法律宣教法与道德感召法相结合的调解方法。该方法包括两方面的含义：一是指调解员在调解民间纠纷时应当遵照合法性的原则，严格依法调解；二是指调解员在调解民间纠纷时应当坚持法制教育与社会主义道德教育相结合的原则，即对当事人宣讲国家现行法律的同时，也要向其倡导社会主义道德规范和善良风俗，进行伦理道德的教育。范例中调解人员对死者家属进行法律宣教，引导其依法维权；也向用人单位强调依照国家法律，明确法律责任。只有依照法律调解，才能促成当事人在分清是非的基础上达成和解，使有错误思想和行为的当事人受到教育，并保护各方当事人的合法权益。在法律宣教的同时，调解人员也运用社会主义伦理和善良风俗的道德教育，使公司从人道主义的角度做了适当补偿。

关于工伤事故人身损害赔偿纠纷的法律适用，除适用《民法典》的一般规定外，还受《劳动法》《工伤保险条例》等特别法的调整。

2. 使用联合调解的方式技巧。对于一些涉及面广、难度较大、情况复杂的纠纷，如仅依靠少数人和少数部门调解，往往效果不佳。此时，应动员相关部门到场，分工配合，联合调解。范例中，人民调解委员会考虑到了问题的复杂性，协调组织了水利局、信访局、劳动监察大队等相关单位成立调解工作小组，进行了联合调解。在此种情形下，调解员可以采取刚柔相济的方法，通过压力和感召，提高调解工作的效率。

3. 把握纠纷处理节奏的方式技巧。冷处理法及趁势法。这里主要用于对事实情况清楚，纠纷双方当事人有诚意解决的纠纷，采取快刀斩乱麻的方式了断纠纷。这种方法能避免纠纷反复，避免纠纷当事人主意不定、三心二意，避免纠纷"马拉松"，避免受损一方不能及时得到赔偿或补偿款。范例中，调解员在确定了各方的赔偿数额后，就采取逐个突破和多次共同协商的方式，使当事人各方最终在调解协议上签字并当场履行了协议内容。

范例：

某天清晨，六十多岁的赵阿姨推着自行车买菜回家，小区居民李女士牵着两只宠物狗迎面走来。当赵阿姨看到其中一只为大型犬，便想赶紧骑上车离开，谁料双方错身而过之时大型犬突然反身扑咬住赵阿姨，致使赵阿姨受到惊吓并摔倒。后赵阿姨、李女士因赔偿问题产生纠纷，赵阿姨起诉至人民法院，经双方当事人同意，此案由大兴区人民法院委派至大兴区诉前人民调解委员会受理。

接到案件后，调解员分别找到双方当事人了解事情经过。据赵阿姨称，李女士使用的伸缩牵引绳无法第一时间有效控制大型犬，使其在躲闪过程中摔倒，腰部扭伤，无法自由活动。事后，她曾要求李女士陪同其到医院看伤，对方表示将狗送回家再回来处理此事，但走后一去不回。为查清李女士身份，赵阿姨请求调取监控，社区经报警后才找到李女士。现赵阿姨向李女士索赔注射狂犬疫苗及其他医疗费1000元、护理费15500元、误工费2400元、精神抚慰金2000元，但李女士只同意赔偿注射狂犬疫苗和拍片子的费用。

李女士认可其宠物造成赵阿姨受伤的事实，但认为赵阿姨上车的动作引起狗的注意，狗追上去并非全然是自己的过错。同时，赵阿姨受伤后自己并没有置之不理，从其回家放好狗再回到现场短短几分钟，赵阿姨已经不见，3天后派出所才联系自己。至于赵阿姨所说的腰伤，李女士说事发时赵阿姨并没有摔倒，并且据医生所言，赵阿姨在9月中旬做检查时腰就有问题，因而腰伤与本次事件无关。

在调解过程中，双方争执不下，但调解员很快抓住了双方均认可赵阿姨被咬这一事实，从后续赔偿这一焦点问题入手对双方进行劝导。依据《民法典》第1179条、第1245条，调解员向李女士讲解了作为动物饲养人的责任与存在的过失。赵阿姨在小区内正常骑行，其不存在过错，故有权主张误工费、护理费、医疗费等合理花费。相反，李女士饲养的宠物狗体型较大，且未做好有效管理，存在过错，因此损害赔偿责任应由李女士承担。

调解员还从情理角度劝说李女士，无论宠物狗是否直接造成赵阿姨身体损伤，都对年事已高的赵阿姨产生了惊吓，间接造成赵阿姨倒地受伤，若李女士仍对赵阿姨腰伤存在异议，可申请相关司法鉴定，否则将承担一定的责任，同时引导李女士换位思考，去体谅赵阿姨在身体和精神上受到的双重伤害。李女士对调解员的说法表示认可，并表示不需要申请司法鉴定。调解员又告诉赵阿姨，虽然李女士的过失对其造成一定伤害，但是不能无限度主张自己权利，要依法维权。在其提出的赔偿款中，有关护理费一项没有提供相应证据，建议对此费用再仔细斟酌。

调解员从"情""理""法"多个层面耐心劝解双方当事人。赵阿姨表示可以让步，仅要求李女士赔偿剩余医疗费和误工费。李女士同意赔偿并愿意再额外给付1600元补偿金，对给赵阿姨造成心理阴影表示歉意，希望她能早日回归正常生活。赵阿姨表示接受李女士的道歉与赔偿。最终双方达成一致意见。李女士向赵阿姨支付医疗费、误工费，补偿金等共计5000元，自愿达成调解协议，向法院申请进行司法确认。经回访，当事人均对调解结果表示满意，协议已经如约履行。

知识要点：

饲养动物致人损害赔偿纠纷的特点。随着市场经济的发展，人们的生活方式也趋于多元化。近些年，饲养动物已成为现代人日常生活之时尚。动物固然惹人喜爱，然而，动物侵权致人损害事件亦比比皆是。若双方当事人的矛盾得不到及时解决，使本来一件看似简单的事件，在威胁人类健康的同时，也恶化了人与人之间的关系。当前饲养动物致人损害赔偿纠纷有以下特点：

1. 致害动物以饲养的犬、猫为主，其中又以犬伤人居多。

2. 致害原因主要包括动物饲养人违法饲养烈性犬、大型犬等危险动物，或违反管理规定，未对动物采取安全措施等。

3. 致害地点主要发生在楼房居住区，致害时间也主要发生在遛狗过程中。

4. 动物饲养人因饲养的动物伤人，动物饲养人往往不仅要承担民事赔偿责任，还要面临行政处罚。

方式方法技巧：

1. 法律宣教法。动物致人损害纠纷中，动物的饲养人或管理人往往会认为自己又不是故意让动物去致人损害的，因此自己不应承担责任或最多出于道义少量补偿而已。此时，调解人员就应该给当事人宣讲法律，让当事人认识到自己行为的违法性。《民法典》第1245条规定："饲养的动物造成他人损害的，动物饲养人或者管理人应当承担侵权责任；但是，能够证明损害是因被侵权人故意或者重大过失造成的，可以不承担或者减轻责任。"饲养的动物造成他人损害的，动物饲养人或者管理人应当承担民事责任；由于受害人的过错造成损害的，动物饲养人或者管理人不承担民事责任；由于第三人的过错造成损害的，第三人应当承担民事责任。《民法典》第七编侵权责任中第九章饲养动物损害责任（第1245条~第1251条）明确规定了饲养动物损害责任的承担，调解员正确引用和讲解相关法律，当事人才能心悦诚服地接受调解。

2. 换位思考法。调解时还运用了换位思考的方法。一方面，调解员通过让当事人之间进行交流做到当事人之间的换位思考，能站在对方的角度考虑问题，互谅互让；另一方面，调解员能站在当事人双方的立场和角度，寻找解决纠纷的适当方法。换位思考在与当事人沟通上非常重要，因为不了解对方的立场、感受及想法，调解员就无法作出正确的回应。同时，调解员在提出调解方案或引导当事人达成调解协议时，也应当注意换位思考。站在当事人的立场，设身处地、将心比心地去思考矛盾产生的主要原因、解决问题的关键和所能接受的向对方让步的底线，这样会让当事人感觉到调解员是从当事人的利益出发，从而消除对调解员的抗拒心理，听取调解员的合理建议，便于调解的顺利进行。

3. 情理融合法。在现代法治社会，情理仍然是处理人与人、人与自然之间关系的最基本行为规则和伦理要求，是一个社会最基本的善恶观、是非观、价值观。情是指人在社会化交往中所形成的社会关系，会使人产生比较强烈的情感归属，如亲情、友情等。理是情的升华，是情的规则化，是人之常情，也就是社会公众的基本价值认同，外在表现为公序良俗。调解员在处理纠纷时，能够从情理法多个层面进行，使当事人通情达理，动物饲养人能认识到给他人身体情感带来的伤害，积极进行赔付，受害方也能理性维权，互谅互让，更好地接纳法律的规定，从而促使纠纷得到根本的解决。

从范例可以看出，调解在处理民间纠纷时发挥很大的作用。调解结案能使当事人互谅互让、平等协商、自愿达成协议并及时化解无谓的纷争，维护公民的合法权益，维护社会的稳定。最高人民法院介绍，近年来，诉至人民法院的社会矛盾纠纷以年均10%以上增幅持续增长，而通过源头减量、诉前调解，人民法院收案量在2020年出现持续增长15年后首次下降，2022年再次实现同比下降。通过诉讼方式解决的民事行政纠纷占法院纠纷总量比例从2019年的90%下降到2022年的64%，也就是进入人民法院的纠纷1/3通过诉前调解方式得到实质高效的解决。诉前调解有利于促进人民内部团结，维护家庭、社区和邻里关系的安定，减少群众诉累，从而促进社会和谐。

操作训练一　综合练习

【训练目的】

通过模拟训练，掌握人身损害赔偿纠纷的调解要点与主要方法和技巧。

【训练材料】

2022年2月，张某到某物业公司上班，并被派遣至某医院从事"秩序员"工作，工资待遇为每月3600元，双方未签订劳动合同，物业公司未给张某购买社保及保险。2022年9月4日，张某在该医院病人活动区工作时突发疾病，1小时后经抢救无效死亡。

张某的妻子潘某带着满面愁容来到了出事之地，提出张某有一个14岁女儿，正是读书用钱的时候，张某是独生子，还有一个老父亲，卧病在床，家中经济压力极大，现在家里的支柱倒下，真不知道后面如何生活，潘某要求物业公司按《工伤保险条例》赔偿丧葬等费用合计99万余元。而偏偏物业公司否认签订劳动合同，认为应该去找医院要赔偿，出于人道主义，只愿意一次性赔偿潘某丧葬费10万元。

【训练要求】

1. 请你依据人身损害赔偿纠纷调解的要点列出调解思路要点，拟订调解方案。
2. 对于物业公司认为自己不应承担责任，该如何解决？调解员可以为此做些什么？

重点提示：解决人身损害赔偿纠纷，前提是依法确定责任主体和责任范围。对于当事人各方意见不一时，可先逐一调解、在综合调解，掌握好调解的时机。

操作训练二　分步练习

【训练目的】

通过分步练习，掌握拟订调解方案的基本步骤，强化处理人身损害赔偿纠纷的基本技巧。

【训练材料】

2021年8月22日晚，某村村民魏某某在单位加班期间不慎将右手腕割破，伤势比较严重（手部神经、肌肉断裂），送某某区中西结合医院治疗，该院医生在做完清创止血处理并征得了魏某某同意后实施了手术治疗。魏某某出院后伤口发生感染一直不愈合，两个半月后转院。转院后经两次手术治疗才愈合，但手部功能受到一定的影响，给生活带来了不便。魏某某认为是某某区中西结合医院的过错导致其手部功能部分丧失，要求医院给予赔偿。

从 2021 年 11 月至 2022 年 3 月，魏某某多次找到医院，要求解决赔偿问题。但医院认为如果是医疗事故，需要出示医疗鉴定，所以双方发生了纠纷。现魏某某与其丈夫到镇司法所，要求解决此事，情绪比较激动。

【训练要求】

1. 试分析本案涉及哪些法律关系和纠纷，其中发生矛盾的根本原因是什么？

2. 分组讨论，试运用抓主要矛盾的方法拟订调解方案，并在模拟调解中现场实施；也可采用其他方法，应注意分析每种方式、方法技巧实施时可能遇到的障碍及对策。

3. 各组彼此对实施方案进行比较，体会各自所采用的方案的优劣，总结其可行性。

4. 各组查阅原始案例库，将各自的调解方案与过程与真实的调解方案与过程进行对比，分辨优劣，总结经验教训。

学习单元十一习题

学习单元十二　消费纠纷调解

【知识目标】

明确消费纠纷的概念和特点，辨析常见的和主要的消费纠纷种类，掌握消费纠纷调解的要点及流程，熟悉处理消费纠纷常用法律法规。

【技能目标】

判断某一民间纠纷是否属于消费纠纷；掌握消费纠纷调解的要点及流程；能运用纠纷调解的技巧对消费纠纷实施调解。

【素质目标】

依法规范调解的理念、公正无私的法律职业伦理、诚信经营的理念。

消费是社会再生产过程中的一个重要环节，也是最终环节。它是指利用社会产品来满足人们各种需要的过程。消费可分为生产消费和个人消费。前者指物质资料生产过程中的生产资料和劳动力的使用和消耗。后者是指人们把生产出来的物质资料和精神产品用于满足个人生活需要的行为和过程。通常讲的消费是指个人消费。本文所指消费纠纷，就是在个人消费的各个环节中出现的关于权利和义务的法律纷争。

一、消费纠纷概述

（一）消费纠纷的概念、特点和种类

消费纠纷，又称消费争议，全称为消费者权益争议，是指在消费领域中，消费者与经营者之间因权利义务关系产生的矛盾纠纷。主要表现为消费者在购买、使用商品或接受服务中，由于经营者不依法履行义务或不适当履行义务使消费者的合法权益受到损害或消费者对经营者提供的商品或服务不满意，双方因此而产生的矛盾纠纷。消费纠纷一般来说有以下特点：

1. 主要发生在消费领域。即消费者为了生活目的，在购买、使用商品或接受服务的环节中发生。必须是生活消费的范畴，生产消费、劳动力消费以及其他消费都不属于此类纠纷范围。

2. 纠纷双方主体为消费者与经营者。纠纷一方必定是商品所有人、使用人或者接受服务人，另一方是商品的生产者、销售者、运输者及仓储者或提供服务者。一般情况下，前者是纠纷中的受害者，同时也是赔偿要求的申请人。

3. 纠纷内容常围绕着物质赔偿或补偿。争议常因经营者不依法履行义务或者不适当履行义务而引起，双方一般围绕着"退、赔、补"展开。退指的是退回产品或服务，赔指的是针对损害的经济赔偿，补指的是因损害造成精神或其他方面的经济补偿。

4. 调解是最常见的救济途径。关于消费者权益纠纷的处理，一般通过下列途径加以解决：协商、调解（人民调解、行政调解）、仲裁（包括仲裁中调解）、诉讼（包括诉讼中调解）。从实践中看，上述途径中通过调解的结案率最高，最能达成争议双方均满意的结果。

根据不同的维度可将消费纠纷细化为不同的种类：如因发生的领域不同，而可以分为不同消费种类，从而产生不同的消费纠纷：如餐饮消费纠纷、住宿消费纠纷、购物消费纠纷、交通消费纠纷、旅游消费纠纷、汽车消费纠纷、房屋消费纠纷、其他消费纠纷等。又如根据经营者违法或不适当履行义务的不同表现，消费纠纷可以分为：

1. 所提供的商品存在危及人身、财产安全的危险，或不符合有关的国家标准、行业标准而造成的纠纷，即产品质量侵权纠纷；

2. 对提供的商品或服务作虚假宣传，误导消费者而造成的纠纷；

3. 经营者侵犯消费者的人身权，进行侮辱、诽谤、搜查身体及其携带的物品而造成的纠纷；

4. 经营者隐匿或冒用他人的名称、标记等使消费者产生误认而导致的纠纷；

5. 无理拒绝履行国家规定的义务或双方约定的义务而产生的纠纷。

（二）消费纠纷调解的要点

1. 调解的主体。

（1）人民调解委员会。人民调解委员会调解的民间纠纷，包括发生在公民与公民之间、公民与法人、其他社会组织之间涉及民事权利义务争议的各种纠纷，自然包括消费纠纷。当消费者碰到消费纠纷时，可以自愿选择人民调解或者其他方式来解决纠纷。人民调解也是解决消费纠纷的一种常见方式。

（2）相关行政执法部门。相关行政执法部门，包括工商行政管理部门、技术监督部门、卫生监督管理部门、进出口商品检验部门、产品质量监督部门、烟草局等。

消费者在购买使用商品或者接受服务受到损害时，可以向各级人民政府所属的与保护消费者权益有关的行政部门申诉。这些部门包括工商行政管理、技术监督、价格管理、卫生、防疫、进出口商品检验等部门。消费者可以根据自己受损害的情况和性质，向上述有关部门提出申诉。行政部门接到申诉后从两方面进行工作：一是经过调查了解弄清事实，对消费者和经营者之间的纠纷进行调解，使双方经过自愿平等协商达成解决问题的协议；二是对查证属实的经营者的违法行为，依据国家有关法律、法规予以行政制裁。

（3）消费者权益保护协会。在中国，中国消费者协会是中国广大消费者的组织，是一个具有半官方性质的群众性社会团体。中国消费者协会和地方各级消费协会是由同级人民政府批准，经过民政部门核准登记而设立的，因而具有社会团体法人资格。

消费者协会的任务有两项，一是对商品和服务进行社会监督，二是保护消费者权益。我国法律规定消费者协会有7项职能，其中第4项"受理消费者的投诉，并对投诉进行调查、调解"，表明了消费者协会是非常重要的消费纠纷的调解机构。

（4）仲裁机关。通过仲裁解决争议的前提条件是，消费者和经营者都必须同意采用此方式解决纠纷并达成仲裁协议。目前，在我国直辖市、省会城市和部分设区的城市设有仲裁委员会。根据《中华人民共和国仲裁法》的规定，仲裁实行一裁终局的制度，裁决作出后，当事人就同一纠纷再申请仲裁或者向人民法院起诉的，仲裁委员会或者人民法院不予受理，但当事人有足够理由不服裁决的，可在收到裁决书6个月内向仲裁委员会所在地的中级人民法院申请撤销裁决。

（5）法院。法院对消费纠纷的调解主要体现在消费纠纷诉讼中的诉中调解部分。与人民调解和行政调解不同，法院的诉讼调解具有当然的法律效力，一旦调解协议达成，当事人不得反悔，同时调解协议具有当然的法律强制效力。

2. 调解的原则与方法。无论是人民调解委员会或者是工商机关、产品质量监督机关等国家行政机关，或者是消费者权益保护协会、仲裁机关和法院，就适用调解这一方法解决产品质量侵权纠纷而言，其原则和方法都是通用的。作为处理产品质量侵权纠纷的调解工作人员，在面对这些纠纷时，应注意掌握以下几个要点：

（1）应理顺法律关系，正确适用法律规范。

（2）在调解前调解人员必须做好准备工作。一是查清真相；二是明确责任；三是问清要求。

（3）在明确责任的情况下，善用模糊处理法。一方面，在调查研究阶段和劝说教育当事人时要查明事实，分清责任；另一方面，在实施调解促成调解协议达成的时候也应善用模糊处理法。

（4）多采用面对面的方式实施调解，在矛盾陷入僵局时可采用背靠背的方式进行调解。

（5）调解方法技巧还有利弊分析法、抓主要矛盾、第三方协助法、换位思考法以及法律宣教法和道德感召法等方法。

（6）行政机关在进行调解时还应注意要将调解与对违法生产者和销售者的行政处罚区分开来。

3. 消费纠纷调解与产品质量鉴定。消费纠纷中涉及产品质量，其纠纷解决核心在于产品的质量究竟是否合格，这就与产品的质量鉴定密切相关。

产品质量鉴定是指省级以上质量技术监督行政部门指定的鉴定组织单位，根据申请人的委托要求，组织专家对质量争议的产品进行调查、分析、判定，出具质量鉴定报告的过程。质量鉴定有以下几个特征：

（1）只有省级和国家质量技术监督行政部门可以接受质量鉴定申请，质量鉴定由上述质量技术监督行政部门指定鉴定单位组织实施。

（2）质量鉴定的范围是争议产品。

（3）质量鉴定的产品状况多是已经磨损、损坏、失去使用性能的产品，因此将鉴定产品的内在质量状况与合同或产品标准要求比较，不能说明产品的质量问题是什么原因、由谁造成的，故产品质量鉴定一项对产品质量问题的"诊断"工作，仅回答产品质量是否符合国家或行业规定的标准，而不分析原因。

（4）质量鉴定的技术工作由质量鉴定组织单位组织技术专家进行，由专家组对产品进行调查、分析、判定，最后出具质量鉴定报告。

（三）调解消费纠纷的流程

消费过程中，如果经营者能够诚信自律，即使消费纠纷出现，也能通过协商得到积极的处理。但一般情况下，经营者与消费者往往不能自行解决，而习惯将消费纠纷提交到消费者权益保护协会或者相关的行政部门，行政调解此时是常见的解决消费纠纷的方法。

故本部分调解流程主要采用行政调解的流程，具体如下：

1. 纠纷受理。

（1）受理机关。关于产品质量侵权纠纷的调解机关，一般为产品质量监督机关、工商管理机关以及消费者权益保护协会。其中消费权益保护协会较为特殊，它本身是一个社会组织，但经过法律法规的授权而具备了行政主体的资格，所以它主持的调解也是行政调解。调解机关一般设立专门的投诉部门或者受理员接受申请和投诉。

（2）接待和初步审查。

第一，接待。进入行政调解的案件主要有三种类型：当事人投诉（当面和电话投诉）、上级行政机关移办、同级其他职能部门转送。消费者通过电话或直接上门的投诉举报，要热情接待接听，不得推诿。受理时要认真填写《投诉举报受理单》，并做好登记台账。上级行政机关移办和同级其他职能部门转送的产品质量侵权纠纷，也要同时登记台账。

第二，了解情况和初步审查。行政主体接待纠纷案件后，首先要初步了解案件情况，进行初步的审查，审查的内容包括是否属于产品质量侵权纠纷，是否属于本行政机关的地域和职能管辖范围。审查后符合条件的，调解机关填写《受理通知书》送达投诉人，对不属于工商部门受理范围的消费者投诉举报，应及时说明原因，并填写《不予受理通知书》送达投诉人。对不属于本部门管辖的，应告知投诉人到相应的行政机关进行处理。

2. 启动调解。

（1）组织工作人员调解纠纷。行政主体接受纠纷案件后，要及时组织工作人员介入案件调解处置。对消费者现场或电话投诉的案件，应及时赶到现场进行处置。对上级或其他职能部门交办或移办的案件，也要及时与投诉者取得联系，了解情况。

（2）查清对方当事人，告知投诉缘由，听取对方辩解。调解机关要及时查清消费的投诉对象，即对产品质量造成的损害的责任人的身份，同时也与对方取得联系，告知被投诉的理由，并听取对方对投诉的辩解。

（3）告知权利和当事人申请。调解机关在了解双方当事人关于产品质量纠纷的意见，并对案件情况进行初步了解后，应当告知双方当事人有行政调解的权利，如果当事人愿意接受调解，可以提交申请。

当事人进行调解的申请，可以采用书面或者口头的方式进行。

（4）启动行政调解。一旦行政调解的受案范围、管辖范围、当事人自愿原则和申请方式等条件全部满足，则行政调解的启动环节正式完成，行政主体应制作《调解通知书》，送达给双方当事人，行政调解正式启动。

任何一方当事人不愿进行调解的，行政主体则应告知对方当事人行政调解程序无法启动，可以选择其他途径进行救济。不愿进行调解的一方当事人应当填写不愿调解的书面意见，由行政主体归档备案，行政调解也归于终结。

3. 调解的实施。

（1）调解前的准备。调解工作人员确定好调解的具体日期后，应当及时通知双方当事人。另外，调解人员还要进一步调查案情，查清相关的法律依据，制订较为详细的调解计划。

（2）进行调解。这一阶段是行政调解的核心环节，包括：

第一，告知当事人权利义务。在行政调解正式开始前，行政机关一般会以口头或者书面形式告知当事人行政调解的性质、原则和效力，以及当事人在调解活动中享有的权利和承担的义务。

纠纷当事人享有的权利：自主决定接受、不接受或者终止调解；要求有关调解人员回避；不受压制强迫，表达真实意愿，提出合理要求；自愿达成协议。

纠纷当事人承担的义务：如实陈述纠纷事实，不得提供虚假证明材料；遵守调解规则；不得加剧纠纷、激化矛盾；自觉履行调解协议。

第二，行政主体主持协商、说服教育。行政主体在这一环节主要起第三人和中间人的作用，没有命令和强制，只能是说服教育、化解矛盾，以求一致意见的达成。在协商过程中，行政主体是主持人和召集人，它可以召集双方当事人面对面协商，也可以在双方默许下背靠背与一方协商，在中间传递意见。

在调解过程中，调解机关应当主动询问当事人的调解方案，了解各自的要求和能承担义务的底线。调解机关也可以提出调解建议方案供双方当事人进行选择。

在调解的过程中，如有任何一方当事人不愿再继续调解的，行政主体应及时告知对方当事人具体情况，同时宣告行政调解程序终止，当事人可以选择其他途径进行救济。

不愿继续调解的一方当事人应当填写不愿调解的书面意见，由行政主体归档备案，行政调解也归于终结。

4. 调解的终结。

(1) 在双方意思表示一致的情况下达成调解协议。经过协商，在双方意思表示一致的情况下获得和解的，应当在行政主体的主持下达成调解的书面协议，应制作《调解协议书》，行政机关和双方当事人共同签字盖章，一式三份，一份留存调解机关备查，两份分别送达纠纷双方当事人。

(2) 调解协议无法达成，调解终结。对不能达成协议的消费权益争议调解，应制作书面《调解记录》，当事人双方签字，一式三份，留存备查，当事人不愿签名的要作说明。

(3) 结案归档。调解完毕后，调解机关要做好相关法律文书的结案归档工作。

5. 协议的履行与监督。

(1) 督促调解协议的履行。虽然行政机关对调解协议的履行没有强制执行力，但可以进行合理的监督和催促，当事人无正当理由不履行协议的，应当做好当事人的工作，督促其履行。对经督促仍不履行调解协议的，应当告知当事人可以提请仲裁或就调解协议的履行、变更、撤销向人民法院起诉。

(2) 履行情况备案。行政主体对调解协议的履行情况可以适时进行回访，并就履行情况作出记录备案。对当事人不履行调解协议的，也应当记录在案备查。

【相关法律法规】

《中华人民共和国民法典》第七编侵权责任第四章产品责任

《中华人民共和国产品质量法》第26~41条、第47条

《中华人民共和国消费者权益保护法》第34条、第40~49条

《工商行政管理机关受理消费者申诉暂行办法》（已失效）第7、25条

二、消费纠纷调解范例解析

范例：

2021年12月，某高校大二学生田某在某超市购买了一款电热暖手宝。2022年1月的一天，田某一边给暖手宝充电，一边将其抱在怀中取暖，不料充电四五分钟后，暖手宝突然发生爆炸，造成田某面部及手部烫伤。事发后，田某与超市交涉，要求赔偿医药费及相关损失共计16万元。超市反馈该产品的生产方为某电子有限公司，建议田某与该公司交涉赔偿事宜。三方多次协商未果，田某以超市和电子有限公司为共同被告，提起诉讼。

承办案件的王法官积极联系各方当事人进行调解。针对超市认为自己不应当作为被告的想法，法官详细解读了《民法典》第1203条第1款规定，"因产品存在缺陷造成他人损害的，被侵权人可以向产品的生产者请求赔偿，也可以向产品的销售者请求赔偿"。法官明确指出田某有权要求商家及厂家赔偿损失，如果田某的受伤是因为暖手宝存在缺陷导致的，那么生产商和销售商就应该承担责任。田某可以主张医疗费、误工费，造成残疾的可以主张残疾赔偿金等费用。针对某电子有限公司认为田某主张赔偿额较高，不应支付精神损害赔偿的观点，王法官一方面强调了产品质量、企业信誉对企业生存的绝对重要性，强调了企业对消费者的责任；另一方面，强调目前田某脸部与身体受伤，精神上难免焦虑紧张，应当给予一定的精神抚慰。经过多次协商，最终由某电子有限公司支付田某8万元的

赔偿。

知识要点：

产品缺陷损害赔偿纠纷的特点。本案为典型的产品质量缺陷导致消费者人身权受损的消费纠纷，是较为常见的一种消费纠纷。产品质量导致的消费纠纷具有以下一些特点：纠纷双方主体中一方必定是产品所有人或者使用人，另一方是产品的生产者、销售者。一般情况下，产品所有人或使用人是纠纷中的受害者，同时也是赔偿要求的申请人。纠纷的起因是产品质量侵权而造成的人身或财产损失，故争议双方一般围绕着"退、赔、补"展开，退指的是退回产品，赔指的是针对损害的经济赔偿，补指的是因损害造成精神或其他方面的经济补偿。

方式方法技巧：

产品缺陷损害赔偿纠纷的调解要点。调解过程中，调解人员分别从厂家与消费者双方的立场出发分析利弊，宣讲法律规定，引导当事人作出最理性、最有益的选择，最终达成了协议，使纠纷得到了圆满的解决。

1. 运用法律宣教法，明确责任主体和赔偿范围。《民法典》不仅明确设定了生产、销售、运输、仓储等各个环节的安全保障义务，也为消费者指明了维权路径。《民法典》第1202条规定："因产品存在缺陷造成他人损害的，生产者应当承担侵权责任。"产品侵权适用无过错原则，受害消费者就不用证明侵权方存在过错，只要其因产品缺陷受到损害，就可以请求赔偿。这是法律对受害者的一种特殊保护，同时也可以提示并强化生产者的安全保障义务，筑牢消费者权益保护的屏障。这种对侵权人严格的责任设置，体现了法律的温度。

为了保证责任承担的公平性，《民法典》一方面细化了从生产、运输到销售各环节的责任，赋予了生产者和销售者对实际责任人的追偿权。《民法典》明确规定：产品缺陷由生产者造成的，销售者赔偿后，有权向生产者追偿；如果因销售者的过错使产品存在缺陷的，生产者赔偿后，有权向销售者追偿；如果因运输者、仓储者等第三人的过错使产品存在缺陷，造成他人损害的，产品的生产者、销售者赔偿后，有权向第三人追偿。被侵权人对同一损害的发生或者扩大有过错的，可以减轻侵权人的责任。现实生活中，很多产品侵权纠纷中，除了产品存在缺陷外，消费者自身也可能对发生损害存在一定过错，如未按照产品说明正确合理使用产品等。

现实中，存在缺陷的产品给人带来的可能是身体、精神上的双重损失。比如，使用了不合格的化妆品后，当事人面貌受损，精神上焦虑紧张，患上抑郁症等。因此，除了一般的赔偿外，就某些特殊产品，消费者还可以依据《民法典》第1183条第1款中"侵害自然人人身权益造成严重精神损害的，被侵权人有权请求精神损害赔偿"的规定，在产品责任纠纷案中主张一定的精神损害赔偿。

2. 运用利弊分析法，强调调解优势，促使纠纷快速解决。如果产品质量消费纠纷涉及的消费者权利损害程度一般，涉及的金额不是特别大，在这种情况下，优先考虑运用调解来处理和解决纠纷是非常合适的。调解过程中，调解人员分别从厂家与消费者双方的立场出发分析利弊，宣讲法律规定，引导当事人作出最理性、最有益的选择，最终达成了协议，从而使纠纷得到了圆满的解决。

范例：

2022年5月，吴大爷反映某店邀请老年人到其经营场所，通过会议形式现场对"沙棘晶萃粉""石墨烯科技袜"进行宣传和销售。该店工作人员称"沙棘果油有很好的抗氧化和防止血管硬化堵塞的保健作用，沙棘茶是由沙棘果油制作而成的，其有很好的抗氧化、抗衰老、抗心脑血管疾病的辅助作用"，"石墨烯是国家高端材料，其具有治疗很多慢性疾病的功效，石墨烯有很好的保暖作用"。现场工作人员还会"赠送礼品"，称呼来店的顾客为"干爹""干妈"，大打亲情牌，吴大爷在听取产品具体有较高的保健功能后，花费8000元购买了"沙棘晶萃粉""石墨烯科技袜"等产品，后经家人提醒，向市场监督管理局投诉，要求维权处理。

经查，该店宣传销售沙棘晶萃粉的行为违反《中华人民共和国食品安全法实施条例》（以下简称《食品安全法实施条例》）第34条"禁止利用包括会议、讲座、健康咨询在内的任何方式对食品进行虚假宣传。食品安全监督管理部门发现虚假宣传行为的，应当依法及时处理"的规定；宣传销售"石墨烯科技袜"的行为违反《中华人民共和国消费者权益保护法》（以下简称《消费者权益保护法》）第20条第1款"经营者向消费者提供有关商品或者服务的质量、性能、用途、有效期限等信息，应当真实、全面，不得作虚假或者引人误解的宣传"的规定。在其调解下，该商家向吴大爷等20余人退还钱款共计32万元。

同时，依据《食品安全法实施条例》《消费者权益保护法》相关规定，对该店作出如下行政处罚：处以警告，责令整改；没收违法所得4452元；处以罚款15 748元。

知识要点：

虚假宣传误导消费纠纷的特点。本案为典型的引人误解的虚假宣传导致明显重大误解而产生的消费纠纷。

所谓"引人误解的虚假宣传"，是指经营者利用广告或者其他方法，对商品或者服务的质量、制作成分、性能、用途、生产者、有效期限、产地等作虚假的宣传或者引人误解的宣传。包括两种行为类型：

1. **虚假宣传。**虚假宣传是指经营者利用广告或其他方法对商品的质量、制作成分、性能、用途、生产者、有效期限、产地等作与实际情况不符的虚假宣传，导致用户和消费者误认的行为。广告的经营者在明知或者应知的情况下，代理、设计、制作、发布虚假广告。虚假宣传中，商品宣传的内容与商品的客观事实不相符合，如将非获奖产品宣称为获奖产品，将国产商品宣传为进口商品等，就属于虚假宣传。

2. 引人误解的宣传。引人误解的宣传是指经营者利用广告或其他方法对商品的质量、制作成分、性能、用途、生产者、有效期限、产地等作可能使宣传对象或受宣传影响的人对商品的真实情况产生错误的联想，从而影响其购买决策的商品宣传。如将"免费赠送"的字样印刷得很大很醒目，而将"购买"的字体印刷得较小，让消费者产生"免费赠送"的错误联想。

虚假宣传主要以宣传内容是否与客观事实相一致作为认定的标准，很好区分。而引人误解的宣传则以消费者、用户的主观认识为判断的依据。通常情况下，虚假宣传必然导致误解，但引人误解的宣传并不一定都是虚假的。在某些情况下，即使宣传内容是真实的，也可能产生引人误解的后果。如某家具店广告标示展销"意大利聚酯漆家具"，消费者都理解为是意大利进口家具，而实际上只是用意大利进口漆涂的家具。这则广告似乎难以认定为虚假广告，但它确确实实能使消费者对商品的产地发生误解，进而作出错误的购买决策。引人误解的虚假宣传属于《中华人民共和国反不正当竞争法》（以下简称《反不正当竞争法》）列举的11种不正当竞争行为之一，严重侵害了消费者的权益。

对引人误解的虚假宣传不正当竞争行为，《反不正当竞争法》第20条第1款明确规定，对经营者利用广告或其他方法，对商品作虚假宣传的，工商行政管理机关应当责令停止违法行为，消除影响，进行处罚；对广告的经营者、广告的发布者在明知或者应知的情况下，代理、设计、制作、发布虚假广告的，根据《中华人民共和国广告法》第55条第3款规定，工商行政管理机关应当责令停止违法行为，没收广告费用，并处罚款，情节严重的，依法停止其广告业务。

方式方法技巧：

虚假宣传误导消费纠纷的调解要点。引人误解的虚假宣传纠纷的行政调解显得尤为重要，体现出下列特点：

1. 侵权责任和过错都非常明确，消费者权益受损的情况非常明显。
2. 虚假宣传或引人误解的宣传行为的举证责任在消费者。
3. 行政调解的效果如何，往往与行政机关对违法经营者和广告发布者的处罚有密切联系。调解人员应当抓住这一点因势利导，切实维护消费者权益。
4. 可以采用公开调解的方式，在调解案件的同时进行普法教育，增强消费者的防骗意识和维权意识，起到预防纠纷的作用。

近年来，针对老年群体的保健食品陷阱多发，突出表现就是利用老年人重视身体健康问题的心理，通过会议、讲座等方式向老年人进行虚假宣传，哄骗老人高价购买所谓"食品""保健品"，侵害老年人合法权益。如果通过诉讼等途径来解决纠纷，会增加消费者的维权的经济成本和时间成本，工商管理或市场监督管理部门等行政主体及时介入，调解纠纷，方便快捷，还可以通过调解引导老年人增强自我保护意识，不要轻信所谓免费讲座、免费诊疗，更不要高价购买非正规药品、保健品，避免上当受骗。如若被骗，记得保留相关证据，比如：所购买的产品、包装、购买平台记录、转账记录、快递单据等信息。同时，在调解时可以邀请老人的子女参加，提醒家人要常回家看看，多陪伴父母，帮助他们擦亮双眼，不轻信花言巧语，提高防骗识骗能力。

范例：

2022年1月13日，某区消费者委员会接到市局12315中心反馈的信息，徐女士称其母亲付某于2022年1月12日在辖区一家果蔬店消费时，被该店店长诬陷偷盗猪肉，并被其辱骂是小偷，扣在店内，要求罚款2000元。110民警到达现场后未发现付某有相关违法犯罪行为。

经核查，2022年1月12日上午9时左右，付某到该店购买猪肉，将两包已称重打标价的猪肉装在一个袋子里（肉末在下，猪小排在上，肉末标价签被遮挡）并打了个结，拿到收银台准备付款，收银员觉得袋内有异常，询问付某是否有2包猪肉，付某回答"不知道"。收银员随即称重，发现重量与猪小排的克重不一致，打开袋后发现还有一包肉末在下面，随后将付某带至店内办公室，交由店长处置。

店长查看监控后认为付某有故意偷窃行为，称她为小偷，但未第一时间报警，而是把付某扣留在办公室，并声称要罚款2000元，否则不让其离开。1小时后，付某女儿徐女士赶到该店之后双方起争执，该店店长报警。经110民警现场调查，双方因购物发生纠纷，付某的行为不属于盗窃的违法犯罪行为。

某区消费者委员会了解情况后随即组织调解，调解员根据《消费者权益保护法》的有关规定，给双方详细解释了消费者应享有的权利、经营者应承担的义务以及赔偿标准和双方各自的法律责任，经过工作人员耐心细致的协商、调解，双方协商达成调解协议：××果蔬店在店内张贴公告恢复付某名誉，消除影响，并赔偿、补偿付某和徐女士相关损失共5000元，取得投诉人家人的谅解，付某及其家人不再追究该店其他责任，投诉人对投诉处理情况表示满意和感谢。

知识要点：

侵犯消费者人格权纠纷的特点。本案为消费纠纷中的侵犯消费者人格权的精神损害纠纷案件。

人格尊严是公民人身权利的重要组成部分，公民的人格尊严不容侵犯。对此，我国《宪法》第38条专门规定："中华人民共和国公民的人格尊严不受侵犯。禁止用任何方法对公民进行侮辱、诽谤和诬告陷害。"本法关于消费者人格尊严的规定，是宪法原则在消费领域里的具体体现。

公民人格尊严权相关的具体人格权包括姓名权、名誉权、荣誉权、肖像权、隐私权等。在消费领域里，侵犯消费者人格尊严权利的行为大量表现为侵犯消费者名誉权和隐私权的行为。常见的侵权行为主要有：①对消费者进行侮辱、诽谤；②搜查消费者的身体及其携带的物品；③侵犯消费者的人身自由。

方式方法技巧：

侵犯消费者人格权纠纷的调解要点：

1. 运用法律宣教法，明确商家责任。消费者人格尊严、人身自由、财产安全受到法律保护，商家无权对消费者进行处罚和限制，《消费者权益保护法》对此作了非常明确的规定，其中第14条规定，"消费者在购买、使用商品和接受服务时，享有人格尊严、民族风俗习惯得到尊重的权利"。第27条规定："经营者不得对消费者进行侮辱、诽谤，不得搜查消费者的身体及其携带的物品，不得侵犯消费者的人身自由。"第50条规定："经营者侵害消费者的人格尊严、侵犯消费者的人身自由或者侵害消费者个人信息依法得到保护的权利的，应当停止侵害、恢复名誉、消除影响、赔礼道歉，并赔偿损失。"在调解过程中，可以向商家宣讲相关法律，明确其责任，指出店内发生盗窃事件，商家应当第一时间报警处理，并不得对消费者进行侮辱、诽谤，不得搜查消费者的身体及其携带的物品，不得侵犯消费者的人身自由，如有上述行为妨害社会管理，具有社会危害性，由公安机关给予治安管理处罚，依照《中华人民共和国刑法》的规定构成犯罪的，依法追究刑事责任。

2. 运用换位思考法，疏导消费者情绪。在此类案件的行政调解中，工作人员要特别注意让商家和消费者换位思考的调解方法，在法律法规明确规定的情况下，让双方达成共识，抚慰消费者的心理。

范例：

花6万多元买来的某国际名牌手表走了1年多时间就不走了，拿给商家一看，商家表示里面一个零件坏了，要维修，但手表已经超过1年的保修期，现在只能付费维修，可是这发票上明明标注的是保修2年，商家怎么会这么不讲信用。消费者刘女士向辖区的工商所进行消费投诉。

工商所立即指派调解人员赶赴现场进行调解，刘女士表示，这只手表是2007年10月初买来的，当时就冲着这里是精品名表店，质量和信誉好，可以解除后顾之忧，但还是发生了这样的事。刘女士要求商家按照2年的三包期执行，进行免费维修。商家表示，虽然发票上标注的是保修2年，但国家《部分商品修理更换退货责任规定》里规定手表的保修期为1年，那就应该按照国家的法律法规来执行，谁也没有超越法律的特权。调解人员了解了情况后表示，商家的这种说法只是片面地理解了法律法规，《部分商品修理更换退货责任规定》规定手表的保修期为1年，但同时规定上述的指标是履行三包规定的最基本要求。国家鼓励销售者和生产者制定严于本规定的三包承诺。承诺作为明示担保的，应当依法履行，否则应当依法承担责任。既然商家在发票上注明保修2年，就应当按照2年的保修期来执行。经过调解，按照2年的保修期执行，商家为刘女士免费维修手表。

知识要点：

售后服务承诺的消费纠纷的特点。本案为售后服务承诺的消费纠纷案件。售后服务是指生产企业、经销商把产品（或服务）销售给消费者之后，为消费者提供的一系列服务，包括产品介绍、送货、安装、调试、维修、技术培训、上门服务等。售后服务是产品生产单位对消费者负责的一项重要措施，也是增强产品竞争能力的一个办法。

售后服务的内容包括：①代为消费者安装、调试产品；②根据消费者要求，进行有关使用等方面的技术指导；③保证维修零配件的供应；④负责维修服务；⑤对产品实行"三包"，即包修、包换、包退，现在许多人认为产品售后服务就是为"三包"，这是一种狭义的理解；⑥处理消费者来信来访，解答消费者的咨询。同时用各种方式征集消费者对产品质量的意见，并根据情况及时改进。

产品的售后服务，既有生产厂商直接提供的，也有经销商提供的，但更多的是以厂家、商家合作的方式展现给消费者的。无论是消费者还是商家，都应该要遵守诚信的原则。

方式方法技巧：

售后服务承诺的消费纠纷的调解要点：

1. 法律宣教法。本案争议焦点为售后服务中关于"三包"的理解和法律适用问题，主要解决的是商家的明示承诺与法律规定的选择问题，比较简单。工商部门作为商品销售和服务行业的主要管理部门，对相关法律法规的熟悉和了解的重要性在本案中显露无遗。一旦法律法规的规定明确，无论商家或者消费者，均不再有任何异议。

2. 道德感召法。在消费纠纷调解中，不仅是发挥着定纷止争、化解矛盾的功能，同样也承担着树立规则、引导社会风尚的社会功能。因此，在调解中，应当法理结合，在宣讲法律规定的同时，引导商家规范经营、诚信经营，这有利于保护生产经营环境、经济正常发展，也有利于传扬社会主义核心价值观。

操作训练一　综合练习

【训练目的】

通过模拟训练，掌握调解消费纠纷的行政调解流程与主要技巧。

【训练材料】

2021年7月，于某在某汽车销售公司购买了一辆奥迪牌轿车，签订了购车合同，并支付了购车款人民币48万元。于某在办理车辆牌照时发现，该车辆曾购买过保险且办理过临时牌照。于某与某汽车销售公司交涉后，公司才告知于某该车辆曾出售给蔡某，蔡某使用后发现离合器存在问题遂将车辆退回，目前车辆已经检修完毕。于某认为公司按照合同约定应当交付新车，即全新、未经使用、未经维修的车辆，该公司故意隐瞒车辆曾被他人购买使用的重大信息，致使自己作出错误意思表示，以为车辆是新车并支付相应价款，其行为存在欺诈，侵害了自己的合法权益。于某欲申请调解，要求与该公司解除合同，并提出赔偿要求。

【训练要求】

1. 如果你是工商所工作人员，请你按照行政调解的相关流程列出思路要点，拟订调解方案。

2. 如果在类似的消费纠纷调解中，销售方声明，行业内部惯例调换的时间为 7 天，于某已经超出这一时限，因此不能解除合同。调解人员该如何进行调解？

重点提示：《中华人民共和国产品质量法》（以下简称《产品质量法》）《消费者权益保护法》《民法典》侵权责任编等均对产品质量三包及相关的消费纠纷有明确的法律规定，对此调解人员必须要非常熟悉。当行业惯例与法律规定相矛盾时，必须遵守相关法律规定。

操作训练二　综合练习

【训练目的】

通过模拟训练，区分消费纠纷的不同种类，并能根据不同消费纠纷的特点采取针对性的措施和调解技巧。

【训练材料】

2022 年 1 月 12 日，消费者王女士看到小区附近的美容院在进行促销宣传，称交 398 元体验 8000 元的"热玛吉"（面部除皱紧致提升作用）项目，于是抱着试试看的心态进店进行了消费体验。但让王女士万万没想到的是，刚躺在美容床上体验没多久，突然感觉脸部非常灼痛，于是立即终止了体验，等拿过镜子看才发现脸颊赫然出现了两块硬币大小的烫印。本来乘兴而来，结果败兴而归，弄得满心郁闷，在与店家协商无果的情况下，王女士向 12345 进行投诉，希望相关部门处理此事。

接到投诉后，区消费者协会立即安排工作人员进行调查了解。经查王女士确实是在美容院体验过程中，由于工作人员操作不当导致面部遭受灼伤留下烫印。依据《消费者权益保护法》有关规定，经调解协商，经营者承担赔偿责任，退还消费者所交费用 398 元，并赔偿 1 万元损失，消费者对此表示满意。

【训练要求】

1. 确认本案纠纷属于何种消费纠纷，分析其特点。

2. 根据不同消费纠纷种类的各自特点，列出调解的思路要点，拟订调解方案。

重点提示：调解人员应当熟练掌握法律关于产品质量侵权构成、责任承担方式的规定，并以此为主要的法律依据和调解基础，对双方当事人摆事实、讲道理。

操作训练三　分步练习

【训练目的】

通过分步练习，掌握消费纠纷中行政调解的一般流程和特别步骤；掌握对特殊纠纷的调解技巧；培养学生作为行政调解员应当具备的应变能力、表达能力等基本能力。

【训练材料】

2020年5月，有30余户葡萄种植户向县市场监督管理局反映他们在某农资公司购买了用于葡萄种植的锌肥使用后，葡萄却大量减产，造成120余万元经济损失，应该是这批肥料存在锌含量不达标、铅含量严重超标的问题，系缺陷产品。某农资公司表示这批锌肥是其进购的，由某化肥公司生产，应当由化肥公司来赔偿；而化肥公司则认为，该批肥料质量合格，不存在产品缺陷。于是，根据双方当事人申请，市场监督管理局对肥料进行了样品提取，按法定程序委托国家化肥质量监督检验中心对案涉肥料样品进行了检测，检测结果显示案涉肥料锌含量仅为279.4g/L，未达到≥700g/L的技术标准，铅含量为779mg/kg，超出≤50mg/kg的技术标准。30余户葡萄种植户减产的原因是使用了由某农资公司销售、某农化公司生产的锌含量严重不足、铅含量严重超标的案涉锌肥，损失金额120余万元。

【训练要求】

根据训练材料作以下分步练习：

第一步：案情分析，提醒学生注意产品质量侵权调解中的特殊程序：鉴定程序。

第二步：人员和任务分配。将所有的学生分成3组，分别为申请人组，被申请人组和调解员组，并给出一定的准备时间。

第三步：模拟调解。分两次从申请人组、被申请人组和调解员组成员中抽取若干学生组成两个模拟调解组（A组和B组），分别进行模拟调解的演练和展示。

第四步：评议回顾。由A、B两组学员分别评议对方的表现，说出优势和缺点，老师做总结。

重点提示：根据消费纠纷调解的程序特点进行模拟调解的准备，投诉人和被投诉人都应注意自我权益的保护，调解员应重点掌握《产品质量法》《消费者权益保护法》《民法典》等关于产品质量致人损伤的有关规定，注意双方责任的承担。

学习单元十二习题

习题答案